Leszek Kolakowski, Die Philosophie des Positivismus

Serie Piper:

Leszek Kolakowski

# Die Philosophie des Positivismus

Aus dem Polnischen von Peter Lachmann.
Die Originalausgabe erschien unter dem Titel »Filozofia pozytywistyczna (Od Hume'a do Koła Wiedeńskiego)« bei Państwowe Wydawnictwo Naukowe, Warschau.

ISBN 3-492-00318-4
Titelnummer 318

Umschlag Wolfgang Dohmen
Gesetzt aus der Garamond-Antiqua
Gesamtherstellung Clausen & Bosse, Leck
Printed in Germany

# Inhalt

# Vorwort

Dieses Buch gibt Auskunft über die wichtigsten Etappen des positivistischen Denkens, die kurz charakterisiert werden müssen, wenn wir uns den Sinn dieser Philosophie in seinen vielfältigen Möglichkeiten wie in seinen konstanten Bestandteilen vergegenwärtigen wollen. Das Wort »Positivismus« hat verschiedene Bedeutungen: außer einer bestimmten philosophischen Doktrin, die weder Doktrin noch Philosophie sein möchte, bezeichnet es auch einen bestimmten Gesichtspunkt in der Rechtstheorie, eine bestimmte Strömung in der Literaturgeschichte sowie einen Standpunkt in bestimmten theologischen Fragen. Die Verwendung ein und derselben Bezeichnung in allen diesen Fällen ist nicht gänzlich arbiträr und hat ihre Gründe in der gedanklichen Orientierung der Standpunkte, die genannt wurden. Dieser Zusammenhang ist jedoch nicht so stark, als daß man über jede dieser Erscheinungen nicht auch gesondert sprechen könnte.

In diesem Buch geht es mir ausschließlich um den Positivismus als philosophischen Standpunkt (oder als antiphilosophischen, wenn man so will). Ich habe es sorgfältig vermieden, Personennamen zu häufen, weil ich kein Wörterbuchwissen über mehr oder weniger bekannte Männer liefern wollte, sondern die Hervorhebung von Daten anstrebte, die historisch die relevantesten und für das Verständnis des Phänomens als Ganzes am hilfreichsten sind. Daher wird der Leser in dieser Geschichte des Positivismus nur den bekanntesten Namen begegnen. Es wäre auch unangebracht, alle nichtbehandelten Probleme und Personen aufzuzählen.

Zwei Kapitel des Buches, das erste und das letzte, sprechen von ein und demselben: Ich versuche darin eine allgemeine Charakteristik des Phänomens zu geben. Im ersten sammle ich jedoch nur die wichtigsten sachlichen Merkmale der positivistischen Philosophie, diejenigen, die in den Texten der Philosophen selbst ausgesprochen werden. Im Schlußkapitel mache ich mir eigene Gedanken über den allgemeinen Sinn dieses Denkstils, die in der Regel von seinen Anhängern nicht ausgesprochen werden.

Gelegentlich enthält dieses Buch kritische Bemerkungen. Sie

sind jedoch meistens gesondert angebracht und können nicht mit dem informatorischen Teil verwechselt werden. Die meisten dieser Kritiken stammen aus anderen Quellen, aber da dieses Buch sich an eine allgemeine Leserschaft wendet, habe ich keinen Unterschied zwischen dem gemacht, was ich aus zweiter Hand habe, und dem, was ich in eigenem Namen sage. Aus nämlichen Grund nenne ich auch nicht die Sekundärliteratur, die ich benutzt habe, da ich in dieser Darstellung nicht den Ehrgeiz habe, unbekannte oder neue Dinge zu vermitteln; ich versuche lediglich, ein wohlbekanntes Phänomen so darzustellen, daß man nicht nur sachliche Kenntnisse darüber gewinnt, sondern auch Verständnis für seine Funktion in unserer Kultur. Sowohl die berichtenden als auch die »verstehenden« Bestandteile dieser Darstellung können als Ergebnis bereits bestehender Überlegungen angesehen werden, ein Vorgehen, das in dieser Art von Präsentierung zulässig scheint.

# I. Allgemeine Charakteristik des Positivismus

Die Bezeichnung »positive Philosophie« stammt von Comte und ist in der gekürzten Fassung »Positivismus« bis heute erhalten geblieben, wenn auch nicht alle, die von Historikern oder Kritikern als Anhänger der positivistischen Doktrin angesehen werden, diese Bezeichnung auf sich bezogen wissen wollen. Derartige Vorbehalte mögen daher rühren, daß niemand sich gern zu einer Doktrin bekennt, deren lange und verwickelte Geschichte die Aussonderung derjenigen Komponenten erschwert, die gerade ihm entsprechen, selbst wenn er bereit wäre, die wesentlichen Inhalte der Doktrin anzuerkennen. Außerdem mag es an den falschen oder simplifizierenden Stereotypen liegen, die sich um solche Etikettierungen durch eine Doktrin zu bilden pflegen, daß manche unwillig sind, die Bezeichnung »Anhänger« für sich gelten zu lassen.

Daher erfordert die Auszeichnung einer gedanklichen Strömung, wie sie der Positivismus in der Geistesgeschichte des vergangenen und gegenwärtigen Jahrhunderts darstellt, eine teilweise arbiträre Entscheidung, wobei die Arbitrarität dieser Entscheidung der vieler anderer Fälle ähnelt (wenn man beispielsweise von der Geschichte der Existenzphilosophie oder der marxistischen Philosophie spricht). Eine gewisse Arbitrarität ist jedoch sowohl für den Historiker wie für jeden unvermeidlich, der die Geschichte der philosophischen Kultur verstehen möchte und deshalb gezwungen ist, diese in bestimmte schematisierte Ganzheiten zu gliedern, wobei er Divergenzen in Fragen vernachlässigt, die er für zweitrangig hält und die Verbindungslinien zwischen den wichtigsten Inhalten in den Vordergrund rückt. Andrerseits ist auch diese Unterscheidung zwischen erst- und zweitrangigen Motiven in der Philosophie nicht gänzlich beliebig, sie stützt sich nämlich auf historische Kenntnisse, die, und sei es mit Hilfe rein quantitativer, nur annähernd exakter Indizes, darüber informieren, daß gewisse Themen, Propositionen oder Thesen die Aufmerksamkeit von Lesern, Kritikern und Anhängern auf sich vereinen konnten, während andere nur geringen Anklang fanden. Ein Klassifikator oder Historiker, der eine bestimmte »Strömung« in der Philosophiegeschichte herausstellt, rekurriert somit auf rein historische, faktische Kriterien, wenn er nicht dem Verdacht sich aussetzen möchte, daß er eine bestimmte Reihe aufgrund willkürlich gewählter Prinzipien aus der Geistesgeschichte hypostasiert (im übrigen ist ihm auch dies gestattet, sofern er seine Kriterien deutlich formuliert). Er beruft sich zudem auf ein tatsächliches Kontinuitätsgefühl, dem die aufeinanderfolgenden Generationen von Anhängern Ausdruck gaben, und das zwar zuweilen unzuverlässig ist, jedoch stets Beachtung verdient.

Letzten Endes haben wir es jedoch mit einem kaum umstrittenen Fall zu tun; das Vorhandensein einer »positivistischen Strömung« in der Evolution des philosophischen Denkens im 19. und 20. Jahrhundert ist allgemein anerkannt. Zweifel tauchen erst dann auf, wenn es um die genaue Markierung der Grenzen dieser Strömung und die Bestimmung der Kriterien ihrer Auszeichnung geht. In der Geschichte des philosophischen Denkens, ähnlich wie in der Kunstgeschichte, ist das eine normale und unvermeidliche Situation, da die Osmose von Ideen, die Kontamination von Motiven, aber auch die inhaltliche Vieldeutigkeit, die stets beträchtliche Interpretationsschwankungen zur Folge hat, keine absolut transparenten Einteilungen zulassen.

Wir wollen also zunächst versuchen, die positivistische Denkweise in den schematischsten, allgemeinsten Begriffen zu charakterisieren.

Der Positivismus ist eine bestimmte philosophische Haltung, die das menschliche Wissen betrifft; diese Haltung beinhaltet, genau genommen, noch keine Vorentscheidungen über Fragen nach der Art und Weise der Wissensaneignung durch den Menschen – weder im psychologischen noch im historischen Sinn. Der Positivismus ist vielmehr ein Ensemble von Regeln und Wertkriterien, die sich auf die menschliche Erkenntnis beziehen; er spricht darüber, welche Art von Inhalten, die in unseren Aussagen über die Welt enthalten sind, den Namen Wissen verdienen, er nennt die Normen, die die Unterscheidung zwischen dem erlauben, was den Gegenstand einer möglichen Frage darstellt und dem, wonach vernünftig nicht mehr gefragt werden kann. Der Positivismus ist somit ein normativer Standpunkt, der die Gebrauchsweise solcher Termini wie

»Wissen«, »Erkenntnis«, »Information« regelt; demnach unterscheiden die positivistischen Regeln zwischen philosophischen und wissenschaftlichen Kontroversen, die zu führen es sich lohnt, und denjenigen, die keine Chance auf Entscheidung haben und demzufolge keine Beachtung verdienen.

Und nun die wichtigsten Regeln, die man der positivistischen Doktrin gemäß einzuhalten hat, um in allen Urteilen über die Welt, die ausgesprochen zu werden pflegen, sozusagen die Spreu vom Weizen zu trennen, d. h., die Fragen aufzuzeigen, die erwägenswert sind, die falsch formulierten Probleme dagegen oder solche, die fehlerhafte Begriffe einsetzen, zu verwerfen.

Erstens: *Regel des Phänomenalismus.* Sie läßt sich kurz so formulieren: es besteht kein realer Unterschied zwischen »Wesen« und »Erscheinung«. Viele traditionelle metaphysische Doktrinen enthielten die Vermutung, daß verschiedene wahrgenommene und wahrnehmbare Phänomene Erscheinungsweisen einer Wirklichkeit seien, die der sinnlichen Erkenntnis nicht unmittelbar sich offenbaren könne; diese Mutmaßung legitimiert den Gebrauch von Wörtern wie »Substanz«, »substantielle Form«, »dunkle Qualität« u. ä. Der Positivismus empfiehlt, diese Unterscheidungen als irreführende aus dem Wissen zu eliminieren. Wir haben das Recht, das zu registrieren, was sich der Erfahrung tatsächlich zeigt, jegliche Meinungen über verborgene Existenzen, deren Erscheinungen die empirischen Daseinsweisen sein sollen, sind unglaubwürdig. Kontroversen in Fragen, die über den Erfahrungsbereich hinausgehen, haben rein verbalen Charakter. Hier muß angemerkt werden, daß der Positivismus nicht jegliche Unterscheidung zwischen »Erscheinung« und »Ursache« zum Gegenstand ihrer Kritik macht. Niemand zweifelt daran, daß Keuchhusten als eine besondere Art von Hustenanfall »in Erscheinung« tritt, doch sofern eine derartige Krankheitseinheit isoliert wurde, ist es nicht mehr legitim, den Husten als »Erscheinung« anzusehen und Fragen nach dem eigentümlichen »verborgenen Mechanismus« dieser Erscheinung zu stellen; die Entdeckung des Keuchhustenerregers am Anfang unseres Jahrhunderts als Infektionsauslöser widersprach den Prinzipien des Phänomenalismus natürlich keineswegs. Den Phänomenalisten geht es im behandelten Verbot nicht um die Elimination von Fragen, die sich auf unmittelbar nicht sichtbare Ursachen des beobachteten Phänomens beziehen, sondern um die Erklärung des Phänomens durch die Anwesenheit von verborgenen Existenzen, die sich *grundsätzlich* nicht mit dem Menschen zugänglichen Mitteln entdecken lassen. Klassische Beispiele von Entitäten, die die Positivisten als die Gesamtheit möglicher Erfahrung überschreitende illegale Fremdkörper verurteilen, sind »Materie« und »Geist«. Wenn Materie etwas vom Gesamt der beobachteten Welteigenschaften Unterschiedliches und etwas sein soll, dessen Gegenwart uns die beobachteten Erscheinungen nicht besser erklärt, als man sie ohne Zuhilfenahme dieser Begriffe erklären kann, gibt es keinen vernünftigen Grund, auf diese Gebilde zurückzugreifen; ähnlich, wenn »Seele« einen gewissen Gegenstand bezeichnen soll, der sich von dem Gesamt der beschreibbaren Eigenschaften des psychischen Lebens der Menschen unterscheidet, so ist sie eine überflüssige Konstruktion, denn niemand kann sagen, wodurch sich die Welt ohne »Seele« von der Welt mit »Seele« unterscheiden würde.

Man weiß natürlich, daß das so formulierte phänomenalistische Verbot zahlreiche Zweifel erwecken kann, es läßt sich schwerlich in einer solchen Gestalt erfassen, daß es ein für allemal, für alle möglichen Fälle, entscheidet, ob die Frage, die wir uns stellen, zu den legitimen Problemen gehört, ob sie neben der Suche nach der »Erscheinung« auch diejenige nach dem »Mechanismus« darstellt, oder ob sie als grundsätzlich »metaphysische« in den Müll gehört. In einigen extremen Fällen ist das einfach; wenn beispielsweise jemand darauf bestehen würde, daß es absolut unerkennbare Gegenstände gebe, wird er von einem Positivisten für einen unverbesserlichen Metaphysiker gehalten werden, denn er trifft eine Aussage über eine Wirklichkeit, die ja grundsätzlich, aufgrund der Definition selbst, der Erfahrungskontrolle sich entzieht. Umgekehrt gibt es keinen Zweifel darüber, ob die Frage nach der Existenz oder den Eigenschaften von Krebserregern, die vorläufig nur in ihren »Erscheinungen« wahrgenommen werden können, sinnvoll ist oder nicht. Es kann jedoch Fälle geben, in denen die Entscheidung nicht so selbstverständlich ist. Wir erwähnen das nicht, um gegen den Positivismus zu polemisieren, sondern nur, um die Aufmerksamkeit auf den überaus pauschalen Charakter der hier zur Charakterisierung des positivistischen Programms verwendeten Formulierungen sowie auf die Möglichkeit unterschiedlicher und divergenter Interpretationen zu lenken, denen jene allgemeine Regel auch im positivistischen Denken unterworfen worden ist. Vorerst möchten wir jedoch auf einem gewissen Unbestimmtheitsgrad der generellen Regeln insistieren, damit sie als Werkzeug zur Auszeichnung einer recht bedeutenden Strömung in der Geschichte der Philosophie dienen können und wir nicht die Bezeichnung »Positivismus« auf einige Ausformungen dieser Strömung beschränken müssen.

Zweitens: *Regel des Nominalismus.* Eigentlich könnte diese Regel als Konsequenz der vorangegangenen gelten, es ist aber besser, wenn man sie gesondert herausstellt, da es in philosophischen Kontroversen nur selten der Fall ist, daß ein bestimmtes philosophisch wichtiges Urteil absolut zwangsläufig aus einem anderen philosophisch wichtigen Urteil resultiert, und da eine gewisse Ambiquität der Begriffe zur Folge hat, daß sich bei einer bestimmten Unterscheidung zwei Urteile beibehalten lassen, deren Divergenz auf den ersten Blick stören muß. Die Regel des Nominalismus bedeutet soviel wie das Verbot der Annahme, daß irgendwelches Wissen, das in Allgemeinbegriffen formuliert ist, andere Entsprechungen in der Wirklichkeit besitze als die konkreten singulären Gegenstände. Das Problem der Interpretation des Wissens unter diesem Aspekt wurde bekanntlich unmittelbar an der Quelle des europäischen Denkens formuliert. Als Plato die Frage erwog: wovon sprechen wir eigentlich, wenn wir beispielsweise vom Dreieck oder von der Gerechtigkeit sprechen? stellte er ein Problem auf, das bis auf den heutigen Tag, in anderen Formulierungen, nicht an Lebendigkeit verlor. Wir sagen, meinten die Philosophen, daß die drei Winkel eines Dreiecks zwei rechten Winkeln gleich seien. Doch worauf bezieht sich eigentlich unsere Aussage? Nicht auf den einen oder anderen dreieckigen Körper, denn keiner von ihnen ist ein absolut vollkommenes Dreieck, das alle Bedingungen erfüllt, von denen die Geometrie handelt; aus dem nämlichen Grund betrifft diese Aussage auch nicht alle dreieckigen Gegenstände; dennoch kann man nicht einfach sagen, das geometrische Wissen beziehe sich auf gar nichts. Also spricht unsere Hypothese ganz einfach vom Dreieck. Doch was soll ein solches Dreieck sein, dem man in der Natur nirgendwo begegnen kann? Es besitzt keine physischen Eigenschaften, die den Körpern zugeschrieben werden, es läßt sich insbesondere nicht im Raum lokalisieren, alle seine Eigenschaften erschöpfen sich darin, daß es eben ein Dreieck ist und nicht etwas anderes; wir müssen anerkennen, daß es auf irgendeine Weise existiert, obwohl diese seine Existenz sinnlich nicht wahrnehmbar, sondern nur der Reflexion zugänglich ist.

Die Nominalisten lehnen diese Argumentationsweise ab. Wir sind immer dann berechtigt, die Existenz gleich wessen anzuerkennen, wenn uns die Erfahrung dazu zwingt. Keine Erfahrung zwingt uns jedoch zur Annahme, daß unserem allgemeinen Wissen von den Eigenschaften des Dreiecks ein bestimmtes Sein entspricht, das sich von dem der singulären dreieckigen Körper unterscheidet und eine selbständige Existenz besitzt. Es ist wahr, daß unser Wissen permanent auf den Gebrauch von Begriffsinstrumenten angewiesen ist, die gewisse Idealzustände beschreiben, die in der empirischen Welt nie erreicht werden. Nicht nur die mathematischen Wissenschaften greifen auf solche Konstruktionen zurück, auch die Physik, insbesondere jene Physik, der Galilei den Anfang gab, muß unweigerlich auf die Beschreibung von Idealsituationen zurückgreifen, die gewisse Eigenschaften in extremer Zuspitzung aufweisen. Im Hinblick auf diese Idealsituationen und ihre Eigenschaften werden die realen Situationen verständlich, deren kleinere oder größere Annäherungen sie sind. Diese Idealsituationen: mechanisches Vakuum, isoliertes System, jede geometrische Figur, sind unsere eigenen Hervorbringungen, die zur besseren, verknappten und verallgemeinernden Beschreibung der empirischen Realitäten dienen. Es gibt keinen Grund für die Annahme, daß solche Situationen, die wir aus Rechnungsbequemlichkeit voraussetzen, irgendwo in der Wirklichkeit eintreten müssen. Die Welt, die wir kennen, ist ein Ensemble von singulären beobachtbaren Tatsachen. Unser Wissen intendiert das Ordnen dieser Fakten, und dank dieser ordnenden Tätigkeit wird es erst zum echten Wissen, das heißt zu etwas, das sich mit Nutzen anwenden und Ereignisse aufgrund anderer Ereignisse voraussehen läßt. In jenen ordnenden Systemen sind alle unsere abstrakten Begriffe enthalten, alle Schemata der mathematischen Wissenschaften und alle naturwissenschaftlichen Idealisierungen. Nur ihnen verdanken wir es, daß wir unserer Erfahrung eine konzise, verknappte Gestalt geben können, die leicht zu behalten und von zufälligen Abweichungen und Deformationen gesäubert ist, die jegliches Einzelfaktum unweigerlich enthält. Wenn es weder in der Natur noch in den Erzeugnissen der menschlichen Technik absolut vollendete Kreise gibt, so vermögen wir andrerseits kreisförmige Körper, die diesem Ideal sehr nahe kommen, nur deswegen zu konstruieren, weil wir in der abstrakten Rechnung mit einem Idealkreis operieren oder mit dem Kreis als solchem. Das System, das unsere Erfahrung ordnet, muß so geartet sein, daß es keine zusätzlichen seienden Wesenheiten in die Erfahrung hineinträgt, die nicht in ihr enthalten sind, oder daß es, falls es sich abstrakter Werkzeuge bedienen muß, stets die Erinnerung daran wachhält, daß es sich eben um Werkzeuge, um menschliche Gebilde handelt, die die Erfahrung gliedern, die jedoch keinen Anspruch auf selbständiges Sein erheben dürfen.

Mit anderen Worten: vom Standpunkt der nominalistischen Kritik aus ist jegliches abstrakte Wissen eine Art ordnender, verkürzter Aufzeichnung von Erfahrungsdaten und hat keine autonome Erkenntnisfunktion in dem Sinne, daß es uns eben als abstrakte Erkenntnis Zugang zu irgendwelchen Wirklichkeitsbereichen verschaffen könnte, die der Erfahrung verschlossen sind. Alle allgemeinen Entitäten, jegliche abstrakten Gebilde, mit denen die frühere Metaphysik die Welt füllte, sind Hirngespinste, die daraus entstanden sind, daß etwas als Seiendes anerkannt wurde, das außerhalb des Wortes selbst nicht existieren kann. In der Sprache der alten Kontroversen gesprochen: »das Allgemeine« ist nur eine Eigenschaft der sprachlichen Gebilde, oder, nach einigen Interpretationen, auch der geistigen Akte, die mit den Operationen an diesen Gebilden verbunden sind, doch gibt es in der Welt der Erfahrung, also in der Welt überhaupt, nichts »Allgemeines«.

Die phänomenalistische und nominalistische Auffassung vom Wissen hat noch eine andere bedeutsame Konsequenz, die wir an dritter Stelle formulieren. Es ist die Regel, die *Werturteilen und normativen Aussagen den Erkenntniswert abspricht*. In der Erfahrung sind nämlich keine derartigen Qualitäten von Ereignissen, Dingen oder menschlichen Verhaltensweisen gegeben wie »edel, gemein, gut, böse, schön, häßlich« usw. Auch kann uns keine Erfahrung dazu nötigen, mit Hilfe gleich welcher logischer Operationen Aussagen anzuerkennen, die Gebote oder Verbote beinhalten, die also besagen, daß man etwas zu tun oder zu unterlassen habe. Genauer: es ist klar, daß im Hinblick auf das Ziel, das sich jemand setzt, Urteile sich rechtfertigen lassen, die Aussagen über die Wirksamkeit der Mittel treffen, die zu diesem Zweck angewandt werden; derartige Urteile haben technischen Charakter und können im Hinblick auf ihre Wahrheit oder Falschheit qualifiziert werden, sofern man ihnen eben einen technischen Sinn verleiht, d. h., sofern sie Aussagen darüber machen sollen, welche Maßnahmen in bezug auf das erwünschte Resultat wirksam oder unwirksam seien; Urteile, die zum Beispiel besagen, daß man bei Lungenentzündung Penizillin anwenden oder daß man Kinder nicht mit dem Rohrstock zum Essen zwingen solle, lassen sich selbstverständlich rechtfertigen, wenn ihr jeweiliger Sinn ist, daß Penizillin ein wirksames Mittel gegen Lungenentzündung sei und der Gebrauch des Rohrstockes bei Kindern Charakterschäden nach sich ziehe; wenn wir darüber hinaus stillschweigend voraussetzen, daß es überhaupt gut sei, einen Kranken zu heilen und daß seelische Mißhandlung von Kindern schlecht sei, lassen sich für die angeführten Urteile auch in ihrer normativen Form Rechtfertigungen finden. Unzulässig ist hingegen die Annahme, daß jede beliebige Affirmation von Werten, die wir an sich – und nicht in bezug auf etwas anderes – anerkennen, durch Erfahrungsdaten zu rechtfertigen sei. Daß das menschliche Leben beispielsweise ein nicht austauschbarer Wert sei, dieser Grundsatz läßt sich durch nichts rechtfertigen, man kann ihn anerkennen oder verwerfen, aber man muß dies mit dem Bewußtsein der Arbitrarität dieser Entscheidung tun. Die phänomenalistische Regel heißt uns nämlich die Annahme ablehnen, daß die Werte Eigenschaften einer Welt seien, die der einzigen Erkenntnis zugänglich wären, die diesen Namen verdient; die nominalistische Regel heißt uns auf die Vermutung verzichten, daß es außerhalb der sichtbaren Welt einen Bereich selbständig seiender Werte existiere, deren geheimnisvolle Korrelate unsere Urteile wären. Wir sind somit dazu berechtigt, unsere Werturteile über die menschliche Welt zu treffen, nicht aber zu vermuten, daß sie wissenschaftliche Rechtsgründe haben oder überhaupt durch etwas anderes begründet sein könnten als durch unsere Entscheidung.

An vierter Stelle unter den fundamentalen Ideen der positivistischen Philosophie nennen wir den Glauben an die grundsätzliche *Einheit der Wissensmethode.* Der Sinn dieses Grundsatzes läßt mehr noch als die vorangegangenen unterschiedliche Interpretationen zu, nichtsdestoweniger ist die Idee selbst in den positivistischen Doktrinen stets anwesend. In der allgemeinsten Form geht es hier um die Überzeugung, daß die Methoden der Aneignung wertvollen Wissens in allen Erfahrungsbereichen grundsätzlich identisch und daß auch die wichtigsten Etappen der Verarbeitung von Erfahrung in der theoretischen Reflexion identisch seien. Es ist somit kein Grund zu der Annahme gegeben, daß die qualitativen Besonderheiten der einzelnen Wissenschaften etwas anderes darstellen als das Symptom eines bestimmten historischen Stadiums der Wissenschaft; hingegen ist die Hoffnung berechtigt, daß der weitere Fortschritt zur allmählichen Aufhebung der Unterschiede und sogar, wie viele meinten, zur Reduktion aller Wissensdisziplinen auf eine winzige führen würde. Man stellte sich hierbei häufig vor, daß die Physik jene alleinige Wissenschaft im eigentlichen Wortsinn werden würde, da sie unter den empirischen Disziplinen die exaktesten Methoden der Beschreibung erarbeitet hatte und und da sie mit ihren Erklärungen die allgemeinsten Eigenschaften und Erscheinungen in der Natur umfaßt, d. h. diejenigen, ohne die keine anderen stattfinden. Die Annahme, die von der erwarteten Reduktion des Gesamtwissens auf die physikalischen Eigenschaften spricht, von der Übersetzung aller wissenschaftlichen Thesen in solche, die die physikalischen Beziehungen in der Natur betreffen und von der grundsätzlichen Übersetzbarkeit aller Termini in Termini der Physik, ergibt sich zwar nicht aus der angeführten positivistischen Regel ohne zusätzliche Voraussetzungen; der Glaube an die Einheit der Wissensmethode kann überdies auch auf andere Weise spezifiziert werden. Doch gerade diese Interpretation fand in der Geschichte des Positivismus eine ziemliche Verbreitung.

Rund um diese vier summarisch genannten Regeln baute die positivistische Philosophie eine weitläufige Problematik aus, die alle Gebiete der menschlichen Erkenntnis einbezieht. Ganz allgemein gesprochen ist der Positivismus ein Ensemble von Verboten, die das menschliche Wissen betreffen und die die Bezeichnung »Wissen« und »Wissenschaft« denjenigen Verfahren vorzubehalten suchen, die man in der Entwicklung der modernen Naturwissenschaft beobachten kann. Der Positivismus im besonderen, in seiner ganzen Geschichte, richtete die Spitze seiner Polemik gegen metaphysische Überlegungen jeglicher Art, gegen diejenige Reflexion also, die ihre Ergebnisse entweder nicht gänzlich auf empirische Daten zu stützen vermochte oder die ihre Urteile in einer Weise formulierte, daß die emprischen Daten ihnen nie widersprechen konnten. Nach der Auffassung der Positivisten verwenden sowohl die materialistische wie die spiritualistische Weltinterpretation Begriffe, die keine Entsprechung in der Erfahrung besitzen: man kann nicht sagen, wodurch sich die Welt unserer Erfahrung von ihrem jetzigen Status unterschiede, wenn man annehmen würde, daß sie nicht, wie die Materialisten meinen, die Erscheinung der Existenz und Bewegung der Materie wäre, oder wenn man annehmen würde, daß sie nicht, wie die Anhänger religiöser und konfessioneller Doktrinen meinen, unter der Kontrolle einer geistigen Vorsehungsinstanz stünde. Sofern weder der eine noch der andere Grundsatz eine Konsequenz zeitigt, die es uns erlaubt, in der Welt etwas mehr als gegenwärtig vorauszusehen oder zu beschreiben, besteht kein Grund, eine von beiden anzuerkennen.

Der Positivismus richtet seine Kritik somit stets gleicherweise gegen die religiösen Weltinterpretationen wie gegen die Metaphysik des Materialismus und ist auf der Suche nach einem Beobachtungsstandort, der völlig frei wäre von jeglichen metaphysischen Voraussetzungen. Dieser Standort ist bewußt auf Regeln beschränkt, die schweigend oder explizite in der Kunst der naturwissenschaftlichen Verfahren anerkannt werden, wo, der Auffassung der Positivisten gemäß, die metaphysischen Grundsätze untauglich sind und wo die Bestimmung von Zusammenhängen zwischen Phänomenen intendiert wird, ohne den Versuch, in die verborgene »Natur« dieser Phänomene einzudringen oder zu erfahren, ob die Welt »an sich«, völlig gelöst von der Erkenntnissituation, in der sie uns gegenüber auftritt, irgendwelche anderen Eigenschaften besitzt als die der Erfahrung zugänglichen.

Welchen Sinn diese positivistischen Verbote in der Geschichte der Kultur besitzen, welcher grundlegender Voraussetzungen sie bedürfen und auf welche Weise sie sich begründen lassen, aber auch, welche Schwierigkeiten mit ihrer Annahme verbunden sind, das wollen wir am Ende in Erwägung ziehen. Unsere Hauptaufgabe besteht jedoch darin, bündig die Hauptphasen darzustellen, die das neuzeitliche positivistische Denken durchgemacht hat.

## II. Frühe Versionen des Positivismus und David Hume

Die Intention, die wir verfolgen, erfordert folgende historische Bemerkung:

Man kann mit der Geschichte des europäischen positivistischen Denkens in einem nahezu beliebigen Moment beginnen; sicher ist nämlich, daß viele Motive, die wir in den neuzeitlichen positivistischen Doktrinen als erstrangig ansehen, ihre Vorwegnahmen in der Antike haben: so begegnen wir in den Fragmenten der Stoiker und in den erhaltenen Texten der Skeptiker, aber auch bei den Atomikern, Überlegungen, die lebhaft an die antimetaphysischen Traktate der Neuzeit erinnern. Wir können dort beispielsweise lesen, daß die Erfahrung es uns mit Gewißheit zu bestimmen erlaube, wie sich uns ein Ding darbietet, daß es jedoch nicht legitim sei, auf dieser Grundlage zu schließen, daß dieses Ding ein eben solches sei, ohne Rücksicht auf die Wahrnehmungssituation (man darf somit sagen, daß Honig sich uns als etwas Süßes darbietet, doch dürfen wir daraus nicht schließen, daß Honig süß sei; ähnlich dürfen wir sagen, daß wir die Wärme des Feuers erfahren, nicht aber, daß das Feuer »an sich« heiß sei usw.). Somit wurden schon damals, freilich in einer Gestalt, die wir heute als vereinfacht und primitiv ansehen müssen, die Hauptregeln jenes Erkenntnisverständnisses formuliert, das wir Phänomenalismus nennen, und welches verlangt, daß wir das, was wahrhaft in den »Daten« der Erfahrung enthalten ist (Erscheinungen, Phänomene) von jenen unberechtigten Extrapolationen unterscheiden, die die Qualitäten unserer Wahrnehmungen zur Qualität erklären, welche mit der »Natur des Dinges« selbst zusammenfällt. (Es muß von Anfang an gesagt werden, daß dieser Grundsatz nicht bedeutet, die »psychischen Inhalte« seien einziger Gegenstand unserer Erkenntnis; die letztere Überzeugung kann, muß jedoch nicht mit dem phänomenalistischen Standpunkt verbunden sein.)

## 1. Der Positivismus des Mittelalters

Auch die philosophische Kultur des späten Mittelalters hat uns viele Reflexionen überliefert, von denen angenommen werden darf, daß sie den positivistischen Standpunkt in Fragen des Wertes und Umfangs der menschlichen Erkenntnis bezeichnend zum Ausdruck bringen. Wir vermuten, daß diese Ideen in enger Wechselbeziehung mit der Entwicklung naturwissenschaftlicher Interessen und der kosmologischen und physikalischen Forschung entstanden sind, die auf die Befreiung vom Druck der aristotelischen metaphysischen Kategorien in der Naturbeschreibung abzielten. Obwohl die nominalistische Tendenz zu den bedeutsamsten Komponenten des ideologischen Corpus' des Positivismus gehört und obwohl der Nominalismus eine erste Blüte bereits am Ende des 11. Jahrhunderts erlebte, kann diese Doktrin von ihrem philosophischen Sinngehalt her zunächst nicht mit der positivistischen Erkenntnistheorie in Verbindung gebracht werden; dieser Nominalismus nämlich hatte wesentliche theologische Konsequenzen und stellte vor allem ein Instrument theologischer Kritik dar; im Gegensatz zum Nominalismus des 14. Jahrhunderts bildete er noch keinen Bestandteil des wissenschaftlichen Programms. Die Rückkehr zur aktiven Beschäftigung mit der Naturwissenschaft hatte im 13. und 14. Jahrhundert zur Folge, daß Versuche ihrer philosophischen Interpretation stattfanden. Im 13. Jahrhundert war es der Oxforder Franziskaner Roger Bacon, der nicht nur die Überprüfung des Wissens am Experiment forderte, sofern Wissen diesen Namen verdienen wolle, sondern auch auf die Notwendigkeit der technischen Überprüfung des Wissens aufmerksam machte. Er vertrat die Ansicht, daß man den Wert der Erkenntnis an ihrer praktischen Effizienz messen könne; wir nennen diesen Standpunkt, der auch in der Geschichte des Positivismus geläufig war, Pragmatismus; in Kurzfassung könnte man sagen, daß der bekannte Ausspruch von Francis Bacon »Der Mensch vermag so viel, als er weiß« für die Anhänger des pragmatistischen Standpunkts eher in umgekehrter Version wahr ist: Wir wissen so viel, als wir vermögen. Das Experiment und die geometrische Deduktion waren für Roger Bacon die einzigen verläßlichen Methoden, Kenntnisse über die Welt zu gewinnen, und er verknüpfte sein Programm mit technologischen Schwärmereien, deren Verwirklichung er sich als Konsequenz zünftig betriebener Naturforschung erhoffte.

Die Koinzidenz der Ideen Roger Bacons mit dem positivistischen Denken ist jedoch ziemlich allgemeiner Art und erstreckt sich wesentlich auf die Geringschätzung derjenigen Methoden der Welterkenntnis, die sich durch keine praktischen Effekte ausweisen können, auf die empirische Orientierung also. Bei dieser Gelegenheit sollte angemerkt werden, daß der Empirismus dieses Philosophen sogar das religiöse Leben mit umfaßte: besonders hoch schätzte er den Wert mystischer Erfahrungen, die es uns erlauben, mit dem göttlichen Seinsgrund unmittelbar zu verkehren, und die sich in ihren eminenten praktischen Folgen bestätigt finden, wenngleich in einer besseren Welt.

Die Koinzidenz mit dem positivistischen Denken ist auffallender und begründeter bei einigen Autoren, die vor allem im zweiten Viertel des 14. Jahrhunderts in Oxford und Paris brillierten und sich nicht zuletzt durch ihre Opposition gegen die herrschende Scholastik hervortaten. Letzteres hatte zur Folge, daß sie faktisch unbekannt waren, bis Mediävisten des 20. Jahrhunderts auf die Originalität ihrer Ideen hinwiesen und ihre Schriften bzw. deren Fragmente neu zu edieren begannen. Wilhelm von Occam, der berühmteste von ihnen, errang philosophischen Ruf vor allem durch die Verteidigung des radikalen Nominalismus, eines Standpunktes also, der sozusagen zum kanonischsten Teil des positivistischen Denkstils gehört. Er war es, der die berühmte Regel formulierte, die in vielen Fassungen über Jahrhunderte modifiziert wurde und den Namen »Occams Razor« trägt. Sie besagt soviel wie: man darf die Anzahl der seienden Wesenheiten nicht ohne Not vergrößern, mit anderen Worten, wir dürfen über die Welt nur soviel zur Kenntnis nehmen, wieviel wir infolge der unabweisbaren Erfahrungszeugnisse akzeptieren müssen, wohingegen die Metaphysik, die die Wirklichkeit mit einer Menge von überflüssigen Wesenheiten bevölkert hat, lediglich Namen ohne Deckung vermehre. Real sind nur die Konkreta und die Eigenschaften der Konkreta; auch die Relationen zwischen den Dingen, zum Beispiel die Relation von Ursache und Wirkung, stellen keine autonomen Seinsbereiche dar, sondern sind eben mit den Dingen identisch. So beziehen sich von allen aristotelischen Kategorien nur zwei, die der Substanz und der Qualität, auf irgendwelche Realitäten in der Welt selbst. Occams Überlegungen intendierten die Ausschaltung aller Begriffskategorien aus der Philosophie, die keine Entsprechungen in der Erfahrung besitzen, und förderten solcherweise die Festigung des Verständnisses vom Wissen als denjenigen Kenntnissen, die man bestätigen kann, indem man auf die Erfahrung rekurriert. Gleichzeitig machte diese Doktrin die Existenz der natürlichen Theologie unmöglich, das heißt derjenigen Disziplin, die die religiösen Offenbarungswahrheiten unabhängig von der Offenbarung mit Hilfe sachlicher Argumente zu beweisen versucht. Occam erkannte den Bereich der religiösen Wahrheiten als einen unbeweisbaren und als einen an, der lediglich Gegenstand des Glaubens sein kann, den man hegen solle, der sich jedoch keineswegs begründen läßt noch begründet werden sollte. Solcherweise trug Occams Nominalismus zur Aufrechterhaltung der strikten Trennung von weltlichem Wissen und religiösem Leben bei; dieses Prinzip war für die gesamte Geisteskultur des Mittelalters von fundamentaler Bedeutung, in allen Bemühungen sowohl um die Emanzipation der weltlichen Wissenschaft als auch um die Emanzipation jeglicher Bereiche des profanen Lebens, der weltlichen Moral, des Staates, der Politik von der Vorherrschaft des Klerus. Die Bestrebungen weltlicher Fürsten, sich von der Macht der Kirche unabhängig zu machen, wurzeln also z. T. im Nominalismus des 14. Jahrhunderts.

Die radikalste Version des positivistischen Denkens jener Zeit können wir in Paris unter den dortigen Nominalisten finden, die von den damaligen Autoritäten scharf verurteilt wurden, hauptsächlich wegen der theologischen Konsequenzen ihrer Erkenntnistheorie. Wir kennen Fragmente der Schriften von Jean de Mirecourt, einem Zisterzienser, und vor allem von Nicolas d'Autrecourt, in denen die entschiedene Trennung der Kompetenzen von Glaube und Vernunft noch weiter getrieben wird als bei Occam, und zwar gestützt auf eine Erkenntniskritik, die einen radikalen Bruch mit der peripatetischen Tradition bedeutete. Jean de Mirecourt vertrat die Auffassung, daß das verläßliche (»offensichtliche«) Wissen, sofern es nicht auf den Satz vom Widerspruch zurückführbar sei, einen Bericht über die äußeren oder inneren Erfahrungstatsachen darstellte; er formulierte somit eine bestimmte Version des Gedankens, der zu den Fundamenten des positivistischen Denkens gehört: die Überzeugung, daß nur analytische Urteile oder Beschreibungen unmittelbarer Erfahrung die Bezeichnung Wissen im ursprünglichen Wortsinn verdienen. Das, was wir aufgrund der Erfahrung über die Welt wissen, enthält keinerlei Notwendigkeit: wir können nicht, uns auf den Satz vom Widerspruch berufend, feststellen, daß irgendein beliebiges Faktum notwendiger sei als seine Negation. Daher bestand Jean de Mirecourt unter anderem darauf, daß der göttliche Wille durch nichts beschränkt sei, denn, wie man in der Sprache der modernen Philosophie sagen könnte, jegliche Eigenschaften der Welt und ihr Sein »an sich« sind zufällig und besitzen keinen Rechtsgrund außer dem freien göttlichen Beschluß. Nicolas d'Autrecourt reduzierte das unfehlbare Wissen in ähnlicher Weise auf zwei Gattungen; die eine ist der Satz der Identität, die zweite: die Aufzeichnungen der unmittelbaren Erfahrung. Diese Reduktion erlaubte es ihm, die für die gesamte Scholastik fundamentalen Begriffe von Substanz und Ursache anzuzweifeln. Die Relation von Ursache und Wirkung erkennen wir nur in der einmaligen Wahrnehmung, jegliche Voraussagen hinsichtlich ihrer Stetigkeit können nicht über die Wahrscheinlichkeit hinausgehen, denn das Schließen von einer Sache auf die Gegenwart einer anderen läßt sich nicht auf den Satz der Identität zurückführen. Daher berechtigt uns auch kein Ensemble von Wahrnehmungstatsachen zu der Schlußfolgerung, daß sie durch eine in der Erfahrung nicht gegebene Substanz miteinander verbunden seien; der Substanzbegriff erweist sich mithin als überflüssig in der Beschreibung der Welt oder bleibt eine terminologische Konvention.

Alle diese Erwägungen, die unmittelbar mit der Kritik an der aristotelischen Metaphysik zusammenhängen, verfolgen eine Richtung, die für die positivistische Orientierung kennzeichnend ist; sie bemühen sich um die Formulierung einer Regel, die es erlauben würde, in unserer Erkenntnis diejenigen Elemente auszusondern, die unbedingt vertrauenswürdig wären, und zu endgültigen und unfehlbaren Erkenntnisinhalten vorzustoßen; diese Elemente sind die sogenannten fundamentalen Denkregeln, die angeblich von sich aus selbstverständlich sind, so wie die Feststellungen der unmittelbaren Erfahrung. Jegliches Wissen, das sich nicht auf die genannten Instanzen reduzieren läßt, verdient keine Beachtung. Das, was wir wahrhaft wissen, ist stets in analytischen Urteilen enthalten (die sich nicht auf die Existenz von etwas beziehen) und in Protokollsätzen – das wäre, in moderner Kurzfassung, der epistemologische Hauptgedanke des Nominalismus des 14. Jahrhunderts. Die Schwäche unserer Argumentationen, die von der Ursache auf die Wirkung schließen oder mit Hilfe zweckmäßiger Rechtsgründe von der irdischen Welt zum Schöpfer sich erheben wollen, wird im Lichte dieser Kritik evident. Die natürliche Theologie verliert praktisch ihre Daseinsberechtigung, und der Glaube sollte eben Glaube bleiben, nicht aber Gegenstand von Beweisen werden. Von hier aus wird auch verständlich, daß Martin Luther in den nominalistischen Doktrinen Inspiration finden konnte. Es darf angenommen werden, daß die nämliche Neigung zur Irrationalisierung des Glaubens, die von der nominalistischen Kritik gefördert wurde, gewissen Theologen eher dazu gedient hatte, die Robustheit der augustinischen Interpretation des Christentums zurückzugewinnen und die Gefahren zu entfernen, der die von der Macht ihrer Beweisführungen berauschten Scholastiker den christlichen Kultus aussetzten, indem sie seine Begründungen immer mehr von ihren matten Syllogismen abhängig machten; für andere war eher die gegenteilige Konsequenz der nämlichen Voraussetzung relevant: die Erringung der Unabhängigkeit des empirischen profanen Wissens von der theologischen Bevormundung. Diese Frage ist jedoch für die uns hier beschäftigenden Fragen ohne Bedeutung. Vielleicht wird sie noch einmal Erwähnung finden, wenn wir die Aufmerksamkeit auf die Versuche zeitgenössischer theologischer Schulen richten werden, den modernen Positivismus im nämlichen Geiste für sich in Anspruch zu nehmen.

Neben der phänomenalistischen Interpretation der Erkenntnis trat in derselben Epoche auch ihre pragmatische Auffassung embryonal in Erscheinung. Johannes Buridan, wiederholt Rektor der Universität von Paris, berühmt sowohl für seine biographische Legende als auch für seine revolutionären Versuche, die aristotelische

Physik umzustoßen (Impetustheorie), neigte zu der Überzeugung, daß der Sinn, den man kosmologischen Theorien zuzuschreiben habe, eher instrumentaler denn deskriptiver Natur sei: diese Theorien sagen nichts darüber aus, wie die Welt sei, vielmehr liefern sie uns praktische Hinweise für die Berechnungen und Voraussagen der Bewegungen der Himmelskörper. Buridan war ein Zeitgenosse des Nikolaus von Oresme, der fast zwei Jahrhunderte vor Kopernikus auf der Suche nach Argumenten für die tägliche Umdrehung der Erde war. Dieser Hinweis scheint u. a. deshalb angebracht, weil Osianders Vorwort zum Werk von Kopernikus – gleichzeitig dessen erste Interpretation –, eine pragmatische und phänomenalistische Deutung des Heliozentrismus darstellt: Kopernikus habe nicht den wirklichen Aufbau des Planetensystems beschrieben, sondern gewissermaßen suppositorisch eine Konstruktion errichtet, die astronomische Berechnungen erleichtere. – Die pragmatische Interpretation der Erkenntnis war in der christlichen Kultur im übrigen keine Neuigkeit; wir begegnen ihr häufig in den Schriften der Mystiker, die, überzeugt, daß die beschränkte menschliche Vernunft nichts Wahres, wörtlich Wahres über Gott auszusagen vermag, und daß unsere Sprache, lediglich der erschaffenen Welt angepaßt, in keinem Fall zur Beschreibung des Absoluten sich eigne, die theologischen Thesen mehr als praktische Hinweise denn als doktrinale Wahrheiten betrachteten; das, was wir über Gott aussagen, bringt uns Gott nicht näher, sondern enthält lediglich die Empfehlung, ihm zu huldigen; es seien dies eher Normen als Urteile.

Man kann mithin sagen, daß das mittelalterliche Denken die fundamentalen Ideen der positivistischen Ideologie in eigener verbaler Konvention hervorgebracht hat, Ideen, die die Bestimmung von Sinnkriterien intendierten, die das Wissen eingrenzen sollten (analytischer oder unmittelbar-protokollarischer Charakter der Urteile). Diesem Faktum darf jedoch keine übertriebene historische Relevanz beigemessen werden. Die Mehrheit der scholastischen »Positivisten« (soweit wir sie überhaupt so bezeichnen dürfen) übte einen äußerst beschränkten Einfluß auf die unmittelbar folgenden Generationen aus. Die Mehrzahl der eben genannten philosophischen Vorstellungen wurde erst in unserem Jahrhundert entdeckt, und es besteht kein Grund zur Annahme, daß sie damals fruchtbar gewesen seien. Die Tradition des Nominalismus wirkte gewiß in der Philosophie der Renaissance weiter, jedoch in anderer Gestalt; der Nominalismus war besonders wichtig als wesentliche Phase in den Angriffen gegen die Aristoteliker sowie als theologische Doktrin, die explizite oder implizite die Theorie des göttlichen Dekretalismus enthielt und dadurch die Rückkehr zur Gnadenlehre des hl. Augustinus ermöglichte. Diese letzte Frage, wenngleich zentral in der Evolution der christlichen Doktrin in der Epoche der Reformation und Gegenreformation, steht allerdings in einem nur lockeren Zusammenhang mit der positivistischen Erkenntnistheorie.

Die Renaissance hingegen war nicht ein Zeitalter des Positivismus. Sie war eine Epoche des Erkenntnisdranges, der nicht nach Maßhalteregeln für den menschlichen Geist suchte und breiten Nutzen aus der erreichten Befreiung von den scholastischen Methoden, Philosophie zu betreiben, und von der scholastischen Sprachreglementierung zog. Sie war das Gegenteil der kognitiven, formalen und sittlichen Askese. Der differenzierte Reichtum literarischer Formen, in denen die Philosophie jetzt ihren Ausdruck fand, war mit der Auflockerung der Beweisregeln, mit der Rückkehr zu rhetorischen Mitteln der Argumentation verbunden. Gegenstand ungestümer Forschungen wurde die grenzenlose Vielfalt der Natur, ihre qualitative Fülle, ihre wunderbare Plastizität und uneingeschränkte Potenz. Die Welt füllte sich mit einer Unzahl von Geheimnissen: geheimen Naturkräften, denen die Alchimisten und Magier auf der Spur waren, geheimen Wesen und rätselhaften Phänomenen, die die Naturalisten beschrieben; die Geheimnisfülle Gottes steigerte sich sogar noch, als die Pantheisten nachzuweisen begannen, daß die göttliche Praxis und das Sein des Schöpfers selbst den Regeln der Logik widersprechen; was den Glauben an deren uneingeschränkte Geltung erschütterte. Platos Gedanken nährten nicht nur die Spiritualisten, die ihrer Verachtung der Materie Ausdruck gaben, sondern auch die Naturalisten, die sich in grenzenloser Begeisterung über ihre schöpferischen Kräfte ergingen. Der Kult von Empirie und Experiment stand in Hochblüte; doch hatte er wenig mit dem positivistischen Programm gemeinsam; man wollte zu dem »Ding selbst« vorstoßen, nicht zur Substanz im tradierten Sinn, sondern zur ursprünglichen und geheimen »Kraft«, die die Natur in ihre differenzierten Gebilde ergießt.

## 2. *Positivistische Motive im 17. Jahrhundert*

Im Gegensatz dazu ist die Entwicklung des positivistischen Denkens im 17. Jahrhundert sehr deutlich an der Entstehung der neuzeitlichen Mechanik abzulesen und mit dieser verbunden. Man darf nicht meinen, das Denken Galileis ließe sich gänzlich als Ausdruck des positivistischen Programms interpretieren. Die Historiker weisen auf die Bedeutsamkeit des platonischen backgrounds bei der Formierung der galileischen Methode hin. Doch in einem wesentlichen Punkt begründete Galilei für lange Zeit das Wissenschaftsverständnis, das man als bezeichnend positivstisch ansehen kann und das im 17. Jahrhundert vorherrschend wurde, ja sogar weitgehend die Teilung des geistigen Europa bestimmte. Galilei formulierte nämlich, erstmalig in so klarer Form, das phänomenalistische Erkenntnisprogramm im Gegensatz zur herkömmlichen Weltinterpretation mit Hilfe der substantiellen Formen. Die bislang praktizierten Verfahren der Naturbeschreibung, die die Ursachen der beobachteten Phänomene in den nichtempirischen »Naturen« fanden (z. B. »Die Schwere ist die Ursache, daß die Körper fallen«), seien epistemologisch wertlos und ersetzen die Erklärung durch rein verbale Mittel. Aufgabe der Wissenschaft sei nicht die Vermehrung qualitativer »Naturen« und »Formen«, sondern die quantitative Beschreibung der Erscheinungen, die meßbar sind. Wesentlich war dabei die Überzeugung Galileis, daß die Mechanik sich zwar unentwegt auf das Experiment berufen müsse, daß ihre Thesen jedoch keineswegs Protokolle über effektiv vollzogene Experimente zu sein brauchen, sondern Vorgänge beschreiben, die unter unerreichbaren Idealbedingungen stattfinden (z. B. die Bewegung eines Geschosses, das keinen Luftwiderstand zu bewältigen hat); die Verwendung von geometrischen Modellen ermöglicht die Konstruktion solcher Bedingungen. Galilei verdankte seine Ergebnisse dem Verzicht auf den rein empirischen Standpunkt und der Anerkennung der Bedeutung der Idealisierung im Wissensaufbau. Jene Enthusiasten der neuen Wissenschaft, die im 17. Jahrhundert sich eben diesen Bestandteil seiner Methode nicht aneigneten und im Kampf mit den Epigonen der Scholastik ausschließlich auf das Experiment setzten, in der Annahme, die Physik sei ganz einfach eine Beschreibung faktisch durchgeführter Versuche, konnten keine großen Resultate erzielen, wenigstens nicht in der Mechanik.

Das geistige Leben Europas in der Zeit Galileis und unmittelbar nach ihm war von eben dieser prinzipiellen Spaltung bestimmt: für oder wider die »substantiellen Formen«, für oder wider die neue, phänomenalistisch orientierte Wissenschaft. Trotz aller Gegensätze und Kontroversen hatten die Gelehrten des 17. Jahrhunderts das Bewußtsein, einem gemeinsamen Lager anzugehören, das der konservativen Tradition, nicht nur der scholastischen, sondern auch der naturalistischen der Renaissance, entgegengesetzt und von der gemeinsamen Anerkennung der Physik des Galilei bestimmt war. Zu den aktivsten Propagatoren der neuen Wissenschaft im 17. Jahrhundert gehört Marin Mersenne, genannt »Sekretär des gelehrten Europas« dank der ungemein ausgedehnten Kontakte, die er mit der gesamten damaligen intellektuellen Welt pflegte. Mersenne verstand es, seinen orthodoxen Katholizismus mit der neuen Physik in Einklang zu bringen, wobei ihm hauptsächlich der Umstand zugute kam, daß er von beiden Positionen aus ein und denselben Gegner bekämpfen konnte, und zwar die italienischen Pantheisten-Naturalisten, die Astrologen, Alchimisten und Okkultisten. Mersennes Schriften enthalten ein verallgemeinertes Programm der phänomenalistischen Physik, einer quantitativen und mechanistischen, die sich metaphysiche Erklärungen versagt. Wissenschaftliches Wissen ist für Mersenne eine quantitative Organisation der beobachteten Phänomene und erhebt keine metaphysischen Ansprüche; ihr Wert besteht nicht darin, uns über das »Wesen des Dinges« aufzuklären, vielmehr in der strikt quantitativen Erfassung der Erscheinungswelt, die der praktischen Ausnutzung durch den Menschen genügt. Das, was dem Bereich der beobachteten Erscheinungen äußerlich ist, stellt den Gegenstand des Glaubens dar, der von der Autorität der Religion bestimmt wird. Die genaue Trennung der metaphysischen Probleme von der wissenschaftlichen Erkenntnis erlaubte es Mersenne, ähnlich wie vielen anderen seiner gelehrten Zeitgenossen, seinen Glauben beizubehalten, ohne mit der Naturwissenschaft in Konflikt zu geraten; auch war seine positivistische Interpretation der Erkenntnis – im Gegensatz zu vielen späteren Positivisten – kein Verzicht auf metaphysische Überzeugungen, vielmehr eine Absage an Versuche, diese durch die Erfahrung oder sonst welche »vernünftigen« Gründe zu rechtfertigen.

Einem ähnlichgearteten Positivismus begegnen wir in derselben Zeit bei Gassendi, der von seinem ersten Traktat an (1624), das gegen die Aristoteliker gerichtet war, die Fruchtlosigkeit und Labilität der metaphysischen Eruierungen demonstriert, dem Unglauben an die rationale Theologie sowie der Überzeugung Ausdruck gibt, daß eine Wissenschaft, die zu betreiben sich lohnt, stets den Makel der Unvollkommenheit tragen müsse, was sie jedoch keineswegs zur Unfruchtbarkeit verurteile. Das, was wir wahrhaftig dank der natürlichen Erkenntnismittel wissen, kann nicht über die Wahrscheinlichkeit hinausgehen, kann ebensowenig als Kenntnis der »Natur« der Welt oder des »Wesens« der Dinge gelten; es genügt jedoch für praktische Zwecke, wenngleich es stets der Kritik und der Möglichkeit der Widerlegung ausgesetzt ist.

Gassendis Doktrin läßt jenen Geist epistemologischer Enthaltsamkeit durchscheinen, der für das gesamte Milieu der französischen Libertins kennzeichnend und für die Entstehung des modernen Positivismus wesentlich ist; man verzichte auf Fragen, die mit dem Menschen zugänglichen Mitteln grundsätzlich unentscheidbar sind, auf Fragen nach Gott also, nach der verborgenen Natur aller Dinge, nach der unsichtbaren Welt; andrerseits solle man in Dingen, die den Urteilen der natürlichen Erkenntnis unterliegen, keine Ergebnisse als unbestreitbar und unwiderruflich anerkennen, vielmehr die Haltung steter Reserviertheit und Offenheit gegenüber möglichen andersartigen Lösungen oder Korrekturen durch künftige Erfahrungen beziehen. Diese Empfehlungen, die heute Gemeinplätze wissenschaftlichen Denkens sind, bildeten damals eine Art asketischer Herausforderung an alle spekulativen Naturphilosophen und an jegliche – die religiöse wie materialistische – Metaphysik, die die Welt in nichtempirische Strukturen gliedert, mit denen der Naturforscher nichts anfangen kann. Es muß noch einmal unterstrichen werden, daß jenes Programm, ähnlich wie das der Positivisten des Mittelalters, nicht die Aufhebung des Glaubens intendierte, sondern lediglich die Abänderung seines erkenntnistheoretischen Status' oder genauer: die Wiederherstellung des ursprünglichen Status', gemäß den Vorstellungen der damaligen Gelehrten. Der Glaube läßt sich in keiner Weise in Wissenschaft umwandeln, um so weniger dürfen wir das Wissen durch Glaubensgebote einengen; ihre Gegenstände kreuzen sich praktisch nirgends, daher können die Haltungen eines Christen und eines Wissenschaftlers koexistieren, vorausgesetzt, man trennt sie säuberlich voneinander. Diese Distinktionen hatten bei verschiedenen Menschen, die sie aussprachen, einen verschiedenen Sinn; während es den einen darum ging, alle religiösen Fragen aus dem Blickfeld des rational denkenden Menschen zu beseitigen und sich jeglicher Stellungnahme zu enthalten oder gar in jenem Trennungsprinzip eine Formel für die eigene Ungläubigkeit zu finden, ging es anderen eher darum, den religiösen Glauben vor der Kritik der Wissenschaft zu bewahren, die unweigerlich dort einsetzen mußte, wo man den religiösen Wahrheiten dieselbe Bedeutung verlieh wie den wissenschaftlichen Thesen und ihren Inhalt einer rationalen Prüfung unterzog. Der verbreitetste Standpunkt zielte ab auf die Erhaltung des religiösen Glaubens, der jedoch auf die pauschalsten Inhalte reduziert wäre, die keine Unterscheidungen zwischen den einzelnen christlichen Konfessionen zuließen (wie: Glaube an Gott, an die Vorsehung und die Unsterblichkeit der Seele), und betrachtete alle Einzelfragen, die die Natur Gottes und die Art seiner Herrschaft über die irdischen Dinge betreffen, als Rätsel, die dem menschlichen Geist grundsätzlich unzugänglich seien; diese Haltung, die unter den Gelehrten verbreitet war, gestattete es, die religiösen Probleme aus dem intellektuellen Interessenbereich auszuklammern, die wichtigsten Elemente des christlichen Glaubens zu erhalten und zugleich für das Programm von Toleranz und Frieden zu plädieren und die religiösen und konfessionellen Kontroversen im vorhinein für gegenstandslos zu erklären. Diese Denkweise des 17. Jahrhunderts minderte die Bedeutung der konfessionellen Differenzen im intellektuellen Milieu ganz erheblich und ermöglichte wissenschaftliche Zusammenarbeit, persönliche Freundschaft und Gedankenaustausch zwischen Menschen verschiedener Konfessionen. Die konfessionellen Unterschiede wandern ab in den sekundären sittlichen oder juristischen Bereich, die Zugehörigkeit zu der einen oder anderen Kirche gewinnt ähnlichen Charakter wie die Teilnahme an der einen oder anderen Mode, sie verliert überhaupt ihre weltanschauliche Bedeutung. Der Positivismus verbindet sich somit in jener Zeit mit dem dogmatischen Indifferentismus, mit der allgemeinen antimetaphysischen und antitheologischen Orientierung in der Wissenschaft, nicht aber mit dem Atheismus oder dem religiösen reformatorischen Impetus. Er fällt auch zusammen mit der Bescheidenheit bei der Beurteilung der Erkenntniswerte der Wissenschaft, die uns keinerlei unfehlbare Wahrheiten über die Natur des Seins offenbart, vielmehr die tatsächlichen Erfahrungen auf eine Weise schematisiert, die ihre technische Nutzbarmachung gestattet. In dieser Hinsicht scheint das libertinistische Programm in jener Zeit der positivistischen Haltung am nächsten zu stehen: es enthält nämlich den Verzicht auf die Hoffnung, daß das Wissen jemals Kenntnisse über die *Notwendigkeiten* liefern können werde, die in den empirischen Regelmäßigkeiten der Welt verborgen sind. Fragen wir also nicht, wie die Welt sein *muß*, geben wir uns nicht der Illusion hin, daß die von uns entdeckten Gesetzmäßigkeiten irgendeine konsequente Notwendigkeit enthalten; sie sagen uns, wie es tatsächlich ist, nie aber, daß es nicht auch anders sein könnte. Der Positivismus legt somit innerhalb der wissenschaftlichen Weltbeschreibung die prinzipielle und untrennbare Zufälligkeit jeglicher Eigenschaften der Natur bloß, zu denen unsere Vernunft und unsere Erfahrung vordringen können. Wir dürfen annehmen, daß diese Zurückhaltung sich in der Wissenschaft nicht entsprechend fruchtbar erwies; Gassendi und ihm ähnliche Phänomenalisten haben sich durch die Popularisierung der neuen Wissenschaft und die Kritik an den konservativen scholastischen und naturalistischen Metaphysiken verdient gemacht, doch ihre effektiven wissenschaftlichen Leistungen sind bescheiden, zumindest bedeutend bescheidener als die jener Wissenschaftler, die, nicht minder erfüllt von den Idealen der neuen Wissenschaft und von der Verachtung gegenüber den Konzeptionen der substantiellen Formen, nichtsdestoweniger jenen metaphysischen Elan und das Streben nach Erforschung der letzten Gründe bewahrt haben.

Unter dem hier behandelten Gesichtspunkt waren weder Descartes noch Leibniz (wie übrigens auch Galilei selbst) Positivisten. Mit dem Positivismus verband beide die Überzeugung, daß die Interpretation der Welt durch verborgene Fähigkeiten oder Kräfte, mit denen die empirische Wissenschaft nichts anfangen kann, unsinnig sei. Im normalen Lauf der Natur, wie Leibniz sagte, solle man keinen Platz lassen für unerklärbare Kräfte, andernfalls könnte man zu Erklärungen kommen, denen zufolge die Uhren die Zeit kraft ihrer horodeiktischen Fähigkeit zeigen, und die Mühle das Mehl dank der Fraktionsfähigkeit mahle. Für Descartes und Leibniz soll die Wissenschaft die Welt vom Geheimnis befreien, die Lücken der Erkenntnis durch wirkliches Wissen auffüllen, nicht aber die Ignoranz durch verbale Tricks verschleiern. Wenn Descartes auch nicht gänzlich auf den Substanzbegriff verzichtete, so versuchte er die Substanz jedoch auf eine Weise zu erklären, die sie das Geheimnisvolle früherer Versionen verlieren ließ: die ausgedehnte Substanz, die Materie, sei *nichts anderes* als nur Ausdehnung, die denkende Substanz, die Seele, sei *nichts anderes* als eben das Denken. Es gibt jenseits der effektiv wahrnehmbaren Dingqualitäten keine verborgene »Natur«, die uns irgend etwas erklären würde; das Ding ist dasjenige, was man an ihm wahrnehmen kann, es unterscheidet sich nicht vom Ensemble seiner zugänglichen Qualitäten. Dieser Gesichtspunkt, wenngleich nicht bis zur letzten Konsequenz geführt und von Descartes nicht mit letzter Konsequenz beibehalten, ist sicherlich ein Bestandteil des positivistischen Programms. Doch Descartes wie Leibniz verzichteten nicht auf metaphysische Probleme und auf Fragen, die die Entdekkung der notwendigen Seinseigenschaften intendierten. Im Gegensatz zu den Phänomenalisten, für die der »Zufalls«-Charakter der Erfahrung davon zeugen sollte, daß die Ganzheit unserer Erkenntnis einer Art chronischer Ungewißheit verhaftet bleibt, versuchte Descartes Mittel ausfindig zu machen, die uns die Überwindung jener Zufälligkeit und die Entdeckung von Wahrheiten ermöglichen, die man als absolut notwendig anerkennen könnte und die zugleich keinen analytischen Charakter hätten. So ging seine Doktrin von der Voraussetzung aus, daß gerade die Unverläßlichkeit des Wahrnehmungswissens, der Mangel jeglicher Notwendigkeit seiner Inhalte sowie die Tatsache, daß es nicht einmal mit Sicherheit zu den Existenzialurteilen vorzudringen erlaubt (sofern die Existenz der gegenständlichen Welt nicht aufgrund der unmittelbaren Perzeption evident ist), der Suche nach unfehlbaren Erkenntniskriterien eine andere Richtung weisen. Daher wurzelt die Überzeugung Descartes', daß das mathematische Modell (oder genauer: jenes Modell deduktiver Erfahrung, das die Gelehrten aus den Euklidschen *Elementen* kannten) in der Wissenschaft allgemein anwendbar sei und daß wir nur mit seiner Hilfe eine Naturwissenschaft zu konstruieren vermögen werden, die nicht der empirischen Labilität ausgesetzt wäre, in eben jenem Wunsch nach *Stringenz*, die dasjenige Wissen auszeichnen sollte, das diesen Namen verdient. Die fundamentalen Gesetze von Bewegung und Stoß der Körper können nach Descartes unabhängig von der Erfahrung entdeckt werden, durch die strikte Analyse der Begriffe Ausdehnung, Körper, Widerstand, Bewegung usw.

Wenn wir also allein die Negierung der außerphänomenalen »Wesen« der Dinge als konstitutiv für das positivistische Denken akzeptieren würden, könnte Descartes ähnlich wie Leibniz in das Pantheon der positivistischen Tradition einziehen. Da dieses Kriterium jedoch, zumindest von der Entwicklung des Positivismus in den beiden letzten Jahrhunderten aus gesehen, schwerlich als ausreichendes Kriterium angesehen werden kann, wird diese Einordnung Descartes' nur mit großen Vorbehalten aufrechtzuerhalten sein. Für das positivistische Denken ist gleichermaßen die Überzeugung wesentlich, daß Wissen nur insofern als *stringent* bezeichnet werden kann als es analytischen Charakters ist, daß also das, was innerhalb unserer Kenntnisse über die Welt den Namen notwendiges Wissen verdiente, eigentlich kein Wissen von der Welt mehr sei, vielmehr eine Ansammlung von Tautologien, Wahrheiten, deren Wahrhaftigkeit von der bloßen Bedeutung der darin verwendeten Termini gewährleistet wird und die zu ihrer Bestätigung keiner empirischen Kriterien mehr bedarf, mehr noch, sich ihrer gar nicht bedienen kann; dieses Wissen sagt uns somit nichts über die tatsächliche Beschaffenheit der Welt, insbesondere impliziert es keine Existenzialurteile, betrifft auch keine praktischen Prozesse, die in der Welt vor sich gehen. Für Descartes besitzt im Gegenteil nur dasjenige Wissen einen Wert, das nicht einfach darüber spricht, daß faktisch etwas vor sich geht, sondern darüber, daß etwas *stringent* geschehen muß; ein solches Wissen ist erreichbar, aber mit außerempirischen Methoden. Auch Existenzialurteile können, seiner Auffassung gemäß, analytischen Charakter besitzen; davon zeugt die Gültigkeit des ontologischen Gottesbeweises; dieser Beweis besagt nämlich lediglich, daß die Existenz Gottes eine apriorische Wahrheit sei, das heißt, daß man sie durch die bloße Analyse des Gottesbegriffes als des allervollkommensten Wesens bestimmen könne (also eines Wesens, das auch mit Existenz ausgestattet ist, sofern Existenz eine gewisse Vollkommenheit ist). Auch Descartes' philosophischen Interessen sind das Gegenteil der positivistischen Programme: alle metaphysischen Fragen, die Gott, die Schöpfung, die nichtmaterielle Seele betreffen, nehmen einen zentralen Platz in seinen Überlegungen ein und können keineswegs als Objekte puren Glaubens gelten, vielmehr lassen sie sich einer kritischen »Vernunfts«-Argumentation unterziehen.

Diese Bemerkungen treffen in noch höherem Maße auf Leibniz zu, der, den scholastischen und naturalistischen Weltinterpretationen genauso stark abgeneigt, mit noch größerer Beharrlichkeit eine Methode finden wollte, die die notwendigen Gründe jeglicher Welteigenschaften und der Existenz der Welt selbst aufdecken würde. Wenn das gesamte empirische Wissen der Zufälligkeit verhaftet bleibt, wenn also kein Urteil, das die Negation einer Aussage über Fakten ist, einen inneren Widerspruch impliziert (davon, daß es regnet, können wir uns anhand der Erfahrung überzeugen, aber die Behauptung, daß es gerade nicht regne, enthält keinen inneren Widerspruch, unsere Feststellung ist mithin »an sich« zufällig), kann somit von keiner Wissensanhäufung erwartet werden, daß ihr irgendeine Notwendigkeit entspringen würde. Die festgestellten Kausalitäten heben diese Zufälligkeit nicht auf, da die Bedingungen, die wir empirisch zur Erklärung eines beliebigen zufälligen Faktums entdecken können, genauso zufällig sind wie das Faktum selbst. Indessen ist unser Denken dem Satz vom zureichenden Grunde unterworfen, der uns die Überzeugung aufnötigt, daß jedes Zufallsurteil seinen stringenten Grund hat, daß sich also die Zufälligkeit unter einem hinreichend umfassenden Gesichtspunkt nur als Gebrechlichkeit unserer Erkenntnis erweist. Da die Existenz der Welt selbst zufällig ist, d. h., da man keinen immanenten Widerspruch in der Annahme erblicken kann, daß die Welt nicht existiere oder von der tatsächlich existierenden sich durch und durch unterscheide, ist die Aufhebung der Zufälligkeit des Seins und die Erfüllung der Bedingungen des Satzes vom zureichenden Grunde nur dank der Voraussetzung eines Seins möglich, dessen Essenz und Existenz zusammenfallen, das heißt eines Gottes. Die Welt, betrachtet aus der Perspektive der göttlichen Existenz, verliert ihre Zufälligkeit und zeigt, daß das, was uns als zufällig erscheint, tatsächlich genauso notwendig ist, wie uns die analytischen Wahrheiten der Geometrie als notwendig erscheinen.

Wir erwähnen diese Philosophen, um genauer zu bestimmen, was man eigentlich unter positivistischer Doktrin zu verstehen hat und welches ihre historische Entwicklung ist. Aus unseren Bemerkungen geht hervor, daß Gassendi es war, der im 17. Jahrhundert ein Erkenntnisprogramm formulierte, das dem positivistischen am nächsten stand, obwohl es übertrieben wäre, ihn vorbehaltlos als Positivisten zu bezeichnen; er vertrat nämlich die Ansicht, daß die metyphysischen Wahrheiten, wenngleich unbeweisbar, legitime Bestandteile unseres Weltbildes seien, nicht nur als dekoratives Beiwerk, sondern als Wahrheiten im wörtlichen Sinn, ja vielleicht wörtlicher sogar als die Resultate der Wissenschaften, die unvermeidlich mit Ungewißheit behaftet seien und eher pragmatischen als kognitiven Wert besitzen.

Beachtung verdienen im 17. Jahrhundert die Versuche, den Cartesianismus im phänomenalistischen und positivistischen Geist fortzusetzen, jedoch in eigentümlicher Allianz mit einer theologischen Doktrin von deutlich fatalistischer Neigung. Wir verdanken diese Versuche den Cartesianisten, deren Theorie den Namen Okkasionalismus trägt. Sie stützt sich auf die Cartesianische Theorie, derzufolge keine Einwirkungen zwischen geistigen Substanzen und physikalischen Gegenständen kausaler Art erfolgen dürfen.

Aus diesem Grundsatz resultiert nach Ansicht der Anhänger dieser Doktrin unweigerlich, daß die Inhalte unserer Wahrnehmungen nicht kausal von einer spezifischen Gestaltung jener physikalischen Welt, die sich nach allgemeiner Überzeugung uns eröffnet, verursacht werden und gewissermaßen durch die Sinnesorgane in unser Bewußtsein eintreten. Mehr noch, zwischen den physischen Gegenständen selbst kann keine wahrhaft kausale Einwirkung zustande kommen, denn sie sind von Natur aus nicht zu Einwirkungen fähig. Folglich ergibt sich jegliche Entsprechung zwischen den Inhalten menschlicher Empfindungen und der Wahrnehmungswelt sowie die gesamte Ordnung der Beziehungen, die wir in der Welt entdecken, nicht aus einer tatsächlich in der Natur selbst enthaltenen Ordnung, sondern ausschließlich infolge der permanent wirksamen Intervention der Vorsehung, die die Ordnung jeweils aufrechterhält; die vermeintlichen natürlichen Ursachen sind nur Gelegenheiten (daher der Name der Lehre) für die vermuteten Folgeerscheinungen, die tatsächliche Wirkung aus der Ursache ist ein Monopol Gottes, der unentwegt darauf bedacht ist, die Stetigkeit der Beziehungen zwischen den Ereignissen zu gewährleisten sowie die Entsprechungen zwischen den Inhalten unserer Wahrnehmungen und ihren Dingkorrelaten aufrechtzuerhalten; Er wäre jedoch außerstande, seine Wirkkraft auf die sekundären Ursachen zu übertragen, sofern er nicht bewirken könnte, daß das, was Materie ist, Geist wird ohne zugleich aufzuhören, Materie zu sein. Somit dürfen wir die permanente Ordnung der Welt anerkennen, nicht aber, daß diese das Eigentum der Welt selbst sei, wenn sie sich in Wirklichkeit ausschließlich durch die Beständigkeit der göttlichen Beschlüsse erklärt, die jeweils in einem beliebigen Moment des Existenz des Kosmos' verwirklicht werden. Aus dieser Doktrin ergibt sich erstens, daß das menschliche Schicksal vom menschlichen Willen völlig unabhängig ist, denn unsere Wünsche besitzen nicht einmal die Kraft, in uns die Bewegung eines Fingers zu bewirken oder uns zu veranlassen, ein Sandkorn aufzuheben; und zweitens, daß unser Wissen von der Ordnung der Natur keine immanente Ordnung hinsichtlich dieser Natur offenbart, sondern nur die äußeren Manifestationen der göttlichen Beständigkeit einfängt; es resultiert daraus drittens, daß jegliche scholastischen Erklärungen der Naturerscheinungen durch Kräfte oder Fähigkeiten, die in der Natur selbst stecken, überflüssig sind; viertens, daß jeglicher Kult der Natur oder die Bewunderung ihrer Werke stets ein aus Unwissen geborener Götzendienst ist, wenn im gesamten physikalischen All nicht soviel Kraft vorhanden ist, um das Blatt am Baum zu bewegen. Der Okkasionalismus war der Versuch einer radikalen Destruktion des Glaubens des 17. Jahrhunderts an die natürliche Ordnung der Dinge, zugleich ein Versuch, die letzten Konsequenzen aus der antischolastischen Intention des Cartesianismus zu ziehen. Er reduzierte die menschliche Erkenntnis auf die Perzeption von singulären Erscheinungen, deren Regelmäßigkeit nicht in der Natur selbst, sondern außer ihr enthalten ist. Dieser Phänomenalismus kann selbstverständlich nicht als positivistische Weltinterpretation im wörtlichen Sinne gelten; er enthielt einen positiven Glauben an die göttliche Allmacht, die die natürliche Ordnung erklärte, wie auch den Glauben an die Existenz eines substantiellen menschlichen Subjekts, das gänzlich frei ist von physikalischen, räumlichen Determinationen. Nichtsdestoweniger formulierte der Okkasionalismus eine bestimmte Version des Gedankens, der für den positivistischen Denkstil konstitutiv ist: alle »notwendigen« Thesen sind Schlußfolgerungen aus dem »Wesen«, alle Existenzialurteile haben »Zufalls«-Charakter. Dies ist die im damaligen Sprachgebrauch ausgedrückte Überzeugung, daß das gesamte menschliche Wissen, wenn man von der Offenbarung absieht, aus analytischen Urteilen, die keinerlei Informationen über die Realität der Gegenstände liefern, auf die sie sich beziehen, sowie aus Urteilen über Fakten besteht, die wiederum keine Auskünfte über ein »Wesen« der Dinge noch über »Substanzen« und »Notwendigkeiten«, »Kräfte« oder »Ursachen« geben können.

In der nämlichen Richtung, noch extremer in der Sache, ging das Denken Berkeleys; er strebte die strikte Trennung zwischen denjenigen Inhalten an, die faktisch in unseren Perzeptionen enthalten sind, und denjenigen, die wir unrechtmäßig in sie hineininterpretieren; es stellte sich als Resultat dieser Analysen heraus, daß das Dasein der Materie keineswegs in den Inhalten unserer Perzeptionen enthalten ist und daß sich, wenn wir den Versuch unternehmen, exakt auszusagen, was uns wahrhaft von der Welt »gegeben ist«, zeigt, daß homogene Qualitäten gegeben sind, hinsichtlich derer wir keinen Grund zur Behauptung haben, daß sie die Qualitäten irgendwelcher ansonsten nicht wahrnehmbarer physikalischer Gegenstände seien. Die Gleichförmigkeit der menschlichen Welt läßt sich nur durch die göttliche Aufsicht erklären, erfordert jedoch nicht, nicht einmal als Hypothese, die Existenz eines materiellen Substrats, das sich in geheimnisvoller Weise jenseits seiner Manifestationen verbergen würde. Das bedeutet selbstverständlich nicht, daß die physischen Gegenstände für Berkeley »in uns« existierten, in dem Sinne, daß sie schlechthin Bestandteile des individuellen menschlichen Geistes wären. Berkeley verfolgt zwei Ziele: alles das aus der Erkenntnis zu eliminieren, dessen Gegenwart für die Interpretation dieser Erkenntnis nicht unabdingbar ist (daher hat ein Sein außerhalb der Seinswahrnehmung keine Berechtigung, daher ist »sein« soviel wie »wahrgenommenwerden«); darüber hinaus das atheistische Weltverständnis zu inhibieren, das sich auf die bloßen Naturkräfte beruft als auf Kräfte, die die Totalität der sichtbaren Welt hinreichend erklären (wenn in dem uns zugänglichen Erkenntnismaterial keine »absolute«, selbständige Wirklichkeit enthalten ist, so läßt sich der beständige und multisubjektive Charakter der Welt nicht ohne göttliches Absolutum erklären). Das, was Berkeley strikt vom Positivismus unterscheidet, ist die positive Erneuerung hinsichtlich des Urteils von der Existenz der Materie (während für die Positivisten jede metaphysische These genauso inhaltslos ist wie ihre Negation) sowie der zur Negation der analytischen Urteile geführte Empirismus; für Berkeley sind nämlich auch die Sätze, die als unerschütterlicher Bestandteil »notwendigen Wissens« galten, also die Thesen der Geometrie und Arithmetik, in Wirklichkeit nicht nur in dem Sinne empirischer Provenienz, als es unmöglich ist, sie ohne Erfahrung zu konstruieren, sondern auch, weil sie sich ohne Erfahrung auf keine Weise erhärten lassen. Sie unterscheiden sich ihrem Charakter nach nicht von anderen empirischen Verallgemeinerungen. Gegenüber der zeitgenössischen Physik ähnelt sein Standpunkt sehr dem moderner positivistischer Methodologen: das Wort »Anziehung«, das zahllose physikalische und chemische Prozesse erklären soll, ist eine Art verkürzter Beschreibung aller Gesetzlichkeiten, die es angeblich erklären soll. Für sich stellt es keinerlei Bereicherung unseres anderweitig gewonnenen Wissens über die in der Natur beobachteten Regelmäßigkeiten dar.

### *3. Der Positivismus der Aufklärung*

Die Philosophen der französischen Aufklärung kritisierten Berkeley: wenn man auch nicht sagen kann, daß sie der Natur selbst jene Ordnung und Weisheit zurückerstatteten, die er ihr genommen hatte, so verhalfen sie ihr doch wieder zu ihrer autonomen Notwendigkeit. Sie kritisierten ihn jedoch, indem sie sich auf dieselben Grundsätze beriefen: wenn man die Gegenwart der realen physikalischen Welt außerhalb von uns beweisen könne, so nur durch den Rekurs auf besondere Erfahrungen, die sich nicht anders erklären lassen denn als Einwirkungen der äußeren Dinge auf uns selbst; Condillac war der Auffassung, die Erfahrung des äußeren Widerstandes sei für diesen Zweck ausreichend. Zugleich folgten sie Lokke, der wichtigsten Autorität in der Erkenntnistheorie, in der Ansicht, daß die menschliche Erkenntnis unfähig sei, Wissen über jenseits der unmittelbaren Erfahrung verborgene »Substanzen« zu gewinnen. Weder Materie noch Geist werden sich jemals vor unseren Augen offenbaren und ihre Geheimnisse preisgeben. Diese Philosophie gab der Welt der Substanz, die Berkeley zerstört hatte, ihre Realität wieder, allerdings nur mit dem Ziel, sie sodann für die Erkenntnis unzugänglich zu erklären. Dem Kult der Wissenschaft entsprang der Kult der »Tatsache«, eines noch nicht ernsthaft angezweifelten Begriffs; aber der nämliche Kult der Wissenschaft hieß die quantitative Mannigfaltigkeit der Natur erklären und sie auf die mutmaßliche Einheit der Welt reduzieren; derlei Versuche konnten nicht bei dem phänomenalistischen Programm stehen bleiben, sie griffen immer wieder auf mehr oder weniger gewagte Hypothesen zurück, die die unabdingbaren Eigenschaften der Materie selbst betrafen. Sowohl die okkasionalistische wie die Berkeleysche Erkenntnisinterpretation erwuchsen aus der Doktrin, die die menschliche Existenz der physischen Welt maximal entgegenstellen wollte; beide stützten sich auf das Bild vom Geistesmenschen, der nur in seiner Fremdheit gegenüber der Natur begreiflich ist; die Aufklärung war ein Versuch der totalen Integration des Menschen in die natürliche Umgebung. Aus diesem Grund war auch der Sinn des Phänomenalismus ein jeweils anderer. Der eine Phänomenalismus sollte den Geistesmenschen von jeglicher natürlicher Bindung an die Natur trennen, der zweite akzeptierte im Gegenteil die Erscheinungswelt als eine nach menschlichem Maß konstruierte und sah die Perzeptionen als eine in dem Maße begrenzte Bindung an die Natur an, in dem das menschliche Sein und seine Möglichkeiten überhaupt begrenzt sind.

Wenngleich die klassischen Doktrinen der französischen Aufklärung bestimmte Regeln enthielten, die Zurückhaltung hinsichtlich strikt metaphysischer Fragen geboten, war diese Zurückhaltung jedoch nicht von agnostischer Melancholie begleitet, und ihr Ziel bestand nicht darin, den Glauben an die Vernunft zu untergraben. Im Gegenteil: in dem uns zugänglichen Erfahrungsbereich läßt sich eine bestimmte Ordnung entdecken oder zumindest konstatieren und Gewißheit hinsichtlich der lebenswichtigen Belange erreichen. Man kann bestimmen, was die Natur verlangt und in welcher Weise ihre Forderungen in der rationalen Organisation des sozialen Lebens zu erfüllen seien. Der Empirismus ist eine Aufforderung zu Fragestellungen und Aufgaben, die einerseits Entwürfe nach menschlichem Maß sind und die uns andrerseits nicht zu kognitiv unfruchtbaren und gesellschaftlich und moralisch schädlichen metaphysischen und religiösen Explorationen verleiten.

## *4. David Hume*

Die Aufklärung selbst brachte dagegen eine Doktrin hervor, die, letzte Konsequenzen aus den empiristischen Grundsätzen ziehend, eine gewisse Diskrepanz zwischen diesen und den Intentionen offenbarte, die für ihre Formulierung maßgebend waren, und die solcherweise zur Destruktion oder Autodestruktion aller Hoffnungen führte, die die Epoche der Aufklärung in die Erfahrung und den gesunden Verstand legte. Schöpfer dieser Doktrin war David Hume, einer der glänzendsten Geister, die die Neuzeit hervorbrachte, und zugleich der eigentliche Vater der positivistischen Philosophie, zeitlich gesehen der erste Philosoph, den wir als Positivisten bezeichnen können – ohne die Vorbehalte, die wir bei der Erwähnung früherer Denker machen müssen.

Es ist viel diskutiert worden, was der eigentliche Gegenstand der Philosophie Humes sei. Wir wollen uns jedoch in den Streitfragen der Stimme enthalten und uns mit der Zusammenfassung jener Leitgedanken bescheiden, die wir als bezeichnend positivistische in seiner Philosophie ansehen können, und zugleich jene anführen, die das stereotype Konterfei Humes in der Geschichte der philosophischen Auseinandersetzungen formten.

Hume war das Gegenteil eines pedantischen Gelehrten; er war Schriftsteller und Essayist; nicht in dem Sinne, daß er unverbindliche Mutmaßungen von sich gegeben hätte, ohne sich um deren Begründung zu kümmern. Im Gegenteil: er verstand es, ihn tangierende Fragen mit ungemeiner Klarheit zu formulieren und ohne rhetorische Mittel die Argumente für oder wider die eine oder andere Lösung abzuwägen. Er vermied hingegen unnötig komplizierte Klassifikationen, ausgedehnte Zitate. Wenn seine Gedanken gelegentlich zweideutig sind, wie in den *Dialogen über die natürliche Religion*, so ist es eine gewollte Zweideutigkeit der Konstruktion, nicht aber eine aus Unfähigkeit oder Wirrwarr entstandene Unklarheit. Jeder von ihm niedergeschriebene Satz ist eine Demonstration strenger Geistesarbeit, und seine Schriften umfassen alles, was in jener Epoche für das intellektuelle Leben wichtig war. Ihn leitete eine allseitige Wißbegierde, aber auch die Überzeugung, daß die Bestimmung der Grenzen menschlicher Erkenntnis von praktischer Bedeutung sei, daß sie die Befreiung von überflüssigen Fragen erlaubt, die leicht zu Kontroversen führen und daß dadurch Klarheit und Ordnung in alle Bereiche des menschlichen Lebens gebracht werden könne.

Die Erkenntnisinhalte des Verstandes analysierend, unterscheidet Hume erst einmal zwei Arten, die sich, wie er sagt, durch den Grad »ihrer Stärke und Lebhaftigkeit« unterscheiden. Es gibt die *Eindrücke* (*impressions*), also die unmittelbar erfahrenen Inhalte oder »alle unsere lebhafteren Auffassungen, wenn wir hören, sehen, tasten, lieben, hassen, wünschen oder wollen«, außerdem gibt es die *Vorstellungen* (*ideas*) oder die schwächeren Perzeptionen der Erinnerung oder Einbildungskraft. Die Vorstellungen sind gänzlich aus den Eindrücken ableitbar, sie sind sogar deren *Abbilder* (*copies*), was allein daraus ersichtlich ist, daß jegliche Störung im Empfang von Eindrücken die Entstehung einer entsprechenden Vorstellung verhindert (»Ein Lappländer oder Neger hat keinen Begriff vom Wohlgeschmack des Weines«). Jede einfache Vorstellung ist die Entsprechung oder verblaßte Kopie einer einfachen Impression; die zusammengesetzten Vorstellungen, zum Beispiel die Phantasiebilder, sind eine Kontamination von Elementen, die wir aus den Wahrnehmungsinhalten kennen (»goldener Berg« oder »tugendhaftes Pferd«). Insbesondere existieren die sogenannten allgemeinen Vorstellungen, wie dies Berkeley im übrigen gezeigt habe, keineswegs in unserem Geist, sofern man darunter etwas anderes als Inhalte verstehen will, die jeglichen individualisierenden Inhalts entbehren. Die Vorstellungen sind individuell, nur die mit ihnen assoziierten Wörter erlauben es, die gegebene Vorstellung mit vielen ähnlichen, qualitativ vergleichbaren Vorstellungen zu verknüpfen. Solcherweise rekurriert jegliche Arbeit der Vernunft entweder auf Beziehungen zwischen Vorstellungen oder Tatsachen. Unter den Verknüpfungen zwischen Vorstellungen gibt es wiederum solche, die wir untersuchen können, ohne uns auf etwas außerhalb der Vorstellungen, insbesondere, ohne uns auf die Erfahrung zu berufen; es sind dies die Relationen der Ähnlichkeit, des Gegensatzes und des Besitzgrades einer gemeinsamen Eigenschaft sowie die Relation der quantitativen Proportionen. Die Untersuchung dieser Relationen stellt den eigentlichen Gegenstand des mathematischen Wissens dar und ermöglicht es, absolut sicheres Wissen zu erreichen, das uns jedoch keine Auskunft über die Existenz seiner Korrelate gibt. Der Satz, daß »dreimal fünf gleich der Hälfte von dreißig ist« behält seine Geltung unabhängig davon, ob irgendwelche gezählten Gegenstände existieren oder nicht. Er ist absolut wahr, enthält jedoch zugleich keinerlei Hinweis auf die Existenz von irgend etwas. Eben diesen Charakter weisen die Hypothesen der mathematischen Wissenschaften auf: sie sind sicher dank ihrer Evidenz oder dank dessen, daß sie mit Hilfe fehlerloser Schlußfolgerungen von Evidenzen abgeleitet werden.

Einen anderen Charakter weisen die Relationen der Identität, der Berührung in Zeit oder Raum und die Relationen von Ursache und Wirkung auf. Den zeitlichen und räumlichen Zusammenhang können wir in der unmittelbaren Perzeption feststellen, das heißt, wir können ihn feststellen, ohne über die Fakten hinauszugehen. Dieses Wissen gehört somit zum Bereich der unmittelbaren Wahrnehmung. Anders verhält es sich mit den Sätzen, die etwas über die Kausalzusammenhänge zwischen Ereignissen aussagen. In diesem Bereich müssen wir über die Beobachtung hinausgehen, und die Legitimität dieser Überschreitung wurde für Hume zu einer Frage, der er besondere Bedeutung beimaß und deren Entscheidung er für besonders wichtig im Kampf mit den philosophischen Vorurteilen und den Fehlern der gängigen Schlußfolgerungen hielt.

Nach Humes Ansicht ist es eine Eigenschaft jeglicher Urteile über Erfahrungstatsachen, daß sie im Gegensatz zu mathematischen Urteilen Aussagen über die Existenz treffen, daß sie die Gegenwart eines bestimmten Phänomens konstatieren, zugleich jedoch keine Notwendigkeit implizieren; hinsichtlich dessen, daß sich das eine oder andere Ereignis jetzt so oder anders abspielt, sind wir offensichtlich überzeugt, doch wir können keinerlei Zwangsläufigkeit darin feststellen, daß es eben so und nicht anders vor sich geht. Hans hat eine schiefe Nase, aber in der Annahme, daß Hansens Nase gerade sei, ist keinerlei immanenter Widerspruch enthalten. Die Frage ist: sind innerhalb des Beobachtungsbereiches solche Urteile möglich, die, ohne ihren empirischen Charakter zu verlieren, uns etwas mehr über die Welt aussagen würden als nur das, daß sie sich uns in dem und dem Augenblick so oder so darbietet? Mit anderen Worten: gibt es einen Wissensbereich, in dem die Notwendigkeit, die für das Wissen vom Typus des mathematischen Wissens kennzeichnend ist, sich zugleich mit inhaltlicher Realität verknüpfen würde?

Eben darin besteht die Bedeutsamkeit der Frage nach der Legitimität von Feststellungen, die sich auf den konstanten Charakter von Kausalzusammenhängen beziehen. Feststellungen dieser Art müßten nämlich, der allgemeinen Auffassung nach, zwei Erkenntniseigenschaften vereinen, die als eminent wichtig gelten und die sonst getrennt auftreten: Notwendigkeit und Realität; im Unterschied zu den Sätzen der Mathematik sollten sie uns irgendwelche Informationen über die Welt liefern und zugleich eine unabweisbare Stringenz enthalten, die sie von den singulären Wahrnehmungsfeststellungen unterscheiden. Die Möglichkeit solcher Urteile ist von kapitaler erkenntnistheoretischer Bedeutung, sie entscheidet nämlich darüber, welchen Sinn wir denjenigen wissenschaftlichen Hypothesen zuzuschreiben haben, die man als Gesetze zu bezeichnen pflegt und die, nach Humes Auffassung, eben die Form von Urteilen aufweisen, die unausweichliche Kausalzusammenhänge feststellen.

Das Resultat der Humesschen Analyse war niederschmetternd eindeutig. In den Kausalurteilen vergewissern wir uns hinsichtlich des Eintretens eines bestimmten Ereignisses aufgrund eines anderen Ereignisses. Es ist klar, daß dieses Wissen nicht die Folge der bloßen Analyse der betreffenden Begriffe ist; das Banalurteil, das besagt, daß »alles, was einen Anfang, auch einen Existenzgrund haben muß«, läßt sich nicht aufgrund der intuitiven Evidenz nach dem Wortsinn akzeptieren, im Gegensatz zu dem Urteil, das beispielsweise besagt, daß zwei Gerade keinen gemeinsamen Abschnitt besitzen; dieses letzte Urteil läßt sich nicht einmal empirisch bestätigen, denn die geometrische Zeichnung ist niemals so exakt, daß sie jeglichen Zweifel ausschließt, wenn wir auf ihrer Basis etwas über die konstanten Eigenschaften von Figuren und Körpern aussagen wollen. Doch die in diesen Urteilen eingesetzten Vorstellungen geben uns hinreichende Gewißheit über ihre Wahrheit. Das Wissen über bestimmte Qualitäten eines Dinges erlaubt uns hingegen nicht, unfehlbar auf andere Qualitäten zu schließen, die die Folgen der ersten wären; ein der Stütze beraubter Stein fällt, aber in der Lage des Steins selbst ist a priori kein Hinweis darauf enthalten, daß er, ungestützt, eher fallen als sich erheben werde; allein aus der Hitze und Helligkeit des Feuers läßt sich nicht erschließen, daß das Feuer verbrennt. Klar ist somit, daß die Relation von Ursache und Wirkung sich nur aufgrund der Beobachtung feststellen läßt, niemals a priori. Die unmittelbare Beobachtung gibt uns ihrerseits Auskunft über die Berührungsnähe bestimmter Ereignisse, impliziert jedoch keinerlei stringente Verbindung. Die Ursache könnte man bestimmen als einen »Gegenstand, der einem anderen voraufgeht, ihm räumlich benachbart und zugleich mit ihm so verbunden ist, daß die Vorstellung des einen Gegenstandes den Geist nötigt, die Vorstellung des anderen zu vollziehen, und der Eindruck des einen ihn nötigt, eine lebhaftere Vorstellung des anderen zu vollziehen«. Die Schlußfolgerung von den Wirkungen auf die Ursache basiert somit lediglich auf der Erwartung, daß bestimmten Ereignissen andere bestimmte Ereignisse folgen würden, und diese Erwartung ist ein Produkt der Gewohnheit. Wir dürfen mit Recht sagen: wir haben uns davon überzeugt, daß ein bestimmter Gegenstand stets von einem bestimmten Resultat begleitet wird, es gibt jedoch keine Regeln, die gültig darauf schließen ließen, daß qualitativ ähnliche Gegenstände stets von demselben Resultat begleitet sein müssen. Der Grund der Verknüpfung zwischen den Ereignissen zeigt sich nicht in der Erfahrung, unserem Blick offenbart sich nur die Verknüpfung selbst. Wir haben somit sowohl die psychologische Erklärung für die gängigen Vorurteile in der Frage der Stringenz der Kausalzusammenhänge gewonnen (eine Assoziationsgewohnheit), wie die Gründe, die diese Vorurteile entkräftigen. Die Stringenz ist nur im Geiste gegeben, nicht aber in den Dingen.

Ähnlich vernichtend sind die Ergebnisse der Analyse unserer Überzeugungen, die die Substanz betreffen. Auch hier vollziehen wir, wie Berkeley im übrigen gezeigt hat, unstatthafterweise den Übergang von der Verbindung bestimmter Wahrnehmungsqualitäten zur Überzeugung von der Existenz eines dauerhaften »Substrats« jener Qualitäten in Gestalt eines der Beobachtung entzogenen Dings, das von diesen Qualitäten verschieden wäre. In Wirklichkeit »verfügen wir über keine Vorstellung der Substanz, die etwas anderes wäre als die Vorstellung eines Zusammen bestimmt gearteter Eigenschaften. Wir meinen denn auch nichts anderes, wenn wir von der Substanz reden oder über die Substanz irgendwelche Urteile fällen«. Mehr noch, diese Beobachtung beschränkt sich nicht nur auf körperliche Substanzen, gegen die sich Berkeleys Kritik richtete, sondern betrifft auch die geistigen Substanzen. Kein »Ich«, keine »geistige Persönlichkeit« ist uns in den Eindrücken gegeben, die einzelnen Perzeptionen legen keine konstanten »Vehikel« derselben frei und alles, was wir von der »Seele« wissen, läßt sich mühelos auf das Wissen von Einzelperzeptionen reduzieren. Das »Ich« ist eine überflüssige Hypothese, sie erklärt nichts in der Beobachtung, was wir nicht bereits ohne dieses Gebilde wüßten.

Die weltanschaulichen Konsequenzen dieser Kritik sind kennzeichnend für die gesamte spätere Philosophie des Positivismus, in der man, ähnlich wie im Fall Humes, stets dieselbe polemische Doppelorientierung beobachten kann: gegen die realistische und gegen die religiöse Metaphysik zugleich. Die Kritik des Substanz- und Ursachenbegriffs heißt uns, nach Hume, jegliche Urteile über das Sein als eines von den Wahrnehmungsqualitäten Unterschiedenen suspendieren. Dieselbe Kritik zerstört unwiderruflich jeden Versuch, in der Natur etwas zu suchen, das Rückschlüsse auf eine sie ordnende göttliche Intelligenz zuließe. Die Kritik der religiösen Glaubensinhalte nimmt in Humes Schriften einen großen Raum ein; es soll uns hier genügen zu sagen, daß diese Kritik sowohl die apriorischen Gottesbeweise wie jegliche Argumente umfaßt, die die Kausalität, die rationale Ordnung in der Natur betreffen. Die Absurdität des ontologischen Beweises ist ganz einfach ein Sonderfall der Absurdität, die für alle Versuche kennzeichnend ist, eine beliebige Existenz *a priori* abzuleiten, ganz zu schweigen davon, daß jener Beweis, selbst wenn er legitim wäre, nichts über die Gegenwart Gottes in der Welt aussagte noch über sein Wirken als Schöpfer der Welt, als Beschützer und Quelle der Liebe und also für jene Wahrheiten, auf die jegliche Religion sich aufbaut, irrelevant wäre. Aber die Beweise für die Existenz Gottes aufgrund der Ordnung der sichtbaren Welt sind nicht rechtmäßiger; welcher Gründe auch immer wir für die Existenz eines Schöpfers ausfindig machen würden, sie können nie aus dem Prinzip der Proportionalität von Ursache und Wirkung ausbrechen. Ausgehend von diesem Prinzip, wird man also niemals von endlichen Dingen auf unendliche Eigenschaften des vermeintlichen Schöpfers schließen dürfen; es könnte einen eher zu der Annahme führen, daß er seine eigene Nichtigkeit in den Nichtigkeiten der Welt offenbart habe.

Überhaupt inhibiert die korrekte Interpretation der Relation von Ursache und Wirkung jegliche Beweise auf diesem Gebiet, da wir, den Erfahrungsgrenzen verhaftet, zumindest über eine bestimmte Summe permanent beobachteter Fälle des analogen Kausalzusammenhanges verfügen müßten; eine unausführbare Aufgabe, sofern wir nicht über die Kenntnis einer Vielfalt von Welten und deren Schöpfungsbedingungen verfügen. Das Weltall ist voraussetzungsgemäß eins, sofern es »alles« umfaßt, es kann mithin als Totalität nicht Analogieschlüssen unterzogen werden. Daß die Welt als Ganzes etwas »Zufälliges« in dem Sinne sei, daß ihre Existenz die Existenz eines »nichtzufälligen« Seins verlangte, eines Seins also, dessen Natur die Notwendigkeit seiner Existenz implizierte – dies läßt sich in keiner Weise mit bloßen Erfahrungsmitteln erweisen. Welche Gründe für die Aufrechterhaltung religiöser Überzeugungen bleiben mithin noch bestehen? Hume greift scheinbar zur bewährten Verteidigung durch Kapitulation: er sagt, und diesem Motiv begegnet man wiederholt in seinen Schriften, daß die allen rationalen, apriorischen oder empirischen Begründungen trotzende Religion ihren legitimen Platz den Bedürfnissen des Herzens verdanke. Man darf den Glauben eben als Glauben beibehalten, während man auf die aussichtslosen Versuche, ihn in Wissen zu verkehren, verzichten sollte.

Eine solche Haltung wäre selbstverständlich keine Neuigkeit in der Geschichte der jahrhundertlangen Kompetenzstreitigkeiten zwischen »Vernunft und Glauben«. Doch Hume setzt seine Überlegungen fort. Das Phänomen des Glaubens und seiner Notwendigkeit, die intuitive »Evidenz des Herzens«, auf die sich die Verteidiger der ratlosen antirationalen Religion berufen, stellen nichts Geheimnisvolles dar. Sie lassen sich aus ihrer Genese interpretieren. Wenn wir uns mit der Geschichte der religiösen Konfessionen beschäftigen und deren embryonale Formen aufdecken, stellt es sich heraus, daß der Glaube verständlich wird von den natürlichen Bedingungen menschlicher Existenz her und daß er nur eine Form unendlicher Hoffnung darstellt, geboren aus dem Elend der endlichen Hoffnungen. Letztlich erweist es sich somit, daß eine rationale Religion unmöglich ist und daß die gefühlsmäßige und überhaupt irrationale Religion in natürlichen Ursachen ihre Erklärung findet. Es fragt sich nun: besitzen wir dennoch, d. h. trotz der Kenntnis ihrer natürlichen Provenienz, als vernünftige Wesen das Recht, ihre Wohltaten in Anspruch zu nehmen? Es hat den Anschein, als entscheide Hume diese Frage negativ, zumindest haben wir diesen Eindruck bei einer abschließenden Konfrontation seiner unterschiedlichen Aussagen über diesen Gegenstand. Hume fordert mit anderen Worten nicht einfach die Suspendierung der religiösen Überzeugungen mit Rücksicht auf die Erfordernisse der »Vernunft«, er läßt dem Menschen vielmehr überhaupt keine, nicht einmal eine sentimentale Enklave übrig, in der der Glaube einen legitimen Platz besäße. Sein Positivismus enthält somit nicht den Vorschlag, im weltanschaulichen Bereich, sich jeglicher Urteile zu enthalten, sondern er erlaubt es, in bezug auf jede übernatürliche Wirklichkeit ein negatives Urteil auszusprechen.

### 5. *Die destruktiven Ergebnisse von Humes Werk*

Die Auslegung des Humeschen Werkes und die Art der späteren Auswertung seiner Analysen hingen davon ab, ob man nur einen Teil, insbesondere den kritischen Teil seiner Analysen, oder auch alle ihre Konsequenzen annahm. Die probabilistische Interpretation des Wissens und der Verzicht auf die »notwendige Ursache« als eines in der Wissenschaft unbrauchbaren Begriffs, verdanken der Kritik Humes gewiß sehr viel. Doch in Wahrheit zielte diese Kritik nicht nur auf die unrechtmäßigen metaphysischen Phantasmen, die die Erklärung der Phänomene durch bloße Worterfindungen ersetzten. Humes Kritiker haben seit langem darauf hingewiesen, daß seine genetischen Erklärungen auf das nämliche Kausalitätsprinzip rekurrieren, das er nicht gelten lassen will: Hume begnügt sich nicht mit dem Beweis der Unrechtmäßigkeit des Begriffs »notwendige Ursache« und der Unrechtmäßigkeit der religiösen Vorstellungen, er erklärt auch die Ursachen der Entstehung dieses Begriffs und dieser Vorstellungen in uns; er erklärt die Phänomene somit mit Hilfe konstanter Wirkungen im psychischen Leben des Menschen, nachdem er die psychischen Phänomene in den natürlichen Bereich integrierte, in welchem Schlußfolgerungen auf die Konstanz gewisser Zusammenhänge in Analogie zu den beobachteten keine Beweiskraft besitzen. Hume selbst zieht diese Inkonsequenz seiner Ausführung nicht in Erwägung und unternimmt keinen Versuch, ihr zu entgehen; nichtsdestoweniger lassen einige seiner Reflexionen vermuten, daß sein Erkenntnisprogramm nicht nur darin bestand, unserem Wissen über die Welt die Eigenschaft der Stringenz zu nehmen, und auch nicht nur darin alle erworbenen Kenntnisse mit einem Unsicherheitsfaktor zu behaften; sondern er scheint sich auch darüber klargewesen zu sein, daß die konsequenteste Anwendung seiner Kritik in einen prinzipiellen und radikalen Skeptizismus hinsichtlich jeglichen Wissens einmünden müsse. Im Grunde ist die Kritik der Kausalität nämlich so gedacht, daß die *Stetigkeit des beobachteten Zusammenhangs keineswegs die Wahrscheinlichkeit seiner Wiederholungen vergrößert*; wenn wir einen gewissen Zusammenhang in nur wenigen Fällen beobachtet haben, einen anderen hingegen in unzähligen Fällen, so verfügen wir zwar über stärkere psychologische *Motive* für die Anerkennung jenes zweiten Zusammenhanges als eines unabänderlichen und »notwendigen«, nicht aber über *stärkere Rechtsgründe* für eine derartige Begünstigung. Das, was in Wirklichkeit unanzweifelbar sich feststellen läßt, kann somit nicht über einzelne Berichte über die unmittelbaren Beobachtungen hinausgehen, ohne jede Mußmaßung hinsichtlich der Qualitäten der Welt, die uns in diesen Beobachtungen »gegeben« ist, weder in bezug auf ihre Realität noch auf die Natur des wahrnehmenden Subjekts. Dieses Wissensverständnis führt offensichtlich dazu, daß das, was wir wahrhaft *wissen*, völlig fruchtlos ist und daß das, was uns hilft, zu leben, Wissenschaft zu bilden und die Kenntnis von der Welt zu vermehren, kein *Wissen* im eigentlichen Wortsinn mehr ist. Letzten Endes gibt es für Hume überhaupt keine rationale Kenntnis der Welt mehr; das kommt in seinem Ausspruch zur Geltung, der Grund für unsere Überzeugung, Feuer wärme und Wasser kühle, sei allein der, daß uns die gegenteilige Überzeugung leiden machen würde.

Im Endeffekt ist die Humesche Kritik somit nicht nur eine dramatische Destruktion der aufklärerischen Erkenntnisideale – und zwar als Folge des Versuchs, ihnen eine vollkommene Gestalt zu verleihen. Indem Hume die Rechtsgültigkeit der induktiven Urteile verwarf, und eben das war die eigentliche Konsequenz der radikalen Kritik der Kausalität, nivellierte er die Erkenntniswerte jeglichen Wissens, das über die Beschreibung der singulären und in jedem einzelnen Fall gegebenen Daten der Wahrnehmungsqualitäten hinausging. Jegliche Kenntnisse, die dieses elementare Niveau überschreiten, sind zwar lebensnotwendig und unentbehrlich, aber ihr Wert erschöpft sich eben darin und kommt nicht daher, daß sie uns wirklich darüber aufklären, wie die Welt aussehe, und erst recht nicht, wie sie beschaffen sei und schon gar nicht, was sie namentlich sei. Die Bedeutung jeglichen Wissens reduzierte sich solcherweise auf eine rein pragmatische, das Wissen erwies sich als eine Gruppe praktischer, lebensnützlicher und unentbehrlicher Hinweise, die bar jedes kognitiven Wertes sind. Wir müssen diese eigentümliche Konsequenz im Sinn behalten, denn sie wird in der Geschichte des Positivismus nicht nur in diesem Fall auftauchen.

Humes Resultate erwiesen sich als mit den eigenen Intentionen kraß unvereinbar. Dieser Philosoph strebte danach, das Wissensgebäude maximal von »falschen Ziegeln« zu säubern, das heißt, im Komplex unserer Kenntnisse von der Welt nur das zu belassen, was sich wirklich durch einen guten, empirischen Stammbaum ausweisen konnte. Die näheren Untersuchungen zeigten, daß es einen solchen Stammbaum gar nicht gibt und daß keine Art von Wissen einen solchen besitzen kann, wenn man von den kognitiv und wissenschaftlich unfruchtbaren, den in sich selbst sich erschöpfenden Einzelbeobachtungen absieht. Die Analysen, die der Wissenschaft ein unerschütterliches Fundament geben sollten, entzogen ihr jeglichen Grund unter den Füßen; die Wissenssubstanz von metyphysichen Verunreinigungen säubernd, stand Hume schließlich mit leeren Händen da. Auf der Suche nach absolut sicherem Wissen, bewies er letzten Endes das Chimärenhafte seines Unterfangens.

Dieses Scheitern Humes kann jedoch nicht als endgültige Niederlage des Positivismus angesehen werden, es gestattet jedoch, im Humeschen Denken selbst ein Motiv aufzudecken, das, vielleicht unbewußt, aus jenen metaphysischen Doktrinen übernommen worden war, mit denen er den Kampf bis zum Ende führen wollte, das heißt, aus den metaphysischen Systemen des 17. Jahrhunderts.

Diese Systeme behaupteten, eine Methode gefunden zu haben, dank derer wir etwas mehr über die Welt in Erfahrung bringen können, als nur ihre sichtbaren Qualitäten und wiederholbaren Zusammenhänge zu erkennen; daß man nunmehr den *Grund* dessen, was ist, nicht nur dasjenige, was faktisch ist, enthüllen könne; die Notwendigkeit, nicht die gewöhnliche Tatsache; die Welt, wie sie sein muß, nicht nur, wie sie ist. Hume widersetzte sich diesen Ansprüchen, aber in der Hoffnung, daß es ihm endlich gelingen würde, das zu zeigen, was in unserem Denken wirklich notwendig und zwingend ist. Es stellte sich jedoch heraus, daß es nichts dergleichen gibt. Zum Ruin des Wissens, zu dem die Humesche Doktrin aufgrund ihrer eigenen Voraussetzungen geführt hatte, war es gekommen, weil Hume auf einem Wissen beharrte, das diesen Namen verdiente und das sich durch eben jene Vorzüge auszeichnen sollte, die die Metaphysiker des 17. Jahrhunderts priesen: daß es einen absolut verbindlichen Charakter besitze. Er ging somit stillschweigend von den Wissenskriterien der traditionellen Systemgründer aus, wandte sie jedoch auf deren eigenen Doktrinen an, aber auch auf das gesamte Wissen, um zu beweisen, daß sie sich nirgendwo anwenden lassen. Sein Standpunkt war letztlich absolutistisch: er verlangte vom Wissen, daß es unerschütterliche und jeglicher Kritik trotzende Sicherheit verschaffe, verlangte also von ihm unerreichbare Ideale.

Der Positivismus erbte von Hume die Frage, der er nicht mehr ausweichen konnte und die er als fundamentale anerkannte: gibt es in unserem Wissen etwas absolut Sicheres und was? Keiner der späteren Positivisten verwarf, wie Hume, die Rechtmäßigkeit der Induktion, aber alle mußten sie auf die eine oder andere Weise mit der Frage nach ihrer Legitimität fertigwerden. Als sowohl aus den logischen Analysen wie aus der wissenschaftlichen Entwicklung hervorging, daß kein Wissen von der Welt Anspruch auf Absolutheit erheben darf, entstand die Frage: ist das durch Erfahrung oder unter Mitwirkung von Erfahrung gewonnene Wissen, wenn schon nicht absolut sicher, so doch zumindest eines, das nicht nur aus rein pragmatischen Gründen anerkannt zu werden verdient, oder verhält es sich vielleicht so, daß der Akt der Anerkennung beliebiger Inhalte in der Wissenschaft oder im täglichen Leben auf gänzlich praktische, nicht kognitive Gründe sich reduzieren läßt? Mit anderen Worten: was ist eigentlich induktiv gewonnenes Wissen: ein sozialer bedingter Reflex, der uns bei einer bestimmten Summe von Erfahrungen einen bestimmten Sachverhalt als konstant gegeben akzeptieren heißt, weil diese Akzeptation biologisch vorteilhafter ist als der Verzicht darauf, oder ist es eine Methode der legitimen Bestimmung gewisser Wahrheiten über die Welt, die in dem Sinne relativ sind, daß sie revidierbar sind, aber nicht in dem Sinne, daß das, was einmal wahr gewesen ist, ein andermal keine Wahrheit mehr sein könne? Diese Frage ist entscheidend für alle unsere Überzeugungen, die den Sinn der Wissenschaft, Philosophie und jeglicher Aussagen betreffen, die wir über die Dinge machen. Im Falle der ersten Interpretation gibt es überhaupt kein *Wissen* im üblichen Wortsinn: das, was wir wissen, ist nur die Artikulation von kollektiven bedingten Reflexen, nach deren »Wahrheit« im traditionellen Sinn genausowenig vernünftig gefragt werden kann wie nach der »Wahrheit« im Verhalten einer Ratte, die auf ein erlerntes Signal hin Magensäure und auf ein anderes Signal Adrenalin aussondert. Das Wissen ist keine Beschreibung der Welt im strengen Sinne, vielmehr ein bestimmtes Verhalten der menschlichen Gattung, die die Bestände der erfahrenen Zusammenhänge zu ihrem Vorteil kumuliert. Das ist die pragmatische Erkenntnisinterpretation. Die andere Interpretation dagegen, jene also, bei der wir voraussetzen, daß das Wissen nicht nur einen biologischen, sondern auch einen Erkenntniswert besitzt, daß es uns dazu berechtigt, etwas über die Welt zu denken, um solcherweise zu der Meinung zu kommen, daß sie eben so und nicht anders ist, diese Interpretation also steht vor der Aufgabe, allen Methoden der Informationsaneignung, die über das Sammeln von Einzelfakten hinausgehen, Gültigkeit zu verschaffen. Man muß demnach zeigen können, worauf namentlich die Vermutung sich stützt, daß es Methoden gibt, die nicht nur festzustellen erlauben, wann es sich lohnt, eine gewisse Nachricht zu akzeptieren, sondern auch, wann man anzunehmen hat, daß diese Nachricht uns tatsächlich etwas über die Wirklichkeit mitteilt, unabhängig davon, wie man diese Wirklichkeit in philosophischer Sicht interpretiert.

Der Positivismus als solcher sah sich niemals zur Annahme der ersten Konsequenz genötigt, die verglichen mit der zweiten den Vorzug der Einfachheit hat und in unkomplizierter Weise alles im Hinblick auf den Nutzen zu legitimieren erlaubt, also sogar metaphysische Doktrinen, deren Überwindung gerade den Ausgangspunkt der positivistischen Kritik bildete. In der Geschichte des Positivismus kam die pragmatische Interpretation, bedeutend krasser als bei Hume ausgedrückt, zwar zu Worte, aber man kann sie nicht als ausschließliche ansehen. Die zweite Interpretation sieht sich dagegen mit der Frage der antiken Skeptiker konfrontiert, die in neuen Versionen immer wieder auftaucht: läßt sich die Induktion anders rechtfertigen als durch den Rekurs auf eben diese Induktion, gibt es also ein Verfahren, das dem menschlichen Wissen einen kognitiv wertvollen Sinn gibt und den Zirkelschluß vermeidet?

Wenn wir soviel sagen, gehen wir natürlich über einen Bericht über Humes Philosophie hinaus, doch scheint dies unumgänglich, wenn wir die revolutionäre Rolle dieses Autors in der Kulturgeschichte und in der Entwicklung des wissenschaftlichen Selbstverständnisses klar begreifen wollen. Hume trieb den Empirismus in eine radikale Form, indem er die von den antiempirischen Systemen erarbeiten Kriterien nutzte, und er führte so die Selbstzerstörung der empirischen Doktrin herbei. Seine Philosophie gehört sicherlich in die Kultur der Aufklärung; sie stellt jedoch gleichsam die Ohnmacht dieser Aufklärung dar, die Demonstration ihrer Ratlosigkeit angesichts der eigenen Fragen, jener Ratlosigkeit also, die in jeder Epoche letztlich von denen entdeckt wird, die nach ihr kommen, deren Formulierung jedoch immer schon jemand in der Epoche selbst auf sich nimmt.

Humes Philosophie schuf in noch einer Hinsicht eine bemerkenswerte Tradition des positivistischen Denkstils. Es besteht nämlich ein Zusammenhang zwischen seiner philosophischen Doktrin und seinen politischen Überzeugungen. Hume vertrat die Auffassung, daß die politischen Freiheiten das höchste Kriterium seien, das die guten Herrschaftssysteme von den schlechten zu unterscheiden erlaubte, und diese Überzeugung entsprang vor allem der Beobachtung, daß die Freiheit eine Bedingung der Entwicklung und der Erfolge des Menschen im Bereich der Wissenschaften und

Künste sei. Zumindest nach Humes Ansicht leiteten sich somit aus dem Wissenskult sowohl seine Untersuchungen der menschlichen Erkenntnis wie seine politischen Ansichten ab.

Es muß jedoch hinzugefügt werden, daß die Konsequenzen der Humeschen Philosophie, die uns als ausweglos und von einer gewissen Hoffnungslosigkeit gezeichnet erscheinen mögen, diese Aura keineswegs für ihren Schöpfer hatten. Es wäre gründlich verfehlt, sich Hume als einen Mann vorzustellen, der über die Entdekkungen verzweifelte, die die Hoffnungen und Ideale der Wissenschaft zerstörten. Hume war bewußt hartnäckig in seiner Konsequenz, er wollte in seinen Überlegungen bis zur Wurzel des endgültigen Wissens vorstoßen, er suchte die »Wahrheit bis zum Ende«. Nichtsdestoweniger war er nicht im geringsten manisch oder von obsessiver Unempfindlichkeit gegen die Belange des Alltags. Er war ein Mann, dessen kennzeichnendstes Merkmal Mäßigkeit war, er wollte seine Ansichten niemandem oktroyieren, er machte, wenn auch widerwillig, von Kompromissen Gebrauch, um allzu hartnäckigen Kontroversen aus dem Wege zu gehen, er schätzte die »mittleren« Positionen im Gesellschaftsleben und in den Sitten. Theoretisch von der Gebrechlichkeit der Wissenschaft, ja sogar von ihrer organischen Unfähigkeit zur Erfüllung der szientistischen Erwartungen überzeugt, zog er daraus keineswegs den Schluß, wissenschaftliche Forschungsarbeit sei fruchtlos und unnütz, im Gegenteil, es gab nichts, was er höher schätzte. Er haßte jegliche Erscheinung von Fanatismus, religiöse Kämpfe, metaphysische Kontroversen. Das Dramatische der Vision, die er hinterließ, ist eher für uns spürbar, er selbst durchlebte es nicht.

Daher ist Humes Positivismus eine bestimmte Version oder bestimmte Spielart derjenigen Tendenzen, die der gesamten Aufklärungsbewegung gemeinsam sind. D'Alembert, dessen Name zumeist unter den »Vorläufern« des positivistischen Denkens genannt wird, war in seiner erkenntnistheoretischen Kritik gewiß weniger radikal als Hume und schwächte mit Hilfe des gesunden Verstandes oder jener Grundsätze, die damals als gesunder Verstand galten, deren mögliche Extremismen ab. Er zog die Existenz der physikalischen Körper nicht in Zweifel und billigte das Vorhandensein der natürlichen Religion, die uns die Entscheidung zwischen den zerstrittenen Religionen nicht abnehmen kann, die uns hingegen auffordert, allen den Rücken zu kehren und sich mit einigen wenigen allgemeinen Wahrheiten, die die Existenz Gottes und der Seele betreffen, zu bescheiden. Er war auch überzeugt, daß die Vermehrung des Wissens nicht nur einen rein pragmatischen Wert besitzt, sondern uns zur realen Kenntnis immer zahlreicherer und immer besser geordneterer Weltqualitäten verhilft. Die fundamentalen Ideen und Ausgangsintentionen seines Werkes waren jedoch ähnlich. Jegliches Wissen, dem eine Bedeutung beizumessen sich lohnt, ist aus den Eindrücken ableitbar, und Aufgabe der mathematischen Wissenschaften ist es, das Eindrucksmaterial mit Hilfe eines Systems mit abgekürzten Zeichen zu ordnen und der erstrebten Einheit der Wissenschaften zuzuführen. »Was ist die Mehrzahl jener Axiome, auf die die Mathematik so stolz ist, denn anders als Ausdruck einer und derselben einfachen Vorstellung durch zwei verschiedene Zeichen oder Wörter? Hat derjenige, welcher sagt: 2 und 2 sind 4, eine Erkenntnis mehr, als der, welcher sich begnügt zu sagen: 2 und 2 machen 2 und 2?« Die Wissenschaft ordnet die elementaren Tatsachen und ist um so besser, je weniger sie irgendwelcher Ordnungsprinzipien bedarf. Ideal wäre die Situation, in der sich das gesamte Wissen auf ein alles erklärendes Prinzip reduzieren ließe oder vielmehr auf ein alles ordnendes Prinzip. »Für den, der das Weltall von einem einheitlichen Gesichtspunkt aus erfassen könnte, würde es, wenn der Ausspruch gestattet ist, nur eine einzige Tatsache und eine einzige große Wahrheit bedeuten.«

Die Aufklärung besaß demnach ihren eigenen Positivismus, so wie die Epoche der großen historiosophischen Systeme in der ersten Hälfte des folgenden Jahrhunderts im Werke Comtes ihre eigene Gestaltung des Positivismus besitzen wird, die den eigenen Interessen und Intentionen angepaßt sein wird. Der aufklärerische Positivismus war der Versuch, den Menschen in seinem genuinen Natur- und Sozialmilieu zu placieren, der Versuch, die Menschen durch die sensualistische Erkenntnistheorie gleichzumachen (jeder Mensch kommt als tabula rasa auf die Welt), der Versuch, das Programm eines Lebens zu entwerfen, das frei wäre von chimärischem »Ringen mit Gott« und das auf die Verbesserung der konkreten

Daseinsbedingungen des Menschen gerichtet war mit Hilfe von Kooperation, schnellerer Kumulation von Kenntnissen, durch den Verzicht auf Vorurteile und praktisch unfruchtbare Eruierungen. Anstelle der Verzweiflung über die Vergeblichkeit des menschlichen Anspruchs auf absolutes Wissen – rationale Erforschung von Erkenntnismöglichkeiten, gestützt auf die Grundsätze des Empirismus; anstatt metaphysischer Konstruktionen – methodische Erforschung der konkreten menschlichen Bedürfnisse und der Bedingungen ihrer gemeinschaftlichen Befriedigung; anstatt Gewaltanwendung und Eintrichterung von Angst und Schrecken, die Entdeckung von Erziehungsmethoden, die, auf das persönliche Interesse des Individuums rekurrierend, diesem zugleich das Verständnis für die Werte näherbringen würden, die Sympathie, Verständigung und Zusammenarbeit darstellen. Innerhalb dieses intellektuellen Klimas erweist sich die positivistische Wissenschaftstheorie als radikales Vernichtungswerkzeug, das mit Hilfe von wenigen einfachen Regeln alles das aus dem menschlichen Denken und Handeln eskamotieren sollte, was die Verständigung zwischen den Menschen behindert, die Verbreitung der Informationen verzögert, die Erziehung zur Zusammenarbeit erschwert, was Tyrannenherrschaft festigt und versklavende Kirchenregimes unterstützt, die rasche Zirkulation von Gedanken und Waren sabotiert.

Man weiß natürlich, daß dieses Weltbild im Jahrhundert der Aufklärung nicht völlig einheitlich war; man weiß auch, daß die zahlreichen unlösbaren Konflikte und nicht zu bewältigenden Hindernisse, die bei dem Versuch der direkteren Übertragung aller dieser optimistischen Projekte auf die reale Welt abrupt entstanden sind, zumindest einigen der bedeutendsten Denker jener Epoche bewußt geworden sind. Doch wir lassen diese Sachen unberücksichtigt, in Übereinstimmung mit der ein wenig fiktiven aber unumgänglichen Voraussetzung, daß man die Hauptetappen des positivistischen Denkens verstehen könne, ohne bei der Gelegenheit eine allgemeine Geschichte der Philosophie zu schreiben, wie es sich gehörte. Es genügt, wenn man vermerkt, daß die zentralen Grundsätze des Positivismus in der Humeschen Philosophie in klarer Form formuliert worden sind, daß sie einen Bestandteil des aufklärerischen Kampfes mit dem Aberglauben, der Metaphysik, der sozialen Ungleichheit und den despotischen Systemen bildete; daß die immanente Antinomie des erkenntnistheoretischen Programms Humes in seinem Werk selbst hervortrat und die folgenden Positivistengenerationen vor ungelöste Probleme stellte. Die Frage nach der Möglichkeit eines Wissens, das zugleich unbedingt verläßlich und nicht inhaltsleer noch durch eine Beschränkung auf vereinzelte Fakten unfruchtbar wäre, diese Frage erwies sich am Ende als der Brennpunkt von alldem, worum es in der Erkenntnistheorie ging. Es blieb Humes Verdienst, diese Frage klar und umfassend formuliert zu haben.

# III. Auguste Comte – der Positivismus der romantischen Epoche

## *1. Der Streit um Comte*

Es muß vermerkt werden, daß die Bezeichnung »Positivismus« am ehesten mit dem Namen dieses Philosophen verbunden wird, obwohl seine Doktrin besonders viele Elemente aufweist, die als den anerkannten Stereotypen des Positivismus fernstehend gelten oder ihnen sogar widersprechen. So konnten Streitigkeiten darüber nicht ausbleiben, ob und in welchem Maße es berechtigt sei, Comte als Positivisten zu bezeichnen, obschon er diese Bezeichnung nicht nur auf sich selbst anwandte, sondern sie, streng genommen, sogar schuf. Man muß jedoch Lehre und Biographie auseinanderhalten. Die ersten Schüler und Anhänger der positivistischen Philosophie waren zum Teil der Auffassung, daß Comtes Denken sich in zwei deutlich voneinander unterschiedene Phasen einteilen lasse, von denen die erste den eigentlichen Positivismus begründete, die zweite hingegen zumindest partiell eine Verneinung der ersten darstelle und als bedauernswerte Verirrung des großen Philosophen zu gelten habe, der am Ende seines Lebens erneut von einer Geisteskrankheit heimgesucht worden war. Die Historiker des 20. Jahrhunderts modifizierten dieses Bild Comtes, das einige seiner Schüler verbreitet hatten. Sie erkannten im Gegenteil an, daß die sogenannte zweite Phase in Comtes Schaffen, die vor allem mit seinen Ideen von der »Menschheitsreligion« verbunden war, eher eine natürliche Fortsetzung der gesamten zuvor konstruierten positivistischen Philosophie als deren Verneinung sei. Abhängig also von der Bedeutung, den sie dem Namen »Positivismus« zuschrieben, kamen die einen zu dem Schluß, Comte sei überhaupt kein Positivist gewesen, sofern die visionären Entwürfe seines Spätwerks im Grunde im gesamten Werk präformiert gewesen seien, die anderen einigten sich dagegen eher darauf, die Wortbedeutung den Propositionen Comtes anzupassen, da sie keine Veranlassung dazu sahen, dem Philosophen einen Namen abzusprechen, den er selbst geschaffen und für sich in Anspruch genommen hat.

Nichtsdestoweniger ist die Philosophie Comtes gerade auch bei

Berücksichtigung derjenigen Elemente, die von den Anhängern des Comteschen Positivismus als geistiger Kern angesehen werden, eine große historiosophische Synthese von der Art, die den Positivisten für gewöhnlich suspekt erscheint. Wenngleich sie sich mühelos darstellen läßt, zumal Comte sie mit ungemeiner Systematik selbst darlegte und sie auch von eifrigen Schülern beflissen in Zusammenfassungen nachgezeichnet wurde, ist diese Philosophie dennoch, integriert man sie in das historische Schicksal des Positivismus, nicht frei von Zweideutigkeiten, auf die kurz einzugehen sein wird.

## 2. *Comtes Biographie*

Auguste Comte wurde am 19. Januar 1798 in Montpellier in der Familie eines kleinen Beamten geboren. Er zeichnete sich schon sehr früh, als Lyzeumsschüler, durch hervorragende mathematische Begabung aus und hielt mit sechzehn Jahren Vorlesungen in Mathematik vor seinen Altersgenossen. Er begann in Paris an der École Polytechnique zu studieren, wo er zusammen mit einer Gruppe von Studenten wegen der Begeisterung relegiert wurde, mit der er 1815 Napoleons Rückkehr begrüßte. Er begann dann in Montpellier ein Medizinstudium, kehrte für kurze Zeit nach Paris zurück, wo er sich weiter ausbildete und aus finanziellen Gründen Übersetzungsarbeiten machte. 1817 begegnete er Henri de Saint-Simon, der bereits seit vielen Jahren Reflexionen über den tragischen Zustand des nachrevolutionären Frankreich und über die Mittel einer radikalen Erneuerung der Gesellschaft angestellt hatte. Das Ergebnis dieser Reflexionen war der Entwurf einer grundsätzlichen sozialen Umstrukturierung nach sozialistischen Grundsätzen, wie Saint-Simon sie sah, mit besonderem Akzent auf der Ausnutzung jeglicher menschlicher Produktionskraft, mit Vorschlägen, die eine anarchie- und krisenfreie Planwirtschaft intendierten, die vor Elend und Kriegen bewahren sollte. Für die Reformideen des damals fast sechzigjährigen Saint-Simon gewonnen, begann der junge Comte mit ihm zusammenzuarbeiten, wurde sein Sekretär und Mitredakteur bei seiner programmatischen Edition. Diese Zusammenarbeit dauerte einige Jahre, doch die wachsenden Divergenzen führten zum völligen Bruch, und die bitteren Bemerkungen, die man in den Schriften der Saint-Simonisten über Comte antreffen kann, sind Zeugnisse dieses Konflikts.

Den Rest seines Lebens verbrachte Comte damit, seine eigenen Gedanken zu formulieren, und mit Bemühungen, dafür die Zustimmung der Zeitgenossen zu finden. Er lebte in Armut, eine Zeitlang mußte er seinen Unterhalt mit Privatunterricht verdienen. 1826 eröffnete er private Kurse, in denen er sein Publikum, vornehmlich Gelehrte, mit den Elementen der bereits in ihren Hauptzügen umrissenen positivistischen Philosophie bekannt machen wollte. Jedoch mußte er diese Tätigkeit bald wegen einer geistigen Erkrankung unterbrechen. Nach seiner Genesung konnte er schließlich 1829 seine Vorlesungen wiederaufnehmen. 1830 erschien der erste Band des *Cours de philosophie positiv*; die weiteren fünf Bände des gesamten Werkes folgten innerhalb von zwölf Jahren. Sowohl die Kurse (Comte hielt auch jahrelang öffentliche Vorträge über Astronomie) wie die Bücher reichten jedoch nicht für seinen Unterhalt aus. Comte arbeitete als Nachhilfelehrer und später als Prüfer am Polytechnikum; die Versuche, eine akademische Lehrstelle zu erhalten, scheiterten. Eine Zeitlang erhielt er eine Unterstützung, die John Stuart Mill in England für ihn sammelte, aber die finanziellen Probleme begleiteten ihn bis ans Ende seines Lebens. Eine mißglückte Ehe endete mit Separation. Erst 1845 begegnete Comte einer Frau, deren kurze, bald vom Tod unterbrochene Bekanntschaft einen wesentlichen Einfluß auf den Inhalt der späteren philosophischen Schriften Comtes hatte; insbesondere die Rolle der Frau und die Bedeutsamkeit der Gefühlsfaktoren in der künftigen, von ihm entworfenen positiven Gesellschaft sind unter der Einwirkung des Kultes entstanden, den der Philosoph für Clotilde de Vaux in der Zeit seiner kurzen platonischen Liebe hegte.

Comte veröffentlichte zahlreiche Bücher: *Traité élémentaire de géométrie analytique* (1843), *Traité philosophique d'astronomie populaire* (1844), *Discours sur l'esprit positif* (1844), *Système de politique positive ou traité de sociologie instituant la religion de l'humanité* (1851–54), *Catéchisme positiviste* (1854), *Synthèse subjec-*

*tive Système universel des Conceptions propres de l'humanité* (1856). Sie verschafften ihm allerdings keinerlei sozialen Rang, begründeten jedoch schon zu Lebzeiten seinen Ruf; zu dessen Förderung trug insbesondere Emile Littré bei, der bereits damals bekannte Gelehrte, der von den Ideen der neuen Philosophie durchdrungen war und sie eifrig verbreitete. Gegen Ende der vierziger Jahre entstand eine positivistische Gesellschaft, und die Comtesche Lehre gewann allmählich immer zahlreichere Anhänger, die sie in eine Art profanen, aber bis ins Detail ritualisierten Kult verwandelten, im übrigen in Übereinstimmung mit den Absichten seines Begründers, in einen Kult, dessen Reste noch heute in Frankreich lebendig sind und der in Brasilien weiterhin gedeiht. In Paris, wo Comte die größte Zeit seines Lebens verbrachte, starb er am 5. September 1857. Er war ein kleinlich hartnäckiger Mann, schwierig im Umgang, ähnlich wie die meisten Menschen, die von ihrer außerordentlichen Mission gegenüber der Menschheit und ihrer Berufung zu umwerfender Weltverbesserung überzeugt sind.

### *3. Die Idee der Gesellschaftsreform*

Die gesamte Comtesche Doktrin und insbesondere seine Wissenschaftstheorie werden erst als Bestandteile seiner universellen Reformentwürfe verständlich, die nicht nur die Wissenschaft umfassen, sondern alle Lebensbereiche. Die Reflexion über das zeitgenössische Frankreich regte ihn zu Gedanken an, aus denen die Überzeugung resultierte, daß eine prinzipielle Reform der sozialen Organisation notwendig und daß die Reform von Wissenschaft und Denken eine unabdingbare Voraussetzung dazu sei. Die reformierte Wissenschaft werde gestatten, die noch nicht existierende Wissenschaft von der Gesellschaft zu schaffen, ohne die der rationale Umbau der Gesellschaft undenkbar wäre. Die einheitliche gedankliche Organisation des gesamten menschlichen Wissens war für ihn also unerläßlich für die Entstehung der Soziologie als einer Wissenschaft im vollen Wortsinn, und erst die Soziologie sollte uns die Projektierung von Umwandlungen des sozialen Lebens ermöglichen.

Die Grundvoraussetzungen der Sozialreform sind mit einem historiosophischen Schema verbunden, das Comte in der Hauptidee von den Saint-Simonisten übernahm. Dieses Schema gliedert die menschliche Geschichte (ähnlich wie es in der Philosophie Joseph de Maistres der Fall ist, mit dem die Utopisten sich auch hier trafen) in aufeinanderfolgende »organische« und »kritische« Epochen; die organischen sind diejenigen, in denen die Gesellschaften auf die Aufrechterhaltung der herkömmlichen Ordnung gerichtet sind und die soziale Differenzierung als natürliche Teilung der notwendigen sozialen Funktionen ansehen; in diesen Epochen wird die Gesellschaft als überpersönliches Sein behandelt, das einen eigenen und den einzelnen Individuen übergeordneten Wert besitzt. In kritischen Epochen, die vor allem auf zerstörerische Aktivität gerichtet und hinsichtlich der überlieferten Ordnung destruktiv sind, wird die Gesellschaft im Gegenteil als eine Summe unabhängiger Individuen aufgefaßt, die keine selbständige Seinsweise noch autonome Werte besitzt, die sich von den Werten unterscheiden würden, die mit jedem menschlichen Individuum für sich verbunden sind. Die Sukzession organischer und kritischer Zustände in der Geschichte ist jedoch kein Oszillieren zwischen zwei identischen Zuständen, sondern besitzt einen richtungsbestimmten Charakter, vollzieht sich auf einer ansteigenden Linie, die man zu Recht als Fortschritt ansehen kann; die Rückkehr zur organischen Epoche nach der Bewältigung der kritischen Periode ist keine Restaurierung der alten Ordnung, sondern die Rückgewinnung der organischen Natur von seiten der Gesellschaft gemäß den höheren Grundsätzen des Zusammenlebens. Die Achse des Fortschritts ist dabei die Veränderung der Denkweisen, die intellektuelle Entwicklung. In der künftigen organischen Periode, die die zeitgenössische Menschheit anstrebt, in der positiven Gesellschaft, werden die wesentlichen strukturellen Eigenschaften, die für die Feudalgesellschaft kennzeichnend waren, wieder eingeführt werden, u. a. die Gewaltenteilung zwischen weltlicher und geistlicher Herrschaft; doch die Grundlagen der geistlichen Organisation werden nicht mehr die religiösen Dogmen und Glaubensinhalte des Christentums sein, sondern die Wissenschaft. Anarchie und Chaos, die die Französische Revolution gebracht hatte, waren unmöglich anders zu überwinden als durch die Gründung einer einheitlichen Machtinstanz, die zunächst keine doktrinäre Einheit aufweisen sollte (daher bei Comte das Lob des Konvents und die Kritik an denen, die den englischen Parlamentarismus idealisierend, ihn auf französischen Boden übertragen wollten). Auch den Staatsstreich Louis Napoleons, des späteren Napoleon III., begrüßte Comte in der Hoffnung, daß eine Diktatur ohne Doktrin mit der Zeit, sofern man sie durch eine entsprechende Sozialideologie ergänzte, die Gesellschaft im organischen Sinne umwandeln und die erstrebte Einheit von politischem Leben und Glauben wiederherstellen könnte. Nach Comtes eigenen Entdeckungen und nachdem die Gesellschaftslehre einen wahrhaft wissenschaftlichen Charakter gewonnen hat, ließe sich diese Einheit wiederherstellen auf der Basis wissenschaftlicher Prinzipien, die von der Menschheit allgemein anerkannt und die revolutionäre Metaphysik zugunsten der wahren Sozialphysik überwinden lassen würden. Das Verständnis für die invariablen Bedingungen des menschlichen Daseins ist ungemein wichtig, da die Utopisten, die sich vorstellen, daß jegliche Koordinaten des menschlichen Lebens beliebig umwandelbar sind, den Fortschritt eher bremsen als fördern. Man muß eine genaue Kenntnis des natürlichen Widerstandes der Dinge besitzen, bevor man überhaupt etwas entwirft, was gleichermaßen die materielle Technologie wie die sozialen Veränderungen betrifft. Comte widersteht mithin, in der eigenen Vorstellung, entschieden der Versuchung utopischer Visionen von einer fiktiven Best-Gesellschaft, deren Vollkommenheit ein reines Phantasieprodukt wäre; er möchte sich in seinen Projekten nach den natürlichen und nichtaustauschbaren Eigenschaften des sozialen Lebens richten. Der Wunsch nach Rückkehr zur organischen Ordnung stützt sich auf die Annahme, daß die Vorstellung der aufklärerischen Denker falsch sei, menschliche Kooperation und Solidarität kämen nur infolge des Nutzens zustande, den die einzelnen Individuen aus ihnen ziehen. Es gibt einen Instinkt des Soziallebens, der nicht minder stark als die egoistischen Aspirationen und von diesen vollkommen unabhängig ist. Nur dank dieses Instinkts, nicht aber dank der angeblichen Übereinstimmung von Privatinteressen im Gesellschaftsvertrag ist ein harmonisches Zusammenleben der menschlichen Wesen möglich, und die Gesellschaft ist entgegen den individualistischen Doktrinen nicht einfach ein Instrument, das der Regulierung der Konflikte unter den Einzelnen dient, sondern eine selbständige und organische Totalität, an der wir aufgrund eines besonderen, vom Eigennutz unabhängigen Strebens nach Leben in der Gemeinschaft teilnehmen. Dieses Streben stellt einen konstanten Faktor dar, der bei den reformatorischen Ideen mitberücksichtigt werden muß.

Überhaupt darf der Fortschritt nicht die invariablen strukturellen Eigenschaften des gemeinschaftlichen Lebens verletzen. Das Eigentum zum Beispiel gehört zu diesen Grundbedingungen, daher kann die utopische Bewegung der Babouvisten (Anhänger Babeufs) nicht dem Fortschritt dienen. Die Gesellschaft der Zukunft, die organische und rationale Gesellschaft muß nicht nur in dem Sinne auf der Wissenschaft basieren, daß die Prinzipien ihrer Organisation wissenschaftlich erarbeitet werden, sondern auch darin, daß man sie sich ohne allgemeine Anerkennung der wissenschaftlichen Denkweise seitens ihrer Mitglieder nicht vorstellen kann.

Worin nun jene wissenschaftliche Denkweise besteht, können wir nur erklären, indem wir auf die Wissenschaftsgeschichte selbst rekurrieren. Dieser Punkt ist für das Denken Comtes ungemein wichtig. Er will nicht arbiträr, nach eigenem Gutdünken, darüber entscheiden, was Wissenschaft ist und was nicht, er will ihre Normen vielmehr gewissermaßen aus der historischen Beobachtung gewinnen, die Aufschluß darüber gibt, auf welche Weise sich die allmähliche Umwandlung des menschlichen Wissens in bestimmter Richtung vollzogen hat. Mit anderen Worten: die Entwicklungsgesetze des menschlichen Wissens haben einen *par excellence* historischen Charakter. Das Wissen unterliegt Regelmäßigkeiten, die von Soziologen und Historikern untersucht werden können, die zugleich darlegen können, daß die vorangegangenen, bereits überwundenen Phasen des menschlichen Geistes nicht einfach »Irrtümer« oder »Fehler« darstellen, vielmehr ihre eigene historische Berechtigung hatten, daß sie notwendige Etappen der geistigen Entwicklung waren, daß ihre Überlegungen in diesem Sinn wahr sind, das heißt, der Ganzheit der damals empfundenen Bedürfnisse adäquat. Man kann das Comtesche Dreistadiengesetz nicht verstehen, wenn man sich nicht genau darüber klar wird, daß es soziologische Realitäten beschreibt, daß es das menschliche Wissen also als Bestandteil des sozialen Lebens behandelt, und nicht einfach die schlechten, besseren und allerbesten Möglichkeiten des abstrakt verstandenen Denkens aufzählt.

### *4. Die Reform der Wissenschaften. Dreistadiengesetz*

Somit ist die Wissenschaft selbst ein soziologisches Faktum, und unter diesem Aspekt muß man sowohl ihre vergangenen Etappen beschreiben, wie über ihre künftigen Möglichkeiten reflektieren. Die Wissenschaft ist ein Instrument, das dazu dient, die menschlichen Fertigkeiten im Bereich der Verfügung über seine natürlichen und sozialen Lebensbedingungen zu steigern. Das bedeutet selbstverständlich nicht, daß unsere praktischen Fähigkeiten genau dem Stand unseres Wissens entsprechen; es ist häufig der Fall gegeben, daß wir das eine oder andere bereits vermögen, ohne jede wissenschaftliche Klarheit in dem Bereich, auf den sich unsere Fertigkeit bezieht. Doch der wichtigste Prüfstein für die Effizienz des Wissens ist seine praktische Anwendbarkeit. Diesbezüglich verfällt Comte bei seinen Überlegungen über den Nutzen der Wissenschaften zuweilen in einen erstaunlich engen Dogmatismus, der ihn nötigt, große Bereiche bereits bestehenden oder im Entstehen begriffenen Wissens als grundsätzlich unbrauchbare oder »metaphysische« abzulehnen. Auf diese Weise wollte er solche Disziplinen eskamotieren wie die Wahrscheinlichkeitsrechnung, die Astrophysik, die Kosmogonie, die über das Sonnensystem hinausgeht, die Untersuchungen über die Struktur der Materie, die Evolutionstheorie der Gattungen, ja selbst Studien über die Genese der Gesellschaft; er war nämlich der Überzeugung, daß Entdeckungen auf diesen Gebieten sich praktisch nicht auswerten lassen würden, daß sie somit unnütze Energieverschwendung der Gelehrten seien. Diese apodiktischen Ansichten, die glücklicherweise keinen Einfluß auf die Entwicklung der Forschungsarbeit in den inkriminierten Disziplinen hatten, wurden von den Verteidigern Comtes gelegentlich mit dem Argument entschuldigt, daß darin keine absoluten Verbote ausgesprochen worden seien, vielmehr die Empfehlung, von diesen Untersuchungen vorläufig Abstand zu nehmen, da sie im Augenblick keinen praktischen Nutzen versprächen, ohne jedoch die Sache endgültig zu entscheiden. Selbst wenn diese Interpretation zuträfe, zeigt sie dennoch, wie äußerst beschränkt Comtes Begriff von den pragmatischen Aufgaben der Wissenschaft war.

Andrerseits war Comtes Historiosophie dank eben dieses rein instrumentalen Charakters imstande, die geistigen Phänomene historisch zu begreifen, und in dieser Hinsicht war sie, verglichen mit den aufklärerischen Schemata, eine wesentliche Neuheit.

Das Dreistadiengesetz ist der bekannteste Bestandteil der Comteschen Doktrin, sozusagen ihr Schlüsselbegriff. Es besagt ganz allgemein so viel wie, daß die Geschichte des menschlichen Geistes sich in drei aufeinander folgende Perioden gliedern läßt, die auf allen Gebieten der menschlichen Tätigkeit feststellbar sind.

Die *theologische* Phase, die vom Fetischismus über den Polytheismus zum Monotheismus fortschreitet, entspricht dem ursprünglichsten Zustand des sozialen Lebens, der Theokratie. Jede Wissenschaft macht diese Phase zwangsläufig durch, die man auch nicht einfach als pures Bündel steriler Vorurteile darstellen sollte, sondern eben als keimhafte Gestalt des Wissens, das seine künftigen Leistungen antizipiert und sich durch die rudimentäre Anstrengung von Beobachtung und Reflexion verdient macht. Der menschliche Geist fragt auf diesem Niveau seiner Entwicklung nach der verborgenen Natur der Dinge, will in Erfahrung bringen, »warum« das eine oder andere vor sich gehe, und er beantwortet sich diese Fragen, indem er nach dem eigenen Abbild Gottheiten schafft, die ihm die Welt erklären. Der Lauf der Natur erscheint als eine Reihe von Wundern, die durch höhere Kräfte, die die sichtbare Welt beherrschen, hervorgerufen werden. Aber die Astronomie im modernen Wortsinn beispielsweise wäre nie entstanden, wenn die aufs Praktische gerichteten leidenschaftlichen Interessen der frühen Astrologen nicht stimulierend auf die Beobachtungs- und Rechenkunst bei der Erforschung des Umlaufs der Himmelskörper gewirkt hätten. Die reine Wahrheitsliebe konnte nie ein hinreichend starkes Motiv abgeben, die astronomische Beobachtung verdankt ihre Entstehung mithin dem Glauben, daß es geheime Zusammenhänge zwischen den Bewegungen der Sterne und dem Schicksal der Individuen gäbe und daß man, aufgrund astronomischer Kalkulationen, Ereignisse voraussagen könne. In ähnlicher Weise lenkten fetischistischer Glaube und totemistischer Kult ebenso wie die Praktiken der Wahrsager die Aufmerksamkeit der Menschen auf verschiedene Besonderheiten der Tierwelt, die sonst unbemerkt geblieben wären; somit haben die primitiven Vorurteile auf diesem Gebiet die Anhäufung des Elementarbestandes an wissenschaftlich relevanter Information ermöglicht; auch die Zähmung der Tiere hat hier ihren Anfang. Selbst in der Mathematik, der am frühesten emanzipierten Wissenschaft, begegnen wir noch in der Antike Relikten des theologischen Stils, namentlich in der pythagoreischen Zahlenmystik, die jedoch ebenfalls zur Vermehrung des realen Wissens beitrug. Mit einem Wort, der Aberglaube, der die frühen Wissensstadien unweigerlich kennzeichnet, ist nicht einfach ein Hemmnis, das man bedauern muß, sondern eine natürliche Phase des Denkens, die Form, in die der keimhafte Bestand an Beobachtung und Kenntnissen sich organisiert.

Jeder geistige Zustand steht bei Comte in Korrelation zum System der sozialen Organisation. Der Übergang zum monotheistischen Glauben, der höchsten Errungenschaft des theologischen Stadiums, war mit der Entwicklung des militärischen Verteidigungssystems verbunden, mit dem man das gesamte Abendland zu umfassen versuchte. Das Mittelalter war in geistiger Hinsicht vom monotheistischen Glauben dominiert, kann also, nach Comtes Auffassung, nicht einfach als Periode der Dunkelheit und des Verfalls angesehen werden; in dieser Hinsicht widersetzte sich Comte mit einem ungemein feinen Sinn für die historische Relativität der Kulturen den Stereotypen des 18. Jahrhunderts; seine Rehabilitierung des Mittelalters gründete auf der Überzeugung, daß die Kultur jener Zeit ebenfalls eine unbedingt notwendige Phase im geistigen Wachstum der menschlichen Gattung darstellte. Dank der demokratischen Grundsätze des kirchlichen Lebens hat das Mittelalter das steife Kastensystem beseitigt oder geschwächt und einen neuen intellektuellen Rahmen für den Fortschritt der Wissenschaft geliefert.

Eine neue Entwicklungsstufe erschließt jedoch erst die *metaphysische* Periode. Die menschliche Vernunft ist soweit gereift, daß sie darauf verzichten kann, außerhalb und jenseits der Natur nach übernatürlichen Gründen und Ursachen der Geschehnisse zu suchen. Sie fragt zwar weiterhin nach der »Natur« der Sache, will weiterhin erfahren, »warum«. Aber sie erklärt die Phänomene auf andere Weise, ohne außerweltliche Instanzen; sie stellt gewissermaßen weltliche oder natürliche Gottheiten her, die sie mit der Verantwortung für die wahrnehmbaren Phänomene betraut; es sind die »Kräfte«, »verborgenen Qualitäten«, »Gewalten«, »Eigenschaften« und ähnliche Gebilde, die für die metaphysisch orientierte Wissenschaft kennzeichnend sind. Die Körper verbinden sich miteinander kraft der Sympathie, die Pflanzen wachsen dank der Gegenwart der »vegetativen Seele«, und die Tiere empfinden dank der »animalischen Seele«: das Opium schläfert ein, weil es einschläfernde Kraft besitzt, nach dem berühmten Molièreschen Beispiel. Auch diese Periode macht eine analoge Entwicklung wie die vorangegangene durch, mündet in eine Art profanen Monotheismus, der die Mannigfaltigkeit der verborgenen Kräfte letztlich in einem allgemeinen »Natur«-Begriff konzentriert, der die Fähigkeit besitzt, alle Fakten zu erklären. Das metaphysische Weltverständnis trug zum mächtigen Fortschritt des Wissens in verschiedenen Disziplinen bei und bereitete in seiner Endphase den fundamentalen Umbruch vor, den der Eintritt in die *positive* Periode darstellt.

Das positive Stadium der geistigen Entwicklung zeichnet sich unter anderem dadurch aus, daß es nicht wie das metaphysische die Fragen der theologischen Periode nur anders zu beantworten versucht, sondern die Fragen selbst verwirft, ihre Fruchtlosigkeit und ihren rein verbalen Charakter entlarvt. Der positive Geist fragt nicht mehr »warum« und bricht die Spekulationen über die verborgene Natur des Dinges ab. Er fragt, *wie* die Phänomene entstehen und verlaufen, er sammelt Fakten und ist bereit, sich dem Zwang der Fakten zu beugen; er gestattet der rein deduktiven Bemühung nicht, sich ohne stetige Kontrolle seitens der »objektiven« Tatsache zu verrennen. Er verwendet keine Wörter, denen keine Realität entspricht, er ist lediglich bestrebt, dauerhafte und allgemeine Gesetze zu entdecken, denen gemäß die Phänomene verlaufen und aufeinander folgen, und er bedient sich der Beobachtung, des Experiments und der Berechnung. Das Resultat des positiven Geistes ist Gewißheit nicht nur in dem Sinn, in dem Gewißheit dem Menschen überhaupt zugänglich ist, sondern auch die Aufhebung der scheinbaren Gewißheit und scheinbaren Genugtuung, die aus dem Gebrauch empirisch nicht nachprüfbarer Wörter resultieren, die jene metaphysischen »Gottheiten« bezeichnen. Aus der alchimistischen Metaphysik entwickelte sich die positive Wissenschaft der Chemie, aus der Astrologie und dem Sternenkultus die positive Astronomie, aus der vitalistischen Spekulation die positive Biologie. Fourier formulierte die quantitativen Gesetzlichkeiten der Wärmeerscheinungen, ohne sich um die »Natur« der Wärme zu kümmern. Cuvier nannte die Strukturgesetze der Organismen, ohne jede Hypothese über die »Natur« des Lebens, Newton beschrieb die Bewegungs- und Anziehungsphänomene ohne metaphysische Spekulation über das »Wesen« von Körper und Bewegung.

Der positive Geist geht von einer deterministischen Interpretation der Erscheinungen aus, nicht in dem Sinne, daß er an die Existenz von metaphysisch verstandenen »Ursachen« glauben würde, sondern in dem, daß er jedes beobachtete Phänomen einem allgemeinen Gesetz unterzuordnen versucht und überzeugt ist, daß diese Gesetze oder vielmehr Regelmäßigkeiten die Gesamtheit der Ereignisse umfassen. Die Comtesche Wissenschaftsvorstellung ist rein phänomenalistisch, wenngleich keineswegs subjektivistisch. Der menschliche Geist sollte, in Comtes Überzeugung, ein getreuer Spiegel der gegenständlichen Ordnung sein und wird dank der Kenntnis dieser Ordnung seinerseits geordnet: die bloße Eigenbeobachtung kann nicht zum Erkennen der Prinzipien führen, die der Arbeit des menschlichen Geistes zugrunde liegen, sie gewinnt die eigenen Arbeitsprinzipien eher aus der exakten Beobachtung der Dinge und aus der Erkenntnis derer Gesetze. Die entblößte Intelligenz ist ohnmächtig und gefährlich zugleich; ohnmächtig, weil sie in sich selbst keine hinreichenden Arbeitsimpulse finden kann, sofern sie nicht von emotionalen und praktischen Bedürfnissen in Bewegung gesetzt wird; gefährlich, weil sie bei fehlender Subordination, zur Aufstellung spekulativer metaphysischer Systeme neigt. Demut gegenüber dem Faktenzwang und praktische Inspirationen, das ist es, was den positiv orientierten Geist kennzeichnet. Daher ist es nicht verwunderlich, daß das positive Stadium am frühesten von jenen Wissensdisziplinen erreicht wurde, in denen der menschliche Geist am ehesten bemerken konnte, daß die beobachtete Wirklichkeit sich seiner Einbildungskraft nicht beugte und daß er, sofern er sich nicht der Gefahr praktisch kostspieliger Irrtümer aussetzen wolle, ihrer unabweisbaren Macht zu beugen habe. Dies sind namentlich die mathematischen Wissenschaften, die ersten, die die positive Entwicklungsstufe erreicht hatten, als die anderen noch in Kinderschuhen steckten.

Folglich vollzieht die periodische Entwicklung der Wissenschaft sich zwar in allen Disziplinen ähnlich, jedoch, wie Comte meinte, keineswegs in allen parallel. Wir können auch beobachten, daß die Sukzession der Wissenschaften in ihrem Übergang zu höheren Stadien nicht zufällig ist, sondern vom Charakter ihrer Forschungsarbeiten selbst bestimmt wird sowie von den Beziehungen, in die sie mit den Bedürfnissen des sozialen Lebens tritt. Die Wissenschaften fügen sich mithin in eine bestimmte natürliche Ordnung, die keine arbiträre klassifikatorische Erfindung ist, die vielmehr klar im Licht der historischen und systematischen Analyse sich abzeichnet. Hier gibt es zwei reziproke und ergebnisgleiche Teilungsprinzipien: sinkender Allgemeinheitsgrad und steigende »Verwickeltheit«. Die so gegliederten Wissenschaften ergeben folgendes Schema: die hinsichtlich ihres Inhalts am wenigsten komplizierten und hinsichtlich der Geltung allgemeinsten sind die *mathematischen Wissenschaften*, die überhaupt alle meßbaren Beziehungen zwischen den Erscheinungen betreffen und sich für die Quantität interessieren, also für die allgemeinste und einfachste Eigenschaft aller Dinge. Die *Astronomie*, die nächste in der Hierarchie, hat verglichen mit der Mathematik einen bereits begrenzten Bereich, ist dafür reicher um eine zusätzliche Eigenschaft, die sich erforschen läßt: die Kraft. Die *Physik* fügt diesem Bestand darüber hinaus qualitative Indikationen bei, zum Beispiel Wärme und Licht. Ihr folgt die *Chemie*, die sich mit der Untersuchung der qualitativ differenzierten Substanzen beschäftigt. Über eine noch größere Summe von Qualitäten, dafür aber kleineren Bereich von Objekten verfügen die *biologischen Wissenschaften*, die die organisierten Strukturen erforschen. Am Ende steht schließlich die *Soziologie*, deren Rang gesondert erwogen werden muß; ihr Gegenstand ist offensichtlich der komplizierteste und am wenigsten universelle unter den Wissenschaftsgegenständen. In diesem Inventar figurieren weder die Metaphysik noch die Psychologie. Erst später entschloß sich Comte, die Moralwissenschaft als gesonderte Disziplin anzugliedern.

Diese Ordnung der Wissenschaften hat einen dreifachen Sinn: einen logischen, historischen und pädagogischen. Die logische Ordnung wird allein in der Anwendung von zwei, stets übereinstimmenden Kriterien sichtbar. Die historische Ordnung entdekken wir, wenn wir den allmählichen Übergang der einzelnen Wissensdisziplinen zum positiven Stadium verfolgen. Die Mathematik emanzipierte sich am frühesten, sie erreichte ihre Positivität bereits im antiken Griechenland. Die Astronomie trat erst dank den Entdeckungen von Kopernikus, Kepler und Galilei aus dem metaphysischen Nebel. Die positive Nobilitierung der Physik vollzog sich im 17. Jahrhundert dank den Arbeiten von Huyghens, Pascal, Papin und Newton. Im folgenden Jahrhundert war die Chemie an der Reihe, der das Werk Lavoisiers den positiven Status verlieh, und erst das 19. Jahrhundert zeitigte die positive Biologie, wozu insbesondere Bichet und Blainville beitrugen; von den finalistisch orientierten Forschungen, von der Entelechie und den Lebenskräften, ging die Biologie zur positiven Erforschung der Gesetze von den Beziehungen über, in denen die Organismen mit ihrer Umgebung stehen, sowie zur Erforschung der konstanten strukturellen Eigenschaften im Aufbau der Lebewesen. Übrig bleibt die Soziologie, die als positive Wissenschaft zunächst noch auf der programmatischen Stufe ist. Comte selbst übernahm es, dieses Programm zu realisieren.

Die obengenannte Ordnung der Wissenschaften ist darüber hinaus auch eine pädagogische. Das bedeutet, daß man die Wissenschaften in derselben Reihenfolge lehren solle, damit sie sich im Geiste des Schülers in ein einheitliches System fügen. Comte propagierte ein enzyklopädisches, man könnte sagen, cartesianisches

Wissensideal, in dem der logische und praktische Zusammenhalt zwischen den Wissenschaften so stringent wäre, daß man die eine unmöglich betreiben könnte, ohne die andere zu kennen: jede kompliziertere und minder abstrakte Wissenschaft erfordert, wenn man sie betreiben will, die Kenntnis derer, die ihr in der Hierarchie vorausgehen; doch es besteht auch eine umgekehrte Abhängigkeit: die Wissenschaften betreibt man, um Voraussagen treffen zu können und sie in der sozialen Praxis anzuwenden. Die positive Kenntnis der sozialen Phänomene ist daher unentbehrlich für die Bestimmung der Richtung des Wissensganzen; mehr noch, die Wissenschaft ist selbst ein soziales Phänomen und ihre Inhalte hängen von den historischen Bedingungen ab, unter denen sie formuliert worden sind; die letzte Beobachtung muß mit einer gewissen Vorsicht behandelt werden, damit man nicht in einen extremen Relativismus gerät, der blind ist für die wissenschaftlichen Qualitäten der Errungenschaften, die über die eigene Epoche hinausgehen, und die für die Wissensfortschritte notwendige Autonomisierung des Denkens verkennt; nichtsdestoweniger bleibt diese Beobachtung in ihrer grundsätzlichen Idee wahr.

Die Hierarchie der Wissenschaften erfüllt einen doppelten Zweck. Sie widersetzt sich der Doktrin, die alle Wissensdisziplinen auf hierarchisch »niedrigere« zu reduzieren versucht; diese Doktrin, die Comte in annähernder Übereinstimmung mit der damaligen philosophischen Situation Materialismus nannte, will der qualitativen Besonderheit der Wissenschaften nicht Rechnung tragen und gibt sich der Illusion hin, daß man die Gesetze komplexerer Wirklichkeitsbereiche entweder aus einfacheren deduzieren oder gar überhaupt die einen mit den anderen identifizieren könne (rein physikalische Interpretation des Lebens; biologistische Interpretation der Gesellschaft usw.). Nach Comte ist dies eine falsche Perspektive. Die komplizierteren Wissenschaften setzen die Kenntnis der minder komplizierten voraus, und die komplexeren Phänomene sind von den einfachen (biologische Bedingungen des sozialen Lebens wie Ernährung, Sexualleben usw.) selbstverständlich abhängig; doch resultiert daraus nicht, daß die komplexen Erscheinungen keine spezifischen, nicht reduzierbaren Regelmäßigkeiten besäßen. Respektiert man die Autonomie der Wissenschaften, so muß eine »Sozialphysik« im Sinne des 18. Jahrhunderts oder eine mechanistische Reduktion des organischen Lebens auf räumliche Verschiebungen ausgeschlossen werden. Die Einheit der Wissenschaften wird somit nicht auf dem Weg einer nivellierenden Reduktion erreicht, sondern dank der Interdependenz, in der alle zusammen sich gewisserweise in einem Umlauf als Fragment ein und derselben sozialen Wirklichkeit präsentieren. Comte steht dem historischen Relativismus, der, die wissenschaftlichen Fakten als soziale Fakten interpretierend, die Soziologie zu einer Universalwissenschaft macht, näher als der mechanistischen Ausrichtung, die die gesamte Mannigfaltigkeit der Welt als räumliche Verschiebungen eigenschaftsloser Körper zu beschreiben versucht. Die unerläßliche Autonomie der gedanklichen Prozesse bei der Wissenschaftsbildung kann das fundamentale Kriterium für die Beurteilung des Wissens jedoch nicht außer kraft setzen: seinen Nützlichkeitswert. Die Wissenschaft muß, sofern sie nicht in fruchtlose Spekulation versinken und die Geisteskräfte des Menschen vergeuden soll, unentwegt zu den sozialen Aufgaben zurückfinden, die sie erfüllt und die auf weitere Sicht letztlich über ihren Wert entscheiden; jene praktische Kontrolle des Wissens hat historischen und sozialen Charakter, sie vollzieht sich nicht im Kopfe eines einzelnen Wissenschaftlers, sie realisiert sich jedoch permanent, denn das wissenschaftliche Subjekt ist nur die menschliche Gattung als Ganzes. Letztlich ist also das in der Wissenschaft von Nutzen, was der Gesellschaft nützt, was die Ereignisse voraussehen läßt und die praktische Einflußnahme auf sie gestattet.

In dieser Hinsicht sind die Möglichkeiten der einzelnen Wissenschaften nicht identisch: Wir sehen, daß unsere Fähigkeiten zur Voraussage im umgekehrten Verhältnis zu unseren Möglichkeiten der praktischen Einflußnahme stehen; wir können auf dem Gebiet der Astronomie sehr viel voraussehen, ohne den geringsten Einfluß auf die beobachteten Welten ausüben zu können; in der Welt der sozialen Verhaltensweisen verhält es sich umgekehrt: Unsere Einwirkungen sind von beträchtlicher Kraft, aber unsere Voraussagen, zumindest die bisherigen, stehen auf tönernen Füßen.

Dies gibt uns schon Hinweise darauf, welche Wissenschaft sich zu betreiben lohnt. Die Gesetze, die von den Wissenschaften entdeckt werden, sind relativ in dem Sinne, daß sie nur annähernd gültig sind. Wir dürfen sie jedoch als durch die Beobachtung hinreichend bestätigte Hypothesen ansehen. Sie sind dadurch weder ungewiß noch fruchtlos. Wir dürfen bei der Bestimmung von Gesetzen nie über die Grenzen effektiver Beobachtungen hinausgehen, und es besteht überhaupt kein Grund für den Versuch, ihnen eine höhere Präzision zu geben als es die Erfordernisse der praktischen Brauchbarkeit bestimmen. Wenn uns eine Gesetzesformel erlaubt, Phänomene, die ihren Inhalt bilden, erfolgreich vorauszusagen und auf sie einzuwirken, so sollten wir uns nicht um exaktere Beschreibungen kümmern, die der Befriedigung der puren Neugier dienen. Comte erschienen beispielsweise die Korrekturen zum Boyle-Mariotteschen Gesetz überflüssig, von denen er keinen praktischen Nutzen erwartete. Überflüssig sind seiner Meinung nach auch die quantitativen Untersuchungen in den biologischen Wissenschaften: Die Phänomene des Lebens sind zu kompliziert, um berechenbar zu sein; eher habe man von der vergleichenden Methode, die verschiedene Strukturen miteinander konfrontiert, Resultate zu erwarten. Auch die Idee der Evolution der Gattungen erweckt Mißtrauen, weil sie dauerhafte Klassifizierungsrahmen in den biologischen Wissenschaften inhibiert; es scheint, daß erst die Invarianz der Gattungen diesen Wissenschaften eine Existenzberechtigung gibt. Comte wünschte vor allem Ordnung und konstante Gliederungen; er unterstützte Cuvier, weil er in dessen Methode den Weg zur Bestimmung exakter und invariabler Strukturverhältnisse im Aufbau der Organismen sah. Er unterstützte Galilei, weil er vermutete, daß die Phrenologie zur Zerstörung der alten Psychologie führen würde, die absurde Spekulationen über psychische Funktionen unabhängig von ihrer organischen Lokalisierung anstellt; man solle vielmehr davon ausgehen, daß eine genaue Entsprechung zwischen den psychischen Funktionen und der Gehirnstruktur besteht, daß jede Funktion auch ihr eigenes Organ besitzen müsse. Was hingegen jenen rätselvollen »Kern« des psychischen Lebens angeht, jene Ausgangsmonade oder auch das selbstbewußte »Ich«, so ist das nichts anderes als ein Relikt theologischer Vorstellungen von der Seele und muß aus der positiv reformierten Wissenschaft verschwinden, da es keine wissenschaftlich brauchbare Realität beschreibt.

Dieser Denkstil herrscht in Comtes gesamter Philosophie vor. Sein Ideal sind ein für allemal fixierte, ideale Scheidungen, wo Organ und Funktion in einer Eins-zu-eins-Zuordnung und in konstanter Korrelation stehen. Ihn stören oder beunruhigen jegliche Weltbereiche, denen Unschärfe der Trennungen, Durchgängigkeit der Qualität und Rätselhaftigkeit anhaften. Bei ihm verbindet sich der strenge Sinn für den historischen Charakter des Wissens mit einem eigentümlichen Unwillen gegenüber genetischen Untersuchungen, die nach seiner Auffassung keine Hilfe für das Verständnis der untersuchten Phänomene darstellten. Comte ist ein Fanatiker der endgültigen Ordnung.

## *5. Das Programm der Sozialwissenschaft*

Die hybride Sprachschöpfung »Soziologie« stammt von Comte. Das ist zweifellos der Grund dafür, daß einige Handbücher Comte als den Begründer dieser Wissenschaft anführen. Wir wollen uns nicht darüber streiten. Comte selbst schreibt sich die Rolle des Galilei der Sozialwissenschaften zu. Die außerordentliche Verwikkeltheit der sozialen Fakten stellte die Wissenschaft der Soziologie unausweichlich an die letzte Stelle in der Geschichte der Emanzipation der Vernunft. Ihrerseits ist die Soziologie von den restlichen Disziplinen logisch abhängig, denn die sozialen Fakten vollziehen sich in einer biologisch determinierten Wirklichkeit; kein Wunder, daß die ersten Versuche einer wissenschaftlichen Interpretation der Gesellschaft im 18. Jahrhundert eben auf biologische und geographische Determinationen in der Erklärung der Menschheitsgeschichte zurückgriffen. Doch die Soziologie als Wissenschaft konstituieren heißt zugleich ihr gegenüber den anderen Wissenschaften Autonomie verschaffen, was wiederum bedeutet, sich die Grenzen zu vergegenwärtigen, in denen das soziale Leben invariablen Bedingungen des organischen Lebens unterliegt und von autonomen Gesetzen bestimmt wird. Wenn dies einmal geschehen ist, wird man die sozialen Relativitäten aller übrigen Wissensbereiche finden können, die soziale Fakten wie alle anderen sind. Die wirkliche Erkenntnis steht immer im Dienst des Gefühls. Im Endeffekt verleiht erst die Soziologie dem übrigen menschlichen Wissen einen Sinn.

Die wissenschaftliche Soziologie zerstreut vor allem die Illusionen der früheren Theoretiker, für die alle sozialen Strukturen das Ergebnis eines Vertrags zwischen Egoisten sind, der auf der Basis einer Gewinn- und Verlustrechnung geschlossen wird. Jede Theorie vom Gesellschaftsvertrag hat ihren Rückhalt in der falschen individualistischen Philosophie, die den menschlichen Individuen Realität zubilligt, während sie die Gemeinschaft bald als einen aus Gründen der Bequemlichkeit beliebig konstruierten Organismus bald ein als theoretisches Abstraktum ansah. Die positive Soziologie wird jedoch erweisen, daß das Gegenteil der Fall ist: die Individuen sind gedankliche Konstrukte, während die Gesellschaft es ist, die ursprüngliche Realität besitzt. Die Existenz des sozialen Lebens ist genauso »natürlich« wie die organischen Funktionen des Menschen und bedarf keiner Rechtfertigung durch fiktive »Verträge«. Die Menschen leben gesellschaftlich, weil das in der Natur der Gattung liegt, nicht aber, weil sie sich von diesem Zusammenleben einen Nutzen versprechen, den sie in der Isolation nicht erreichen würden. Die Menschheit, ein lebendiges und authentisches Wesen mit eigener Kontinuität und wahrer Identität, sie ist es, die im konkreten, nicht im übertragenen Sinne denkt, Erfahrungen sammelt und schafft. Sie hat eine eigene Kindheit, eine eigene Jugend und eine eigene Reifezeit. Sie hat eine eigene Struktur, ähnlich wie andere Organismen, sie besitzt auch strukturelle Eigenschaften, die invariabel sind und die vom Fortschritt nicht aufgehoben werden können. Die Teilung der lebensnotwendigen sozialen Funktionen ist in den ständigen Organen fixiert; die soziale, Kasten- oder Klassenteilung ist ganz einfach analog der Differenzierung der Gewebearten lebender Organismen, die soziale Gleichschaltung läßt sich ebensowenig denken wie das Verschwinden qualitativer Unterschiede zwischen den Gewebearten des lebenden Organismus. Der Fortschritt in der Geschichte vollzieht sich innerhalb der einzelnen Organe, aber ihre Gegenwart selbst als invariable Existenzbedingung der Menschheit kann nicht aufgehoben werden; zu den Organen zählen Familie, Eigentum, Religion, Sprache, weltliche und geistliche Herrschaft. Ähnlich unveränderbar wie das Sonnensystem, die Sterne und die biologischen Gattungen ist auch die Struktur des sozialen Organismus. Die Dreistadienevolution beschränkt sich auf einzelne Strukturelemente, Veränderungen finden im übrigen stets zunächst in den Denkweisen statt und strahlen von dort gewisserweise auf die übrigen sozialen Einrichtungen aus. Auch soziale Revolutionen sind nicht imstande, die Struktur zu verletzen, sie verändern lediglich die Gesellschaftsform; sie sind demnach keine kritischen Epochen im Sinne der Saint-Simonisten; sie führen zum Chaos, das ein Symptom der Reorganisation ist. Es besteht auch kein Grund für die Annahme, daß die fundamentalen bisherigen Einrichtungen in Zukunft abgebaut werden würden. Die geistliche und weltliche Herrschaft ist keine spezielle Erfindung des Mittelalters, sondern ein wesentliches Kennzeichen des Gesellschaftslebens. Das Prinzip, nach dem sich Papst und Kaiser die Macht untereinander teilen, wird von dem Prinzip ersetzt werden, das die Herrschaft unter Wissenschaftler und Industrielle aufteilen wird. Wenn die rationale Einrichtung der Gesellschaft noch nicht Wirklichkeit geworden ist, so hat man das den Unzulänglichkeiten der Kultur und der Unterentwicklung der Gesellschaftswissenschaft zuzuschreiben. Jetzt sind die geistigen Voraussetzungen grundsätzlich gegeben: man muß das positive Wissen verbreiten, und die Geschichte der Emanzipation der Vernunft wird ein für allemal zum Abschluß gebracht werden und mit ihr die menschliche Geschichte im bisherigen Wortsinn überhaupt. Die Soziologie umfaßt zwar nicht nur die »Statik«, also das Wissen, das die Stetigkeit der Gesellschaft in ihrer gegenwärtig gegebenen Ordnung gewährleistet, sondern auch die »Dynamik«, also die Lehre vom Fortschritt. Nichtsdestoweniger wird der Fortschritt von dem Augenblick an, da der positive Geist erreicht sein und gesiegt haben wird, nicht mehr gezwungen sein, Hindernisse zu überwinden, die aus Vorurteilen, mangelnder Bildung und Mythologie resultieren.

## 6. *Die Menschheitsreligion*

Indem es die früheren Religionen, die auf dem theologischen Glauben basierten, abschafft, hebt das positive System nicht die Religion überhaupt auf, denn sie ist ein fester Bestandteil der sozialen Struktur, das unerläßliche Bindemittel (nach Cicero soll in der Bezeichnung »religio« deren verbindende Kraft verewigt sein). Die Idee einer solchen weltlichen Religion stellt den erwähnten umstrittenen Punkt in Comtes Denken dar: ist sie noch die Fortsetzung der großen Synthese oder nur eine Manie des kranken Philosophen? Die zeitgenössischen Forscher finden fast alle Voraussetzungen der »Menschheitsreligion« in Comtes Ausgangsideen und verfolgen ihre Spuren von den frühesten Schriften an.

Den Platz der mythologischen Götter nimmt in der positiven Philosophie die *Menschheit* ein. Die Menschheit ist ein den Individuen transzendentes Sein, das aus allen lebenden, toten und noch nicht geborenen Individuen besteht; die Einzelwesen wechseln sich in diesem Gebilde aus wie die Zellen in einem Organismus, ohne dadurch sein eigenständiges Leben zu verletzen. Die Individuen sind das Produkt der Menschheit, ihre Gedanken, Neigungen und Gefühle, ihr Glauben, ihre Begabungen und Fertigkeiten, alles das ist die Lebensfunktion ein und desselben Organismus. Diese Menschheit verdient die gleiche Verehrung, die man einst den imaginären Göttern entgegenbrachte. Die Religion wird wie eh und je die Menschen vereinen und ihr Leben ordnen, sie wird das Bewußtsein für alles das wecken, was sie mit dem Höheren Sein verbindet, wird den Menschen ihren Pflichten (nie ihre Rechte) auseinandersetzen; im Unterschied zu den früheren Mythen wird die positive Religion befähigt sein, die emotionalen und intellektuellen Bedürfnisse des Menschen in idealer Harmonie auszusöhnen.

Es ist bemerkenswert, wie stark Comte von der Macht des Katholizismus fasziniert war, von seinem Universalismus, der Fähigkeit, alle Formen des menschlichen Lebens zu umfassen. Die Menschheitsreligion sollte daher eine exakte Imitation des kirchlichen Systems sein, es lediglich vom theologischen Aberglauben säubernd, unter Beibehaltung der einigenden Kraft. Die Riten und Sakramente, der Kalender, das Priesteramt sind notwendig, um die

Dogmen des neuen Glaubens zu verbreiten, die weltliche Taufe, die weltliche Firmung und die weltliche letzte Ölung, alles wird erhalten bleiben. Die Dogmen stehen schon bereit. Es sind die Comtesche Doktrin und die bereits entdeckten Gesetze der Wissenschaft. Wir werden einem positiven Schutzengel anvertraut, dessen Rolle die Frauen übernehmen. Comte versäumte es auch nicht, positive Monats- und Wochentagsnamen zu bestimmen (jeder wird den Namen eines Heiligen des positiven Glaubens tragen, und jeder wird einem der sieben Wissenschaften geweiht sein; die magische Zahl erfüllte sich nämlich, als die Ethik zu den ursprünglich sechs Disziplinen dazukam). Wir werden auch positive Tempel errichten, die, da sie auf der wissenschaftlichen Organisation basieren, alle identisch sein werden. Ein positiver Papst wird die Herrschaft über den Klerus ausüben, der Papst wird die Macht mit der positiven profanen Obrigkeit teilen. Diese letztere wird hauptsächlich um die Entwicklung der Industrie Sorge tragen und die geistigen Errungenschaften praktischen Aufgaben unterordnen. Denn unser Denken dient dem Ziel der praktischen Wirksamkeit, der Geist arbeitet, um die Bedürfnisse des Körpers erfolgreich zu befriedigen.

Der Mensch ist demnach ein Affektwesen, das nicht nur denkt und nicht nur physische Bedürfnisse empfindet. Die altruistischen Gefühle gedeihen im Familienleben, daher muß die Familie den fundamentalen Baustein des sozialen Lebens bilden; die positive Gesellschaft basiert somit auf der Unterordnung der Lebensalter und auf dem Scheidungsverbot. Der Frau kommt eine besonders wichtige Rolle zu: sie wird zur Hüterin und zur Quelle des Gefühlslebens der Menschheit, sie wird letztlich den Triumph des positiven Geistes auf Erden gewährleisten. Bekanntlich beherrschen die Gefühle den Geist, nicht in dem Sinne, daß der Geist über keine autonomen Funktionen verfügte, sondern in dem, daß ihn nur das Gefühl wirklich zur Tätigkeit anregen kann. In der vollendeten Welt wird nicht nur der Kult der Frau Verbreitung finden, selbst an der jungfräulichen Mutter wird es nicht fehlen, die ihre Kinder mit Hilfe der künstlichen Befruchtung gebären wird. Comte rechnete auch aus, aus wie vielen Familien eine staatliche Einheit in der künftigen Welt bestehen sollte; er dachte an nicht sehr umfangreiche Staaten, die sich wirksam verwalten ließen.

An dieser Stelle ist eine Digression notwendig. Es mag unwahrscheinlich anmuten, daß ein Autor, der über so viel Scharfsinn in vielen wissenschaftlichen Einzelfragen verfügt, mehr noch, der so empfänglich war für den historischen Charakter der menschlichen Einrichtungen, sich ernsthaft vorstellen konnte, daß man die gesamte Struktur und Form der katholischen Kirche unverändert übernehmen könnte, während man ihre gesamten Glaubensinhalte verwarf, ganz einfach gewisse Inhalte durch andere ersetzend, wie Sand durch Mehl in ein und demselben Gefäß. Die scheinbare Absurdität ist im Grunde schlichte Konsequenz. Comte blieb hierin Grundsätzen treu, die nicht ausschließlich sein Eigentum waren, die er jedoch, im Unterschied zu anderen, zur letzten Konsequenz zu führen verstand. Wenn man davon ausgeht, daß der Mensch von einer konstanten Summe von Bedürfnissen bestimmt ist (ohne die emotionalen Bedürfnisse auszuschließen), die ganz einfach, mit dem Wissensfortschritt die Form ihrer Befriedigung verändern; daß das geistige und religiöse Leben, genau genommen, kein eigenes Sein besitzt und nicht mit verselbständigten Bedürfnissen verbunden ist, sondern nur eine Funktion (»Form«) ursprünglicher, primärer Bedürfnisse ist; wenn man schließlich voraussetzt, daß der Mensch zwar so oder so praktisch, auch im intellektuellen Verhalten, unter der Einwirkung affektiver Impulse handelt, diese Impulse jedoch so konstant und voraussehbar sind, daß sie von der rationalen sozialen Organisation restlos erfaßt werden können, haftet der Annahme, daß man den herkömmlichen Bestand an Ausdrucksmitteln zum Zweck der Organisation beliebiger sozialer Phänomene auf beliebige Weise wird manipulieren können, nichts Verblüffendes mehr an. Comte war sich des Widerstandes der Dinge und der Nichtarbitrarität der menschlichen Reaktionen auf die Welt bewußt, dennoch glaubte er, die Gesamtheit dieses Widerstandes in der eigenen Theorie der invariablen Strukturen erfaßt zu haben; die historische Notwendigkeit der »niedrigeren« Formen des geistigen Lebens erkannte er an, doch er übertrug sie nicht auf die autonomisierte Kraft der Tradition. Er glaubte mit anderen Worten, daß die Gesellschaft der Zukunft bei ihrem Übergang zur positiven Orientierung im Denken überhaupt nicht mehr mit der

Trägheit der eigenen Vergangenheit belastet sein werde und daß ihre einzigen Notwendigkeiten einen rein natürlichen Charakter haben werden, der mit den biologischen Unvermeidlichkeiten und mit der Anwesenheit konstanter Organe des sozialen Lebens verbunden sein wird. Er glaubte also im Grunde genommen an die totale Aufhebung der Geschichte im künftigen System und an die Möglichkeit der absoluten Rationalisierung aller Lebensbereiche. Sein Unwille gegenüber Utopien betrifft die Inhalte einiger Utopien, denen er begegnet war. Sein Historismus wirkt ausschließlich retrospektiv und bleibt im positiven Stadium stehen. Er glaubte an das Ende der Geschichte.

### *7. Comtes Ergebnisse*

Die Saint-Simonisten gehörten zu den ersten Kritikern Comtes. Ihre Kritik galt der Labilität seiner Vorstellungen vom Fortschritt und seinem Materialismus: sie sahen die Rückkehr zur echten Religion vor mit einem echten Gott und mit echten Priestern. Sie widersetzten sich einem Programm, das voraussah, daß das künstlerische Schaffen in der künftigen Gesellschaft von der Wissenschaft bestimmten Aufgaben unterstellt werden sollte; Comte war in der Tat der Auffassung, daß die industriellen Bedürfnisse den Dichtern und Künstlern in Zukunft die Aufgaben stellen würden, um die Menschen mit den Mitteln der Kunst zur Erfüllung der gerade angestrebten Produktionsziele anzuregen; er wollte der Kunst somit, in der Auffassung der Kritiker, jegliche Initiative nehmen. Sie kritisierten ihn auch dafür, daß seiner Meinung nach wissenschaftliche Hypothesen ebensogut überprüft werden können wie Tatsachen, eben dieser Fehler sei es, der Comte zum Atheismus geführt habe, da er in ihm den Glauben zugunsten der Monopolherrschaft der Wissenschaft im menschlichen Geist getötet habe.

Diese Kritik machte jedoch keinen größeren Eindruck und war kein Hindernis für die gewaltige Verbreitung des Comteschen Programms. Jedoch beraubten die führenden Propagandisten der positiven Philosophie, insbesondere Littré, sie von Anfang an des gesamten Überbaus der positiven Religion. Der Comtismus als weltliche Kirche erhielt sich zwar bis auf den heutigen Tag, spielte jedoch nie eine bedeutende Rolle im geistigen Leben. Comtes Philosophie wirkte also nicht in ihrer ganzheitlichen, universellen Version, sondern fragmentarisch. Das, was man ihre »szientistische Seite« nennen könnte, wurde zum festen Bestandteil des späteren positivistischen Denkens: das Dreistadiengesetz, die Kritik am metaphysischen Denken, der Glaube an die Einheit der differenzierten Wissenschaften, das Ideal (effektiv unerreichbar, wie Comte eingestand, eher Leitnorm als Programm) der Reduktion des Gesamtwissens auf eine einzige Universalformel, die praktische Interpretation des Wissens. Comtes Soziologie verdankte ihre Bedeutsamkeit weniger ihrem geschichtsphilosophischen Inhalt als der Formulierung der methodischen Grundsätze, die später von großen Teilen der Soziologen aufgegriffen werden: die Behandlung der sozialen Fakten als Fakten *sui generis*, unabhängig von ihrem phsychischen *background*; die Überwindung der Theorie vom Gesellschaftsvertrag; die Betrachtung der menschlichen Ideen, Wissenschaften, Glaubensinhalte und Verhaltensweisen als sozialer Fakten *par excellence*, d. h. als solcher, deren eigentliches Subjekt die soziale Gruppe ist.

Das Dreistadiengesetz ist in grober Annäherung für die Wissenschaftsgeschichte zutreffend. Comte formulierte Tendenzen, wie sie für die moderne Wissenschaft in Zeiten normaler Entwicklung charakteristisch sind, abgesehen von Krisenmomenten, in denen ihre Berührungspunkte mit philosophischen Denken unerwartet in Erscheinung treten. Die grundsätzlich phänomenalistische Einstellung gegenüber der Welt (wir dringen nicht in die »Natur« des Dinges ein, wir erforschen keine verborgenen Ursachen, wir konzentrieren die Vielheit der Phänomene zu »Gesetzen«) erschien ganz einfach als Beschreibung der tatsächlichen Forschungsverfahren der einzelnen Wissensdisziplinen; erst später veränderte die Anzweiflung jenes Fetisch-Begriffs, des Begriffs der »Tatsache«, den Comte schlechthin als evident akzeptierte, dieses Bild vom Wissen als einer einseitig aufs Tatsachensammeln gerichteten Tätigkeit, die darauf hinwirkt, die »Tatsachen« auf ökonomische Weise zu »Gesetzen« zusammenzufassen.

Gewiß, einige Fragmente der Comteschen Doktrin, deren Absurdität heute betroffen macht (die apodiktischen Urteilssprüche in bezug auf das, womit man sich in der Wissenschaft beschäftigen dürfe und womit nicht, die dogmatische Ablehnung gewisser Wissensbereiche als fruchtlos oder »metaphysisch«, der Glaube an die absolute Invarianz der prinzipiellen Gliederungen der Welt und die Faszination, die die botanische oder zoologische Klassifikation als Modell des wissenschaftlichen Denkens auf ihn ausübten, die manische Begeisterung für die »Ordnung« und der Wunsch nach einem Weltbild, in dem alles in einer ein für allemal verbindlichen Kartei erfaßt wäre) resultieren nicht unmittelbar aus den positivistischen Grundsätzen. Nichtsdestoweniger demonstrieren sie eine potentielle und immer mögliche Lesart dieser Grundsätze, eine für den wissenschaftlichen Fortschritt gefährliche Lesart, wenn sie ernsthaft Verbreitung fände. Comte weiß natürlich, daß die wissenschaftlichen Forschungsarbeiten nicht erfolgreich vonstatten gehen können, wenn man sie den rein praktischen Anwendungen unmittelbar unterstellt; daß sie sich vielmehr nach rein theoretischen Gesichtspunkten richten müssen, wenn sie ihre praktischen Effekte zeitigen sollen; daß die ergiebigsten Entdeckungen, auf denen die gesamte Technologie des Menschen sich aufbaut, aus reinem Erkenntnisstreben entstanden sind. Mehr noch: er weiß auch, daß die »theologischen« und »metaphysischen« Perioden des wissenschaftlichen Denkens Bedingungen seiner späteren »positiven« Blüte waren. Dennoch büßt sein Historismus die Kraft ein, sobald er zu den Betrachtungen über die neue Epoche übergeht, die von Comtes eigenem Werk eingeleitet wird und in der endlich die Gesamtheit des Wissens, und zwar ihr letztes Glied, die Soziologie, in das positive Stadium eintrat. Hier fallen alle Vorbehalte Comtes fort. Jegliche Relativität der Wissenschaft bezieht sich nur auf die Vergangenheit, gegenwärtig, da der absolute Zustand, zumindest im Bereich der theoretischen Grundlagen, erreicht wurde, wird auf die historischen Kriterien verzichtet. Wie alle messianistischen Doktrinen, war auch der Comtesche szientistische Messianismus unfähig zu der Vorstellung, daß er selbst einmal Gegenstand einer historischen Beurteilung und historischen Relativierung werden könnte. Er vermochte alles historisch zu begreifen, nur sich selbst nicht.

Wir haben keine Veranlassung, die Bezeichnung »Positivismus« in bezug auf diese Philosophie in Frage zu stellen, auch dann nicht, wenn wir dabei an den positivistischen Stereotypus denken, der in unserem Jahrhundert sich herausbildete. Es ist ein Positivismus, aber er ist nicht nur in den Kategorien der Epoche organisiert, die Hegel hervorbrachte, sondern auch in denjenigen, die die romantische Philosophie gebar. Er enthält eine allumfassende historiosophische Konstruktion, die in der messianistischen Vision ihren Abschluß findet. Diese Konstruktion besitzt einen wesentlich deterministischen Charakter, wenngleich sie auf die metaphysisch verstandene Kausalität zugunsten phänomenalistisch verstandener Gesetze verzichtet. Auch enthält sie die Hoffnung auf eine totale Transformation der Welt, auf das baldige Erreichen des Absoluten dank der wahrhaft wissenschaftlichen Errungenschaften. Selbst die Rehabilitierung von Christentum und mittelalterlicher Kultur verbindet Comte mit der romantischen Doktrin. Diese Rehabilitierung hat zwar bei Comte einen anderen Sinn. Sie ist kein Kult der Vergangenheit als Vergangenheit noch eine Verherrlichung der Tradition nur deshalb, weil sie Tradition ist; sie ist schließlich die Anerkennung des tatsächlichen Fortschritts, der auch im Bereich der religiösen Formen stattgefunden hat, somit also die Anerkennung der authentischen historischen Kontinuität der menschlichen Gattung und ein Bruch mit dem aufklärerischen Klischee vom »finsteren Mittelalter«. Auch die szientistischen Ideale Comtes sind mit der starken Überzeugung verknüpft, daß der Mensch grundsätzlich ein Gefühlswesen sei, das heißt, daß er nur von emotionalen Impulsen zu irgendwelchen Handlungen bewegt werden könne und daß das rationale Denken im Dienst praktischer Bedürfnisse stehe. Comte war jedoch sicher, daß man einen Zustand erreichen könnte, in dem die Menschen, nachdem sie sich klar über die eigenen, immer gleichbleibenden Bedürfnisse geworden sind, die Forderungen des Gefühls mit der rationalen Voraussicht in Einklang werden bringen können und dadurch eine konfliktlose organische Menschheit erreichen werden.

Dieses Ideal setzte auch ein Verständnis vom Menschen voraus als eines Seienden, dessen Dasein restlos von der sozialen Situierung bestimmt ist, das heißt, es geht genau genommen davon aus, daß das individuelle Dasein eine Fiktion sei. Comte schreckt auch in diesem Punkt nicht vor letzter Konsequenz zurück. Das »organische« Gesellschaftsverständnis, der extreme Antiindividualismus, die Entrealisierung des menschlichen Individuums und der Kult der Menschheit als des einzigen wirklichen Individuums (»Großes Wesen«), das alles ist in seinen Schriften formuliert worden. In dieser Hinsicht scheint er einigen totalitären Utopien aufklärerischer Schwärmer nahezustehen. Diejenigen Bestandteile der Comteschen Doktrin dagegen, die ihn zum Verbündeten der konservativen Kritik an der Revolution machen und die später zu einem wesentlichen Element in der Tradition der totalitären Rechten wurden, haben nicht dazu geführt, daß Comte faktisch zum Ahnherrn totalitärer Ideologien wurde; diese lagen schließlich in »reineren« Formen bei den resoluten Apologeten der Vergangenheit zutage, ohne, wie das bei Comte der Fall war, in einen Kontext szientistischer Ideale verwickelt zu sein. Die reale Nachwirkung Comtes konzentriert sich auf zwei Motive seiner Lehre: das antimetaphysische Programm des Wissens und die autonome, antipsychologistische Soziologie. Die späteren Generationen zerbrachen, wie das so üblich ist, die organische Einheit der Doktrin, zogen die ihnen entsprechenden Elemente heraus und vernachlässigten andere. Somit ist Comte, der utopische Visionär, der von der endgültigen Ordnung Besessene, der Papst der absoluten Ordnung, ein ganz anderer als der Comte, der die spätere Soziologie und Wissenschaftstheorie wesentlich beeinflußt hat. Für das Verständnis der Geschichte des Positivismus ist jedoch nicht nur jener zweite Comte relevant, sondern auch der erste; wichtig nicht nur aus dem Grund, weil er die Abhängigkeit der positivistischen Philosophie in ihrer jeweiligen Version vom »Epochenstil« demonstriert. Auch deshalb, weil das Ideal des positiven Wissens und das Ideal der Sozialreform logisch miteinander verknüpft waren und weil man schwerlich zum historischen Verständnis des einen unabhängig vom anderen kommen kann. Comtes Philosophie ist eine komplette Destruktion der menschlichen Subjektivität: sowohl vom Standpunkt der Kriterien des positiven Wissens wie vom soziologischen Gesichtspunkt aus ist die subjektiv verstandene menschliche Individualität eine spekulative Fiktion und darf folglich in den Entwürfen der sozialen Umordnung als Fiktion behandelt werden. In diesem ersten Punkt war Comte ein authentischer Erbe Humes und ein authentischer Ahnherr des Positivismus späterer Zeiten; der zweite Punkt »resultiert« gewiß nicht im logischen Sinne aus dem ersten, ihre Interdependenz ist jedoch in Comtes Denken zu deutlich, als daß man von ihr absehen könnte. Die positivistischen Kriterien, die das menschliche Individuum ausschließlich aufgrund seiner objektiv feststellbaren Placierung in der interindividuellen Kommunikation charakterisieren, setzten die subjektiv verstandene Individualität als potentiellen Forschungsgegenstand sozusagen außer Kraft. Sie trugen somit bei zur irreversiblen Grenzziehung zwischen dem, was sich Wissenschaft nennt, und dem, was sich Philosophie nennt und was zu vernichten ihnen nicht gelungen war.

## IV. Der triumphierende Positivismus

Im Laufe des ersten Jahrzehnts nach Comtes Tod wurde die europäische Kultur u. a. um folgende Werke reicher: Darwins *On the Origin of Species by Means of Natural Selection*, Claude Bernards *Introduction à la medicine experimentale*, John Stuart Mills *Utilitariasnism*, die ersten Bände von Herbert Spencers *A System of Synthetic Philosophy* sowie den ersten Band des *Kapital* von Marx.

Diese Zusammenstellung kann die Richtung vergegenwärtigen, in die, in der Konfrontation mit der Comteschen Utopie, die Hauptströmung des europäischen Denkens sich bewegte. Der utopische Sozialismus hatte sich überlebt, mit ihm waren die messianistischen Hoffnungen der Zeit des Völkerfrühlings im Wert gesunken. Statt dessen kamen ein fragmentarischeres Experimentieren und eine mehr empirische Haltung hinsichtlich der sozialen Phänomene auf. Der sozialistische Gedanke hörte allmählich auf, ein Bündel schwärmerischer Vorstellungen zu sein, er schöpfte Energie aus den langsamen, aber realen Fortschritten der Arbeiterbewegung. In der Wissenschaft zeichnete sich keimhaft eine neue Synthese ab, die von allen denjenigen Entdeckungen ermöglicht wurde, die die Annahme rechtfertigten, daß das Wissen nunmehr effektiv, nicht nur in Form pauschaler Hoffnungen, jene Einheit der Welt zu fassen bekommen würde, die die Barrieren und Klassifikationen von einst durchbräche; der Satz von der Erhaltung der Energie schien die Gemeinsamkeit aller Naturerscheinungen in einer Formel zu greifen, und die Evolutionstheorie erfaßte mit einer einheitlichen Erklärung die Gesamtheit der organischen Phänomene, einschließlich des menschlichen Lebens. Die eminente Bedeutung der Fortschritte in den biologischen Wissenschaften wird auch an einigen Kennzeichen positivistischen Denkens der sechziger und siebziger Jahre des 19. Jahrhunderts deutlich.

### *1. Claude Bernard – der spontane Positivismus der Wissenschaft.*

Das Denken von Claude Bernard ist ein gutes Beispiel, an dem sowohl der Einfluß deutlich wird, den die biologischen Wissenschaften auf die philosophische Reflexion ausübten, als auch die spezifische Wirkungsgeschichte des Comteschen Denkens, in der nur ein Teil seines Werkes zum Tragen kam.

Claude Bernard (1813–1878) war kein Philosoph und wollte auch keiner sein. Nach mißlungenen literarischen Versuchen der Jugendzeit widmete er sich der medizinischen Forschungsarbeit und wurde nicht nur zum allgemein bekannten Gründer der modernen Physiologie, sondern auch zum Vorbild jener »Forscherhaltung«, die bewußt und konsequent gegenüber allen philosophischen Problemen Neutralität bewahrt, dafür den Fakten unbedingten Gehorsam zollt, von unermüdlicher Sorgfalt im Experiment, bescheiden und unpersönlich.

Bernards Entdeckung der Zuckerbildung in der Leber, die Untersuchung über die Rolle der Bauchspeicheldrüse für die Verdauung und die physiologischen Funktionen des Nervensystems, die Entdeckung der Wirkungsweise einiger Gifte (Curare und Kohlenmonoxyd), alle diese Entdeckungen gelten in der Wissenschaftsgeschichte nicht einfach als Beiträge, und sei es als wesentliche, zur physiologischen Wissenschaft, sondern als entscheidender Wendepunkt ihrer Entwicklung. Dieser Umbruch war nach dem Urteil der Wissenschaftshistoriker mit der experimentellen Rigorosität und jenen Grundsätzen des naturwissenschaftlichen Denkens verbunden, die Claude Bernard selbst in seiner *Einführung in die experimentelle Medizin* und in einigen kleineren Abhandlungen dargelegt hat und die zum dauerhaften Fond methodischer Wissenschaftsregeln wurden und in die Tradition des positivistischen Denkens eingingen.

Claude Bernards Verhältnis zur Comteschen Doktrin war ein überaus kritisches, und er widmete ihr ein paar unfreundliche Bemerkungen. Die Menschheitsreligion hielt er für absurder als alle anderen bestehenden Religionen, auch glaubte er nicht daran, daß der »positive Zustand« in dem Sinne, wie Comte ihn sich vorstellte, Wirklichkeit werden könnte; er war der Auffassung, daß die

Menschen niemals auf Überlegungen über die »letzten Gründe« und die zweckmäßige Ordnung der Welt verzichten würden, daß diese Überlegungen jedoch nicht grundsätzlich in das Erkenntnisgebiet gehören und daß die wichtigste Aufgabe der Wissenschaft darin besteht, sich konsequent von unentscheidbaren Fragen zu befreien. Wenn es je gelingen würde, tatsächlich die »letzten Gründe« zu entdecken, so wäre diese Entdeckung gleichbedeutend mit dem Ende der Welt, denn sie würde allen weiteren Ermittlungen ein Ende setzen und bedeuten, daß der Mensch das Absolute erreicht habe. Es besteht jedoch wenig Anlaß dazu, diese Möglichkeit ernsthaft in Erwägung zu ziehen.

Die grundsätzlichen Denkregeln Claude Bernards erweisen sich dagegen als den Comteschen verwandt, wenngleich sie nicht das Resultat einer Reflexion Comtescher Texte, vielmehr der aufmerksamen Reflexion der eigenen experimentellen Arbeit zu sein scheinen.

Die Regeln lassen sich in wenigen einfachen Sätzen darlegen.

Erstens: der Wissenschaftler ist verpflichtet, sich dem Zwang der Fakten vorbehaltlos zu beugen und nicht zu zögern, jede Theorie zu opfern, die von den Fakten klar in Frage gestellt wird.

Zweitens: die Forschung kann nur erfolgreich sein, wenn man vom strengen Determinismus der Phänomene ausgeht. Der Determinismus ist jedoch keine metaphysische Theorie, die sich auf die allgemeine Unabwendbarkeit der Dinge bezieht, sondern eine methodische Regel. Sie setzt voraus, daß unter identischen Bedingungen identische Phänomene eintreten und daß man im Falle unerwarteter Ergebnisse die noch unbekannten Bedingungen suchen müsse, die die Modifikationen verursacht haben. Die Wissenschaft beruht auf der Entdeckung der Zusammenhänge zwischen den Bedingungen und den Phänomenen, sie bestimmt die Abhängigkeiten und die Mechanismen des Tatsachenablaufs, wobei sie sich jegliche Überlegungen über »Prinzipien« zu versagen und von der Frage »warum« abzusehen hat.

Drittens: die Wissenschaft bewahrt absolute Neutralität gegenüber philosophischen Fragen. Sowohl die materialistische wie die – mit Claude Bernards Worten – »animistische« Metaphysik sind für das positive Wissen heuristisch wertlos, sie lassen sich auch nicht in einer Weise formulieren, die sie für experimentelle Bestätigungen geeignet machen würde. Das philosophische Denken ist zwar in dem Sinne ein »natürliches« Phänomen, als es den wesentlichen Bedürfnissen des menschlichen Geistes entspricht, es ist jedoch nicht befugt, der Wissenschaft irgendwelche Grenzen zu setzen noch ihr chimärische Fragen zur Lösung vorzulegen.

Viertens: die ausschlaggebende Methode, die über die Lösung naturwissenschaftlicher Probleme entscheidet, ist, wie der Gelehrte sagte, die Gegenprobe. Zu diesem Punkt formulierte Claude Bernard eine Idee, die in letzter Zeit dank der methodologischen Arbeiten Poppers populär wurde: den Gedanken der Falsifikation als der fundamentalen Regel der Forschungsmethode. Es geht darum, daß kein wissenschaftlicher Gedanke als gefestigt gelten darf, sofern der Wissenschaftler nur Fakten kennt, die seine Hypothese bestätigen ohne diese zusätzlichen Widerlegungsversuchen zu unterziehen. Das ist von wesentlicher erzieherischer Bedeutung: die Norm, die eine experimentelle Instanz suchen heißt, die die gestellte Vermutung widerlegen könnte, ist ein elementares Kennzeichen des »wissenschaftlichen Ethos«. Wenn wir uns auf die Suche nach Fakten beschränken, die unsere Annahmen bestätigen können, und uns nicht um die Untersuchung von Situationen bemühen, die deren Widerlegung herbeiführen könnten, werden wir die die Wissenschaft gefährdende Leichtfertigkeit im Formulieren von Hypothesen und die Neigung zu voreiligen Verallgemeinerungen fördern.

»Die ganze natürliche Philosophie ist im folgenden enthalten: die Gesetze der Phänomene kennenlernen. Das ganze experimentelle Problem läßt sich auf eins zurückführen: die Phänomene voraussehen und lenken.« Diese Formel ist der knappste Ausdruck der Vorstellungen von Claude Bernard, und sie zeigt zugleich seine wesentliche Affinität mit den Comteschen Grundsätzen. Ohne Anerkennung des Determinismus ist Wissenschaft unmöglich. Doch Bernard schreibt diesem Determinismus einen rein phänomenalistischen Sinn zu: um ein beliebiges Gesetz formulieren zu können, muß die Überzeugung zugrunde liegen, daß man von identischen Bedingungen identische Phänomene erwarten darf; die Wissenschaft lehnt die Eventualität von »Ausnahmen« und »Zufällen«

ab, wenn diese Wörter etwas anderes bedeuten sollten als die Unkenntnis der Bedingungen, die den Verlauf der beobachteten Phänomene modifizieren.

Claude Bernard war darüber hinaus davon überzeugt, daß die Befreiung der Biologie von den metaphysischen »Lebensprinzipien«, von der Suche nach zweckmäßigen Ursachen und von fruchtlosen Kontroversen um die Definition des Begriffs »Leben«, von dem Verhaftetsein an irgendwelche »Systeme«, Gefühle und Doktrinen dazu führen würde, sich über die grundsätzliche Gleichförmigkeit der Erscheinungen und die Gleichförmigkeit der Methode, die diese Erscheinungen beschreibt, Klarheit zu verschaffen. Die Trennung zweier Erkenntnis- und Seinsordnungen, der organischen und der anorganischen, ist ein Werk vitalistischer Vorurteile. In den Augen der Wissenschaft präsentiert sich das Leben nicht als eine separate und verborgene Kraft; es ist ein permanenter Prozeß von Verbrennung und Aneignung, und wenngleich es von Gesetzlichkeiten beherrscht wird, die weder in den physikalischen noch in den chemischen Gesetzen eine Erklärung finden, insbesondere von Evolutionseigenschaften, die dem Keim befehlen, sich in einer bestimmten Richtung zu entwickeln, so sind diese Gesetzlichkeiten jedoch ausschließlich in der nämlichen Weise konstatierbar wie in jeder anderen empirischen Disziplin: als Sukzession morphologischer und chemischer Modifikationen. Es gibt keine realen Fragen nach den Gründen jener permanenten Gleichgerichtetheit in der Entwicklung eines Organismus. Auch der menschliche Gedanke stellt für die Wissenschaft ein biologisches Faktum dar. Für den Wissenschaftler ist auch das Gehirn ein Organ wie jedes andere, und das Denken stellt für die Wissenschaft eine organische Tätigkeit dar, nicht aber ein geheimnisvolles Produkt einer geheimnisvollen Subjektivität. Die wissenschaftliche Auslegung ist zu keinen anderen Ergebnissen befähigt.

Claude Bernard sah wissenschaftliche Arbeit dabei nicht als rein pragmatische Beschäftigung an. Das gesellschaftliche Ziel der Wissenschaft liegt zwar in der Fähigkeit des Menschen, die Dinge verfügbar zu machen, aber daraus scheint sich für ihn nicht zu ergeben, daß die Bedeutung der empirischen Hypothesen ganz einfach auf praktische Richtlinien sich reduzierte. Diese Hypothesen stellen eine reale Beschreibung der wirklichen Welt in dem Bereich dar, in dem sie für die menschliche Erkenntnis zugänglich ist. Die Arbeit des Wissenschaftlers besteht im Aufstellen von Hypothesen und Organisieren von Experimenten, doch wenn er die Resultate beschreibt, so ist er verpflichtet, die eigene Intervention auf ein Minimum zu beschränken und gegenüber den Anweisungen der Natur vollkommen passiv zu bleiben. Claude Bernard war sich klar darüber, daß dieses Gebot sich leicht formulieren läßt, daß seine Anwendung in der Praxis jedoch ungemein schwierig ist und eine maximalen Einsatz der gesamten Forscheraskese verlangt, die ständig von den zugrunde liegenden Präferenzen, den erworbenen Vorstellungen, den Autoritäten der Menschen und Wörter gestört wird. Er warnte auch vor dem Mißbrauch der Rolle von Klassifizierungen; es sei leicht, eine wertlose Genugtuung zu erreichen, sobald man einem Phänomen einen Namen gegeben und es in ein bestimmtes System eingegliedert habe. Wesentlich sei jedoch nicht die Klassifizierungsordnung, sondern das Verständnis der Mechanismen, die den Ablauf der Phänomene bestimmen. Claude Bernard gab sich keine besondere Mühe, seinen wissenschaftstheoretischen Überlegungen eine vollendet exakte Gestalt zu verleihen. Er war sich ganz einfach der Regeln bewußt, die er selbst als Wissenschaftler befolgte und die ihm in dieser Formulierung völlig genügten. Zuerst forschte er, erst dann bemühte er sich um Klarheit über sein Handeln; wie Bergson bemerkte, zeitigte die umgekehrte Reihenfolge niemals Resultate. Bernard akzeptierte den Begriff der »Tatsache«, ohne ihn näher zu bedenken, und wußte, was er darunter verstand. Viele seiner Vorstellungen haben einen »unfertigen« Charakter, viele wurden später von den Methodologen präzisiert. Doch die besondere Rolle, die die *Einführung* in der Geschichte des methodologischen Selbstverständnisses der Wissenschaften spielte, besteht darin, daß dieses Werk direkt aus dem Labor kam und eben nicht das Ergebnis von Überlegungen »reiner« Methodologen war, die Vorschriften für die Naturwissenschaftler konzipieren, ohne effektiv naturwissenschaftliche Forschung zu leisten. Auch der Präzisionsgrad seiner Formeln war den wirklichen Bedürfnissen der damaligen Wissenschaft angemessen.

Wir beabsichtigen nicht, ein Urteil über die Bedeutung von

Claude Bernard für die sogenannte Wissenschaftsmethodologie abzugeben. Seine Bedeutung in der philosophischen Reflexion besteht darin, daß er, vielleicht als erster mit dieser Deutlichkeit, den positivistischen Grundsatz von der dauerhaften Trennung zwischen philosophischen und wissenschaftlichen Fragen darlegte. Er verurteilte die Philosophie nicht, er war ganz einfach der Auffassung, daß sie eine von der wissenschaftlichen Forschung verschiedene Art von Beschäftigung sei, ganz abgesehen von den zufälligen, wenn auch wertvollen Anregungen, die sie den Wissenschaftlern gelegentlich liefert (nicht in Form von Hypothesen zur Prüfung, sondern in Form von emotionalen Impulsen) – eine Beschäftigung, die keinerlei Anspruch darauf erheben darf, die Aufgaben der Wissenschaft zu bestimmen oder die Forschungsergebnisse zu deuten. Diese Trennung konnte unterschiedlich interpretiert werden und wurde es später auch. Man konnte darauf insistieren, daß die spezifisch philosophischen Thesen schlechthin »Unsinns«-Aussagen seien, erkenntnisleer und gesellschaftlich schädlich. Man konnte die Ansicht vertreten, daß die Philosophie eben zu verstehender Tätigkeit berufen sei, die von den Methoden der exakten Wissenschaften nicht zugelassen werden, oder daß sie der Eintritt in eine Seinssphäre sei, die sich der wissenschaftlichen Forschung entzieht. Der Gesichtspunkt jedoch, den Claude Bernard in besonders eklatanter Weise dargelegt hatte, bürgerte sich sowohl in den Naturwissenschaften wie unter den Philosophen ein, mit wenigen Ausnahmen. Sowohl Bergson wie Husserl, aber auch Heidegger versuchten die szientistischen Doktrinen zu überwinden, wobei sie jene Trennung als unbezweifelbar zur Kenntnis nahmen.

## 2. *Der Versuch einer positivistischen Ethik: John Stuart Mill*

Es ist eine Besonderheit des englischen Positivismus, daß die Engländer lange Zeit keine Werke deutscher Autoren gelesen hatten und daß ihre eigenen Reflexionen also keine Versuche waren, die idealistischen Doktrinen der deutschen Metaphysiker zu beantworten – anders als in Frankreich, wenigstens unter den dortigen Philosophen. Diesem Umstand ist es zu verdanken, daß die englische Philosophie des 19. Jahrhunderts eine mühelos nachvollziehbare Kontinuität der eigenen aufklärerischen Tradition aufweist. Der Empirismus John Stuart Mills (1806–1873) unterscheidet sich in seinen wichtigsten Bestandteilen nicht prinzipiell von den Humeschen Voraussetzungen, daher können wir uns hier mit sehr pauschalen Informationen über diesen Philosophen begnügen und die Aufmerksamkeit auf die Disziplin konzentrieren, in der der »Geist des Positivismus« seine neue Seite offenbart, nämlich auf die utilitaristische ethische Doktrin.

Ähnlich wie Comte ließ sich J. S. Mill in seiner Arbeit von praktisch-reformatorischen Aufgaben leiten. Comtes Werk hatte ihn anfangs sehr stark beeindruckt, und er teilte in den fundamentalen Fragen, die die Wissenschaft betrafen, Comtes Gedanken; anders verhielt es sich auf dem Gebiet der Soziologie und der Entwürfe einer künftigen Gesellschaftsordnung. Über Comtes *Système de politique positive* schrieb Mill, dies sei »das vollständigste System des geistigen und weltlichen Despotismus, das je aus einem menschlichen Hirn gekommen ist, den Kopf I. Loyolas vielleicht ausgenommen... Dieses Werk ist ein Warnzeichen dafür, was geschieht, wenn jemand in seinen Überlegungen den Wert von Freiheit und Individualität aus den Augen verliert«. Über seine eigenen Ansichten zu sozialen Fragen schrieb er, er habe anfangs lediglich die Überzeugung gehegt, daß man die soziale Ungleichheit durch allgemeine Bildung und die Senkung der Geburtenziffer würde mildern können; er sei, wie er sich ausdrückte, ein Demokrat gewesen, kein Sozialist. Mit der Zeit sei er zu der Überzeugung gekommen, daß es einer bedeutend radikaleren sozialen Veränderung bedürfe und daß das wichtigste Problem, das die Zukunft entscheiden müsse, die Frage sei, wie man »die größtmöglichste individuelle Freiheit mit gemeinsamem Eigentum an den Rohstoffen der Welt und der gleichen Beteiligung aller am Gewinn, der aus der vereinigten Arbeit fließt, in Einklang bringen könne«. Die sozialen Ideale Mills haben demnach eine Evolution in Richtung Sozialismus erfahren, obschon Mill niemals glaubte, daß sie sich anders als auf dem Wege langwieriger Reformbemühungen nach und nach verwirklichen lassen würden.

Die philosophische Arbeit Mills sollte in den Grenzen pädagogischer Beschäftigung ihren Platz finden, die die Verbreitung seiner Ideale förderte. Mills größtes Werk, *A System of Logic Ratiocinative and Inductive*, ein ungemein umfangreiches, ungemein pedantisches und für die damalige Zeit ungewöhnlich exaktes Werk, betrachtete Mill als seinen Beitrag zum Kampf gegen die Vorurteile, den Druck der Tradition und die unkritisch hingenommenen Meinungen. Er war der Auffassung, daß falsche metaphysische und soziale Doktrinen sowie schädliche politische Einrichtungen vor allem in dem Glauben eine Stütze finden, daß der menschliche Geist fähig sei, unabhängig von Beobachtung und Erfahrung Wahrheiten über die Welt zu gewinnen. Daher ist die *Logik* auf radikal empiristischen Prämissen aufgebaut und auf der Assoziationspsychologie, die Mill für das Fundament jeglichen vernünftigen Wissens vom Menschen ansah.

Die grundlegenden Gedanken der Millschen Erkenntnistheorie sind eine Fortsetzung der Tradition Humes, wenngleich er in die Logik im engeren Sinn viele Neuerungen und Präzisierungen einführte, die in der Geschichte dieser Disziplin als eminent wichtiger Fortschritt beurteilt werden. Mill wies der Logik, strikter als es bislang der Fall war, bestimmte Aufgaben zu: er war der Ansicht, daß die Logik die Regeln des vernünftigen Denkens formuliere und nicht die Welt beschreibe; er zog einen klaren Trennungsstrich zwischen Logik und Erkenntnistheorie. Er insistierte hingegen darauf, daß die Rechtmäßigkeit der Denkregeln der formalen Logik ganz einfach daher rühre, daß diese Regeln Gesetze der Psychologie oder der Physiologie des Denkens seien; diese Ansicht herrschte bis zum Jahrhundertende als Psychologismus unter den Logikern, und erst die radikale Kritik, die Husserl zu Beginn des 20. Jahrhunderts gegen den Psychologismus unternahm, brachte die fast völlige Abkehr von dieser Doktrin. Als hervorragende Leistung Mills auf dem Gebiet der Logik gilt die Formulierung und genaue Beschreibung der Kanons des induktiven Verfahrens in den empirischen Wissenschaften; diese Kanons sind bedeutend exakter als die zuvor im Werk Francis Bacons dargelegten. Sie sollen bei der Suche nach dem konstanten Ereignisverlauf behilflich sein, sie sollen mittels der sukzessiven Feststellung von Übereinstimmungen, Differenzen und parallelen Veränderungen in den Modifikationen der untersuchten Phänomene zum fehlerfreien Bestimmen derjenigen Phänomene führen, die in kausalen Zusammenhängen mit anderen Phänomenen stehen. Es sind eher Regeln der Überprüfung von Hypothesen als Regeln zur Entdeckung von unbekannten Gesetzlichkeiten, und sie basieren bei Mill auf den faktisch beobachteten Forschungsverfahren der Naturwissenschaftler. Mill gab dem Begriff »Ursache« im übrigen keine metaphysische, sondern eine rein empirische Bedeutung, d. h., er sah in der Ursache ein Phänomen, das sich in der Beobachtung als ausreichende Voraussetzung eines anderen Phänomens erweist. Überhaupt basiert die gesamte Millsche Konstruktion auf exakt eingehaltenen Regeln von Empirismus und Assoziationismus; das, was faktisch im menschlichen Erkennen gegeben ist, sind die singulären Eindrücke; das wahrnehmende Subjekt ist vom Gesichtspunkt der Erfahrung aus nichts anderes als eine Reihe von Eindrücken, ähnlich zeigen sich auch die Gegenstände der Außenwelt. Das Dasein der physischen Welt ist auf die permanente Möglichkeit von Eindrücken zurückführbar, die wir erfahren, und das metaphysische Problem im engeren Sinn taucht in dieser Perspektive überhaupt nicht auf. »Die Wissenschaft gruppiert und ordnet ihre Wahrheiten auf eine Weise, daß wir einen möglichst großen Bereich der allgemeinen Ordnung des Kosmos umfassen können.« In einem wesentlichen Punkt ist Mills Empirismus weiter geführt als der Humes: Mill war der Auffassung, daß auch die sogenannten deduktiven Wissenschaften ausschließlich auf Erfahrung basieren (der Unterschied zwischen dem Problem der Genese und dem der Methode ist in seiner Version gelegentlich unklar), daß die den mathematischen Thesen zugeschriebene »Stringenz« eine Täuschung sei, da die Prämissen, auf die sich jeder Deduktionsschluß beruft, in Wirklichkeit Erfahrungsergebnisse darstellen; und obwohl das gesamte menschliche Wissen in zunehmendem Maß deduktiven Charakter gewinnt, dient das deduktive Denken lediglich der Denkerleichterung und dem gewissermaßen automatischen Assoziieren verschiedener Beobachtungen mit dem Ziel, den vollzogenen Wahrnehmungen einen konzisen Charakter zu verleihen (wenn a beispielsweise stets das Zeichen für b sei, sagte Mill, b dagegen stets das Zeichen für c, so dürfen wir schlußfolgern, daß a auch stets das Zeichen für c sei; das ist das elementare Deduktionsverfahren; die Regel selbst, die diesen Übergang zuläßt, ist selbst ein Produkt der Erfahrung). Es gibt hingegen keine Wahrheiten *a priori*, d. h. Wahrheiten, deren vermeintliche Stringenz vorausgesetzt werden könnte ohne Rekurs auf die Erfahrung; die elementaren Gesetze der Geometrie beispielsweise sind ganz einfach Ergebnisse von Beobachtungen. Der Syllogismus besitzt keinen Entdeckungswert, da die Konklusion des syllogistischen Schlusses stets in den Prämissen impliziert ist, wir müssen daher im vornhinein etwas über die Wahrheit der Konklusion wissen, um die Prämissen zu formulieren, daher beruhte das ganze Verfahren im Grunde auf einem Zirkelschluß.

Die empiristische Doktrin Mills steht ganz deutlich in Zusammenhang mit seinen Ideen im Bereich der »praktischen Vernunft«. Dieselbe Tendenz, die die Metaphysik in der Wissenschaft zugunsten der Psychologie ausschließt, verdrängt die Beurteilung nach Intentionen zugunsten der Beurteilung nach den Folgen in der Ethik. Die systematische Ausführung der ethischen Vorstellungen Mills trägt den Namen *Utilitarismus*. Die Hauptgedanken des Utiliterarismus sind nicht Mills Werk. Sie wurden in *Introduction to the Principles of Moral and Legislation* (1780) und anderen Schriften von Jeremy Bentham (1748–1832) dargelegt. Dieser Autor übertrug aufklärerische Ideen in fast unveränderter Gestalt in das nächste Jahrhundert, und sein gewaltiger Einfluß auf das englische politische Denken scheint für die Annahme zu sprechen, daß die Grenze zwischen der Kultur der Aufklärung und der industriellen Kultur des 19. Jahrhunderts in England bedeutend unschärfer war als in den anderen Ländern. Bentham interessierte sich hauptsächlich für die Gesetzgebung, er vertrat die Auffassung, daß eine vernünftige Legislatur, sofern sie auf der Kenntnis der Gesetze der Assoziationspsychologie basierte, imstande sei, die erwünschten ethischen Fertigkeiten in der gesamten Gesellschaft unweigerlich zu festigen. Eines seiner Ruhmesblätter war der Entwurf eines Mustergefängnisses. Doch er kämpfte zeitlebens für die Milderung des Strafvollzugs und die Abschaffung verschiedener Auswüchse des Gefängnissystems. Seine Gedanken bewegten sich stets um das Problem, auf welche Weise man eine rationale Gesetzgebung einrichten könnte, die allen Sicherheit und Wohlstand gewährleisten würde.

Der utilitaristischen Ethik Benthams liegt eine rein deskriptive Feststellung zugrunde. Sie besagt, daß Lust- und Unlusterwartung die einzige Motivation der menschlichen Verhaltensweisen darstelle und die menschlichen Handlungen restlos bestimme. Das Nützlichkeitsprinzip erkennt diese Tatsache ganz einfach als Grundlage der Soziallehre an. Der Utilitarismus selbst ist eine normative Formel, derzufolge jegliche menschliche Handlung Billigung oder Ablehnung verdiene, je nachdem, ob sie die Vermehrung oder Verringerung der Summe des menschlichen Glücks anstrebt. Man muß hinzufügen, daß die Wörter »gut«, »angenehm«, »Nutzen«, »Gewinn« für Bentham Synonyma darstellen. Das Interesse der Gesellschaft ist mit den Interessen der Individuen identisch, aus denen die Gesellschaft sich zusammensetzt. Das Nützlichkeitsprinzip ist allgemein und ausnahmslos für die privaten und sozialen Beziehungen zwischen den Menschen verbindlich und es können aus ihm, in Zusammenhang mit den faktischen Beobachtungen, alle Normen abgeleitet werden, die zur Regelung des menschlichen Lebens in allen Bereichen nötig sind. Das grundlegende Prinzip selbst läßt sich nicht beweisen, es muß den Anfang aller Beweise bilden, und wir dürfen nie endlose Beweise verlangen. Das Nützlichkeitsprinzip zeichnet sich durch den Vorzug aus, daß sich faktisch alle Menschen nach seinen Empfehlungen richten, was allein daraus erhellt, daß sogar seine Gegner unbewußt darauf rekurrieren; die asketische Moral beispielsweise, der scheinbare Gegensatz des Nützlichkeitsprinzips, basiert auf eben diesem, wenn auch mißverstandenen Nützlichkeitsprinzip: die Befürworter der Askese haben nämlich bemerkt, daß das Streben nach Lust häufig von Unlusterfahrungen begleitet wird, und sie verabsolutieren diese Beobachtung in der Regel, die jegliches Lustgefühl verbietet, damit Unlustgefühle vermieden werden. Man sieht: sie wandten die nämliche Regel an, die sie in der Folge bekämpften. Ein anderes Beispiel liefern jene, die den Willen Gottes über das Nützlichkeitsprinzip stellen, und die sich dabei praktisch auf nichts anderes als auf eben dieses Prinzip berufen, indem sie zeigen, daß etwas dadurch göttlicher Wille sei, daß es gut, also eben nützlich sei. Mit einem Wort, das Nützlichkeitskriterium hat in allen Entscheidungen eine so allgemeine Geltung, daß es nicht so sehr eines Beweises dieses Prinzips bedarf als der Bewußtmachung seiner Konsequenzen und der genauen Bestimmungen der faktischen Lebensverhältnisse, um es unfehlbar anwenden zu können. Bentham stellte sich diesbezüglich vor, daß es genüge, die Lust- und Unlustquellen und ihre verschiedenen Gattungen ordentlich zu klassifizieren, wie er es eben tat, und darüber hinaus eine Skala der Messung nach einigen Kriterien (Intensität, Dauer, Gewißheit, Nähe, Fruchtbarkeit, Reinheit, Ausdehnung) konstruieren, um für jeden Einzelfall die Regeln, die aus dem Hauptprinzip resultieren, anwenden und unfehlbar über den Wert aller menschlicher Handlungen entscheiden zu können.

Die von Hume, Helvétius und Beccaria hergeleitete Theorie sollte die rationale Grundlage eines vollkommenen Sittenkodexes bilden, in dem jede einzelne menschliche Tat sich vollkommen beurteilen lassen sollte; Gesetzgebung und Ethik sollten dank dessen genauso exakt werden wie die mathematischen Wissenschaften.

Wie man sieht, entsprang Benthams Glaube an die normative Allmacht des Nützlichkeitsprinzips den aufklärerischen Überzeugungen von der grundsätzlichen Übereinstimmung zwischen egoistischem Streben und sozialem Interesse und von der Möglichkeit der Abschaffung jeglicher sozialer oder moralischer Konflikte durch eine rational durchdachte Gesetzesorganisation. Es ist klar, daß, während sich Bentham auf das Nützlichkeitsprinzip berief, um die parlamentarische Demokratie zu verteidigen, andere, auf der nämlichen Grundlage, entweder die Ideale des anarchistischen Egalitarismus, wie Godwin, oder sogar rein theologische Lehrmeinungen propagierten.

Zu den aktiven Verbreitern der Benthamschen Doktrin gehörte James Mill, der Vater von J. S. Mill. J. S. Mill übernahm sie seinerseits mit einer Reihe von Präzisierungen und Differenzierungen, die unter dem Einfluß polemischer Motivationen und von Kritiken entstanden sind. Das Grundschema blieb jedoch unberührt. Mill stimmte mit der Ansicht überein, daß die Hauptregel menschlichen Handelns, mit anderen Worten, der höchste Wert oder das letzte Ziel, sich nicht rechtfertigen ließe; die Anerkennung, daß etwas an sich, nicht nur instrumental, gut sei, kann nicht Gegenstand einer Diskussion sein, sie ist eben endgültig, also unbeweisbar. Dennoch ist die Annahme des Nützlichkeitsprinzips kein arbiträrer Akt, sie basiert vielmehr auf der unmittelbaren, allgemeinen und jedem zugänglichen Intuition (nicht auf einer von der Art, wie sie in einzelnen Wahrnehmungsurteilen enthalten ist, sondern auf einer, von der wir uns bei der Affirmation beliebiger axiomatischer Wahrheiten der Wissenschaft leiten lassen). Der einzige Beweis nämlich, daß das Glück erstrebenswert sei, ist in dem Umstand gegeben, daß die Menschen es tatsächlich verlangen, ähnlich wie man die Tatsache, daß ein Ding sichtbar sei, nur dadurch beweisen kann, daß man es auch tatsächlich sieht. Wenn nun der Sittenkodex gut funktionieren und alle Fälle eindeutig entscheiden soll, muß der Hauptgrundsatz, d. h., der souveräne Wert, ein einziger sein, oder, falls es mehrere Grundsätze sein sollten, müssen sie bezüglich ihrer Rangfolge so exakt gegliedert sein, daß wir in Konfliktsituationen fehlerfreie Entscheidungen treffen können.

Das endgültige Ziel allen Wertens und aller Gebote und Verbote ist ein Leben mit größtmöglicher Freiheit von Leiden, das sowohl qualitativ wie quantitativ das größtmögliche Maß an Angenehmem gewährleisten könnte. Das Angenehme und Unangenehme soll dabei nicht im rein biologischen Sinn verstanden werden; das Nützlichkeitsprinzip erfaßt auch spezifisch menschliche Empfindungen, die wir sogar im allgemeinen höher zu bewerten pflegen als diejenigen, die auch den Tieren zugänglich sind; diese letzte Regel ist auch aus der allgemeinen Überzeugung ableitbar: niemand würde sich bereit finden, das Schicksal eines unbefriedigten Menschen gegen das Leben eines befriedigten Tieres einzutauschen.

Offen bleibt natürlich das Problem der Regeln für eine mögliche Wahl, die präzise Grundsätze für den Vergleich von Alternativwerten verlangt. In dieser Frage muß man sich, nach Mill, auf die Meinung jener Leute berufen, die sowohl die eine wie die andere Möglichkeit erprobt haben. Das Nützlichkeitsprinzip gestattet es, verschiedene Arten von divergenten Nützlichkeiten nebeneinander zu stellen und rational zwischen ihnen zu wählen. Wenn dennoch schwer entscheidbare Konfliktsituationen übrig bleiben, ist das die Folge des komplizierten Charakters der zwischenmenschlichen Beziehungen. Nichts steht jedoch der stetigen Vervollkommnung der detaillierten Wahlregeln im Weg, in der Hoffnung, daß wir auf diesem Gebiet eine vollkommene Präzision erreichen werden.

Der »Nutzen« oder das »Glück«, die dem Einzelnen vom obersten Prinzip als höchster Wert gewiesen werden, beziehen sich dabei nicht allein auf ihn selbst; den Wert stellt das Gemeinwohl dar, und die Moral ist ein System von Regeln, die das maximale Glück aller anstreben, unter der Voraussetzung, daß alle spezifisch menschlichen Freuden jedem einzelnen Menschen für sich zugänglich sind. Mill war der Auffassung, daß die elementare Quelle des Leidens – das Elend, die Krankheiten, die Mißerfolge – vollkommen beherrscht werden könnten. Die utilitaristische Regel schließt auch den Wert des Opfers nicht aus, sofern dieses jemandem Nutzen bringen soll und nicht darin besteht, daß jemand sich im Namen irgendwelcher anderer Ziele Leid zufügt. Gegenstand der sittlichen Regeln sind dabei nicht die Motivationen unserer Handlungen. Diese Regeln betreffen die Pflicht, wobei keineswegs vorausgesetzt wird, daß eben das Pflichtgefühl das Motiv der Verhaltensweisen abgeben sollte, damit sie als sittlich positiv bewertet werden können. Die utilitaristischen Kriterien beziehen sich nicht auf den Wert der Menschen, die die beurteilten Handlungen vollziehen, sondern auf die Folgen der Handlungen selbst; die Beurteilung von Tat und Täter sind jeweils independent, obschon auf einer größeren Skala auch das Individuum ausschließlich aufgrund der Gesamtheit seines Verhaltens beurteilt werden kann.

Mill wollte mit seiner Doktrin keineswegs die gängigen Wertvorstellungen erschüttern noch die anerkannten Werte suspendieren. Er war im Gegenteil der Auffassung, daß die Gesamtheit der Werte, die von anderen Doktrinen affirmiert werden, sich mühelos in den utilitaristichen Kodex integrieren lassen würde. Und so erleidet der Wert der Gerechtigkeit, d. h. die Überzeugung von der Rechtmäßigkeit bestimmter Ansprüche und vom Unrecht, keinen Schaden: es genügt die Feststellung, daß alle Ansprüche legitim werden und als legitime in bezug auf das Gemeinwohl beurteilt werden.

Das wäre in Kürze die Theorie des Utilitarismus. Sie enthält, wie wir sehen konnten, unter anderem folgende Grundsätze:

1. Den Gegenstand unter ethischen Gesichtspunkten beurteilter Verhaltensweisen bilden nicht ethische, sondern andere Werte.

2. Alle menschlichen Güter ohne Ausnahme können miteinander verglichen werden, d. h., man kann eine Regel finden, die alle Güter auf eine bestimmte homogene Skala reduziert.

3. Es gibt eine allgemeine und ursprüngliche Intuition, die das Prinzip der Beurteilung aufgrund des Nutzens rechtfertigt.

Alle diese Grundsätze waren Gegenstand der Kritik. Die Anhänger der kantischen oder beliebiger anderer transzendentalistischer Ethiken verwarfen den Utilitarismus vorwiegend wegen des ersten der erwähnten Prinzipien. Ihrer Auffassung nach vernachlässigt oder inhibiert diese Doktrin regelrecht die Wahrnehmung spezifisch moralischer Verhaltensmotivationen (auf eben diese Motivationen lenkt die Kantische Kritik ihre besondere Aufmerksamkeit), darauf bestehend, daß die Pflicht gerade als Pflicht erfüllt werden müsse, nicht aber aus irgendwelchen anderen Gründen, zumindest dann, wenn unsere Taten eine sittlich positive Bewertung verdienen sollen. Doch der Utilitarismus sagt mehr: er heißt die menschlichen Handlungen sittlich beurteilen, indem er sich auf ihre Resultate beruft, daher muß jede beliebige Tat, die aufgrund der moralischen Verpflichtung, und dieselbe Tat, die beispielsweise auf Eitelkeit oder unter Zwang verübt wurde, identisch beurteilt werden. Für Menschen, die vom Kantischen Stil geprägt wurden, ist das eine Idee, die die moralischen Werte schlechtweg als separate und von den pragmatischen Werten unterschiedene vernichtet. Mill unterscheidet zwar die Beurteilung des Täters von der Tat, aber diese Unterscheidung ändert nichts an der kritisierten Situation, sofern die Beurteilung des Täters sich mit der summativen Beurteilung seiner Handlungen deckt.

Für andere Kritiker ist dieser Einwand nicht wesentlich. Sie stimmen darin überein, daß die Welt in der überwältigenden Mehrzahl von Fällen so eingerichtet ist, daß es schwerfällt, andere praktikable Urteilskriterien zu finden. Sie machen dagegen auf zwei Kennzeichen der utilitaristischen Doktrin aufmerksam, die sich für eine grundsätzliche Kritik eignen.

Das erste ist eine Art Mystifikation, die in den Ansprüchen des

Utilitarismus enthalten ist, über Erkenntnisgründe zu verfügen. Der Paralogismus, der in der Analogie steckt, die Mill zwischen der Beziehung »gesehen-sichtbar« und der Beziehung »angestrebt-erstrebenswert« herstellt, ist so evident, daß es nicht lohne, Worte darüber zu verlieren (»sichtbar« ist das, was gesehen werden *kann* und nicht das Sehenswerte). Minder kraß verkehrt, aber ebenso irreführend ist der Grundsatz, auf dem die Utilitaristen viel aufbauen und den sie als ein deskriptives Urteil über das menschliche Verhalten auffassen: »Die Menschen streben stets nach Glück.« Bei näherer Betrachtung fällt jedoch auf, daß dieses Urteil von jedem beliebigen menschlichen Verhalten bestätigt werden würde (wer Leiden anstrebt, der findet sein Glück offenbar im Leiden, wer sich opfert, der sieht die Quelle seiner Freude sicherlich in der Aufopferung usw.). Diese Theorie ist mit anderen Worten genauso wie die alte Doktrin, nach der der »Mensch stets ein Egoist« sei, allgemein verifizierbar, sie ist im Grunde genommen eine Tautologie; sie deckt keinerlei gesonderte Eigenschaft in den empirisch bekannten menschlichen Verhaltensweisen auf, sie nennt ganz einfach alles das Glück, was die Menschen anstreben. Diese Doktrin läßt sich nicht widerlegen, d. h., man kann keine vorstellbaren Tatsachen anführen, die diese Doktrin, träten sie ein, in Frage stellen könnten; jede vorstellbare Tatsache wird stets ihre Bestätigung sein. Die Theorie erfüllt somit nicht die Bedingung, die man von authentischen empirischen Theorien verlangt und ist eine unter dem Schein der Deskription versteckte Definition. Deshalb darf sie auch nicht unter den deskriptiven Prämissen figurieren, die für den Aufbau eines Sittenkodex wichtig sind; nach Mill besteht die oberste Regel des Utilitarismus ganz einfach in der Affirmation des genuinen »Glückstriebes«, den er bei allen menschlichen Wesen entdeckt. Wenn die vermeintliche Entdeckung also eine rein tautologische Dezision ist, ist ihr Wert für eine effektiv anwendbare Gruppe von allumfassenden moralischen Normen gleich Null.

Der zweite, vielleicht noch gravierendere Einwand weist auf die totale praktische Unfruchtbarkeit der Millschen Propositionen hin. Um diese anzunehmen, muß man sich nämlich zuvor darauf einigen, daß die Entdeckung eines gemeinsamen Gradmessers für alle Werte, die in der menschlichen Welt vorkommen, möglich sei, daß man also gewisserweise einen Tauschwert für die emotionalen Qualitäten bestimmen könne, die sie alle auf eine kommensurable Eigenschaft reduzieren würden (das »Angenehme«). Wenn ein solches Verfahren möglich wäre, ließen sich im Grunde alle Schwierigkeiten mühelos aus dem Weg räumen, da man stets errechnen könnte, was in einem beliebigen Alternativpaar möglicher menschlichen Verhaltensweisen bezüglich der gegebenen Situation mehr wert sei. Der Entwurf einer solchen einheitlichen Wertskala ist jedoch völlig fiktiv und der Utilitarismus teilt diesbezüglich die Hoffnungslosigkeit aller monistischen Normsysteme (d. h. solcher, die ein einziges oberstes Prinzip als höchstes Wertkriterium zu setzen versuchen, darauf rechnend, daß man es in jeder beliebigen Situation zum Zweck einer unfehlbaren moralischen Entscheidung würde anwenden können). Die Welt der Werte ist nämlich qualitativ differenziert und jede gemeinsame Skala für ihre Beurteilung muß arbiträr und künstlich sein. Die menschlichen Konflikte entspringen indes der Heterogenität der Wertqualitäten. Ein besonderer Fall dieser Heterogenität ist die Ungleichartigkeit der menschlichen Persönlichkeiten und ihre Nichtreduzierbarkeit auf eine gemeinsame Skala, mithin die Unmöglichkeit der rationalen Entscheidung, wessen Gut in der Konfliktsituation in dem Fall »wichtiger« sei, in dem der Wert auf zwei Persönlichkeiten bezogen ist, die verschieden sind und die ihre Situationen auf verschiedene Weise erleben. Selbst wenn wir voraussehen könnten, welche Unannehmlichkeiten mit den voraussichtlichen Freuden, die wir uns bereiten, verknüpft sein werden, und bekanntlich ist eine derartige Voraussicht stets unzuverlässig, wären wir dennoch außerstande, eine Verlust- und Gewinnrechnung aufzustellen. Tatsächlich lassen wir uns bei der Wahl stets von einer vagen Intuition oder einem unmittelbaren Trieb leiten, und die Kenntnis des utilitaristischen Prinzips hilft nicht im geringsten bei der rationalen Entscheidung. Daher ist die utilitaristische Philosophie auch machtlos, wenn es um die Lösung realer menschlicher Konflikte geht und unfruchtbar als Technik der moralischen Erziehung.

Die utilitaristische Philosophie erscheint als Fortsetzung der aufklärerischen Gedanken. Sie wurzelt in der Überzeugung, daß die Quelle aller menschlichen Konflikte in mangelnder Weltkenntnis liegt und daß ein richtig organisiertes Bildungswesen die rationale Einrichtung des Gesetzessystems herbeiführen und infolgedessen alle Konflikte zwischen den individuellen Interessen wie auch zwischen den Aspirationen jedes Einzelindividuums und den sozialen Bedürfnissen lösen könne. Dem utilitaristischen Prinzip liegt der heimliche Glaube zugrunde, der für die demokratischen Philosophien kennzeichnend ist, daß alle Werte und Qualitäten, deren Berücksichtung in den Überlegungen über die Gesellschaft sich lohnt, allen Menschen auf nämliche Weise gemeinsam ist, d. h. zum undifferenzierten Begriff »Mensch« gehören. Das bedeutet keineswegs, daß sich hinter dieser Denkweise irgendeine totalitäre Intention verbergen würde (obwohl man Bentham mit seiner Verachtung für die Metaphysik der »Menschenrechte« diesbezüglich haftbar machen könnte); für Mill ist im Gegenteil die Verteidigung von möglichst weitläufigen Grenzen der individuellen Freiheit in einer rational organisierten Welt kennzeichnend. Doch Mill betrachtet die menschliche Persönlichkeit ähnlich wie die meisten Demokraten des 19. Jahrhunderts als abstrakte und grundsätzlich homogene Elemente des Gesetzessystems, d. h., er ist der Ansicht, daß die hinlänglich weit gezogenen Grenzen der individuellen Freiheit (und zwar die Grenzen des »Dem-andern-nicht-Schadens«) die Interessen aller zufriedenstellend harmonisieren, unter der Voraussetzung, daß der Bildungsstand ausreichend ist. Das menschliche Individuum fungiert in diesem System als Verkörperung des universellen abstrakten Wesens des Menschen mit einem Zusatz bestimmter privater Neigungen, die es unterscheiden und denen man freie Entfaltungsmöglichkeiten schaffen müsse, sofern dies nicht den rational verstandenen Interessen anderer Individuen widerspricht; es ist die Summe bestimmter Gattungsbedürfnisse und einiger Privatbedürfnisse, wobei davon ausgegangen wird, daß die Befriedigung dieser Gattungsbedürfnisse dank der weisen sozialen Organisation möglich ist und die Privatinteressen auf Grenzen reduziert werden können, in denen sie für andere Personen gleichgültig werden, nach dem Muster unterschiedlichen Aussehens oder verschiedener Haarfarbe. Im Lichte der Erfahrungen, die zeigen, durch welche unerhörte Einflußkraft sich Bestrebungen auszeichnen können, die der ganzen Welt das eigene »Glücks«-

Verständnis aufnötigen wollen, erscheinen alle diese Grundsätze äußerst fragwürdig. Sie entsprachen jedoch der Epoche, in der sie entstanden sind, zumal was England betrifft. Die utilitaristische Überzeugung, daß alle Werte gemessen werden können, ist ganz einfach der Beschluß, alles als Wert anzuerkennen, was meßbar ist. Die sich hierin ausdrückende antiromantische Tendenz läßt sich sowohl an der positivistischen Philosophie jener Zeit ablesen, wie an der literarischen Strömung, die wir mit diesem Namen zu belegen pflegen. In diesem Weltverständnis ist jegliche Irrationalität ganz einfach böse, aber ein Böses, das dank den Fortschritten der Aufklärung beseitigt werden kann. Selbst die strengste Kritik der zeitgenössischen Welt vermag unter der Voraussetzung des fundamentalen Optimismus jene Vision der menschlichen Dinge nicht zu schmälern.

### *3. Herbert Spencer – der evolutionistische Positivismus*

Wir erwähnten bereits den gewaltigen Einfluß, den die biologischen Wissenschaften in der zweiten Hälfte des 19. Jahrhunderts auf den Positivismus gehabt haben. Die Evolutionstheorie hat entscheidend zur Festigung des Weltbildes beigetragen, in dem alle Situationen des menschlichen Lebens auf biologische reduzierbar werden, und alle Einrichtungen der menschlichen Welt auf Werkzeuge des biologischen Fortbestehens. Man könnte daher sagen, daß sie solcherweise einer wesentlichen Tendenz Vorschub leistete und diese stärkte, die im positivistischen Denkstil seit langem enthalten war und es diesem ermöglichte, eine exaktere und profiliertere Form anzunehmen.

Die Evolutionstheorie in der Lamarckschen Fassung konzentrierte sich auf die Beobachtung morphologischer Abnormitäten in der Entwicklung der Tiergattungen und erklärte diese Abnormitäten als Resultate von Adaptationsanstrengungen. In diesem Sinn waren die Evolutionsprozesse von einer gewissen immanenten Zweckmäßigkeit beherrscht. Dagegen war Darwins Theorie der natürlichen Zuchtwahl teilweise unter dem Einfluß von Beobachtungen entstanden, die Malthus zuvor an spezifisch menschlichen

Phänomenen angestellt hatte; Darwin ging davon aus, daß die Veränderungen in den Gattungsmerkmalen Mutationscharakter besitzen, zufällig seien und daß einige dieser Veränderungen sich erst in der Folge als für die Existenz der Gattung nützlich, andere hingegen als schädlich erweisen; die veränderten Individuen überliefern die Eigenschaften ihrer Nachfahren nutzbringend und solcherweise können die bestangepaßten Populationen, die ihre Anpassung jedoch zufälligen Variationen verdanken, den Kampf ums Dasein bestehen, während andere, denen die ungünstigen Eigenschaften »zuteil wurden«, zum Untergang verurteilt sind. Auch das Überleben der menschlichen Gattung findet seine Erklärung in diesem Schema, und die spezifisch menschlichen Eigenschaften, u. a. die sittlichen Motivationen, und Kodizes, die religiösen Konfessionen, das Funktionieren der Intelligenz, lassen sich unter dem Aspekt des biologischen Nutzens interpretieren, eben als Instrumente wirksamer Anpassung, die dieser Gattung jene so überwältigende Überlegenheit in der Biozönose der Erde sichern. Die Aufdeckung der Kontinuität zwischen dem menschlichen Sein und der übrigen organischen Natur, die Möglichkeit, spezifisch menschliche Fertigkeiten und Einrichtungen als Instrumente zu begreifen, die sich auf die Bedürfnisse des Organismus beziehen, die Integration der Vernunft und der Zivilisation in die ökologische Situation der Gattung, das alles förderte die Prädilektionen, die für den positivistischen Philophierstil kennzeichnend sind. Die Evolutionstheorie ermöglichte eine positivistische Reflexion, die über die methodologischen Programme hinausging und das Wissen von dem biologischen Regelmäßigkeiten auf die Gesamtheit der menschlichen Verhaltensweisen anwandte. Eine synthetische Fassung dieser Denkweise ist im Werk von Herbert Spencer gegeben.

Spencer (1820–1903) bemühte sich jedoch, die Evolutionstheorie in einer solchen Gestalt zu formulieren, daß sie nicht nur die Entwicklung der organischen Natur, sondern alle Seinsformen umfaßte, die dabei in ihren Umwandlungen nicht einfach als einzelne und unabhängige Fälle behandelt wurden, in denen dieselben Evolutionsgesetze wirksam werden, sondern als ein und derselbe Prozeß, der suksessiv in zunehmend differenzierteren Weltbereichen sich vollzieht. Die Universalität der Evolution beruht somit nicht nur auf der strukturellen Analogie der Evolutionssysteme, sondern auf einer energetischen Dependenz. Spencer war der Auffassung, daß das leitende Ideal der Wissenschaft darin bestehen müßte, diese Dependenz auf eine verallgemeinernde Formel oder auf ein »höchstes Gesetz« zu bringen, oder mit anderen Worten: die Erklärung der Gesamtheit der Phänomene als der Auswirkung ein und derselben Kraft. In der vereinheitlichten Wissenschaft ließen sich die unterschiedlichen und qualitativ differenzierten Formen der Veränderungen in einer einzigen Sprache ausdrücken. Ähnlich wie viele Positivisten, schwebte Spencer das Ideal des mechanistisch reduzierten Wissens vor, in dem die scheinbar irreduzible Vielheit der Welt als die differenzierte Erscheinung ein und desselben Grundes sich erweisen würde.

Die Philosophie ist zu dieser Aufgabe der Vereinigung berufen. Über eine bestimmte Anzahl von Ausgangswahrheiten verfügend – Unzerstörbarkeit der Materie, Kontinuität der Bewegung, Konstanz der Kraft (der Kraftbegriff koinzidiert bei Spencer nicht präzise mit dem physikalischen und entbehrt nicht einer gewissen Verschwommenheit) –, sucht die Philosophie nach synthetischen Wahrheiten, die alle Forschungsgebiete umfassen. Sie findet somit bestimmte Gesetze, die sich gleich gut in allen anwenden lassen. Eines dieser Gesetze besagt beispielsweise, daß alles auf der Linie des geringsten Widerstandes sich bewege. Ein anderes handelt von der »kontinuierlichen Andersverteilung von Stoff und Bewegung« und bestimmt, daß die Konzentration der Materie stets von der Zerstreuung der Bewegung begleitet ist und umgekehrt; in der Welt gehen mithin ständige Veränderungen vor, die bald auf der mit der »Abnahme innerer Bewegung« verbundenen »Konsolidation«, bald auf der mit der »Zunahme innerer Bewegung« verbundenen Desintegration beruhen. Diese beiden »entgegengesetzten Prozesse« (welche die »Geschichte einer jeden sinnlich wahrnehmbaren Existenz unter ihrer einfachsten Form« darstellen) präsentieren sich uns als Entwicklung (Evolution) und Auflösung (Dissolution), doch reduziert die Evolution sich nicht auf den Integrationsprozeß. Sie beruht ebenfalls und vornehmlich auf der Differenzierung, auf der permanent zunehmenden »Verschiedenartigkeit der Struktur«. Die Evolution ist dabei ein einziger Prozeß, nicht aber die Vielheit ähnlicher Metamorphosen; wenn das Ganze evolviert, evolvieren auch die Teile, nicht aufgrund der Analogie, sondern aufgrund des vereinigten energetischen Prozesses. Die Evolution des Sonnensystems ist ein Teil, nicht aber ein Analogon der kosmischen Evolution, und ein Teil von ihr wiederum ist die Evolution der Erde, die Evolution der Lebewesen, die Evolution der menschlichen Gattung, der Gesellschaft.

Dank dieser Kenntnis können wir einen Fortschrittsbegriff konstituieren, der frei ist von Wertungen, also bestimmen, welche Veränderungen den Namen Fortschritt verdienen, ohne uns auf unsere menschlichen Interessen berufen zu müssen. Die von der generellen Evolutionstheorie gelieferten Kriterien sind in dieser Hinsicht präzise. Die Natur des Fortschritts beruht auf der wachsenden Differenzierung, d. h. auf dem Übergang von der homogenen zu einer zunehmend heterogenen Struktur. Im Bereich des uns zugänglichen Wissens beobachten wir das zuerst in der Geschichte des Sonnensystems, wo die anfangs homogene flüssige Masse sich an bestimmten Punkten zu konsolidieren begann und zur Differenzierung der Dichtigkeiten und Temperaturen führte, und weiter zu Rotationen. Die Geschichte der Erde ist die Fortsetzung desselben Prozesses: die einheitliche flüssige Masse differenzierte sich mit fortschreitender Abkühlung in verschiedene Schichten und bildete eine »feste Rinde«, die ihrerseits den verschiedenen Klimas den Anfang gab, die Folge von Ungleichheiten der Temperatur zwischen den Teilen ihrer Oberfläche, welche am meisten der Sonne ausgesetzt waren, und den weniger ausgesetzten. Die sprießenden Differenzierungen können wir sodann in der Geschichte der lebenden Organismen verfolgen, sowie in der Geschichte der menschlichen Gattung, die sich in differenzierte, heterogene Rassen spaltete.

Nicht anders verläuft die Geschichte der menschlichen Gesellschaft. »Die Umwandlung des Homogenen in das Heterogene wird in gleicher Weise in dem Fortschreiten der Civilisation als eines Ganzen, wie in dem Fortschreiten eines jeden Stammes, einer jeden Nation dargeboten; und sie geht noch immer mit zunehmender Schnelligkeit vor sich.« Die anfangs homogene Gesellschaft begann sich zu differenzieren, gemäß der Arbeitsteilung, und später je nach Machtposition: es vollzog sich die Scheidung in Herrschende und Beherrschte, in die geistliche und weltliche Gewalt, in Kasten und Klassen. Die einzelnen zivilisatorischen Einrichtungen und Instrumente menschlichen Bestehens entwickelten sich nach dem nämlichen Prinzip. Die Sprache differenziert sich sowohl im Bereich der grammatikalischen Formen wie in der Vielheit der einzelnen Sprachen und Dialekte. Die Erzeugnisse dekorativen Charakters, die rituellen oder politischen Zwecken dienten, differenzieren sich, vom ursprünglichen Stamm weg, in Schrift, Malerei und Skulptur, und innerhalb jeder Form finden weitere, unendliche Verästelungen statt. Ähnlich tauchen aus der ursprünglich vereinten rituellen Handlung autonomisierte Gebilde auf: Dichtung, Musik, Tanz.

Welches die letzte Ursache jenes nie erschlaffenden Differenzierungsprozesses ist, wissen wir nicht. Die allgemeinste uns bekannte Ursache besteht darin, daß jede Kraftwirkung mehr als nur eine Wirkung hat. Der Zustand der Homogenität ist ein Zustand labilen Gleichgewichts, aus dem jedes System durch das Einwirken einer sehr geringen Kraft zu bringen ist. Daher intendiert jede Masse die Aufgabe des Gleichgewichts, was auch unweigerlich stattfindet, sofern die einzelnen Teile des Systems der Einwirkung der äußeren Kraft in verschiedenem Maße ausgesetzt sind. Man ersieht daraus, daß die Differenzierung ein Prozeß aus eigenem Antrieb ist, jeder einzelne Differenzierungsakt ist seinerseits die Quelle von weiteren und die zunehmende Komplikation der Wirkungen erfolgt gewissermaßen automatisch; somit wird jedes diffenrenzierte Teil zum Zentrum weiterer Differenzierungen, da es dank seiner Heterogenität die Quelle spezifischer Auswirkungen auf die Umgebung darstellt und die Vielheit der wirkenden Kräfte, und dadurch auch ihre Folgen, vermehrt. Man darf somit annehmen, daß die »Vervielfältigung der Wirkungen« in geometrischer Progression mit wachsender Heterogenität zunimmt.

Auf diese Weise gelangen wir zu der Überzeugung, daß der Fortschritt weder eine zufällige Eigenschaft der Welt noch das Werk des menschlichen Willens oder der Phantasie ist. Er ist die Unabwendbarkeit der Veränderungen, doch wir dürfen annehmen, daß es eine Unabwendbarkeit zum Nutzen unserer Gattung ist.

Das besagt jedoch nicht, daß wir dank dieser Erklärung zum endgültigen Geheimnis des Seins vorgedrungen sind. Jenes letzte Geheimnis ist für uns unzugänglich. Außerhalb des Bereichs möglicher Kompetenzen der Wissenschaft erstreckt sich der Bereich des Nichterkennbaren. Am Ende jeder Reflexion über die Unendlichkeit, das Bewußtsein, die Erkenntnis, stoßen wir auf die Grenze, die die Erkenntnis nie überschreiten können wird. Jeder Übertritt, der in philosophischen Spekulationen versucht worden ist, ist scheinbar und ein rein verbaler. Materialisten wie Spiritualisten streiten sich um Worte, die einen wie die anderen setzen nämlich voraus, unrechtmäßigerweise, daß sie etwas begreifen, was unbegreiflich ist. Die Fortschritte des Wissens führen uns unentwegt an eine Mauer, hinter der *etwas* ist, wir wissen jedoch nicht, was namentlich es ist. Die Argumente der Materialisten und Spiritualisten sind gleichwertig: die ersten wissen, daß das, was im Bewußtsein als *Empfindung* vor sich geht, als mechanische Bewegung beschrieben werden kann; die zweiten wissen, daß die Wirkungen der Materie uns nur als Bewußtseinstatsachen zugänglich sind und folgern daraus, daß die in der Natur wirksamen Kräfte die nämliche Natur besitzen wie das Bewußtsein. Der Streit ist jedoch unentscheidbar. Wir müssen die Unterscheidung zwischen Materie und Geist akzeptieren, doch beide müssen als Manifestationen einer anderen, aussichtslos unbekannten und absoluten Wirklichkeit verstanden werden.

Jene Idee der rein negativen Transzendenz oder auch die Idee des Nicht-Erkennbaren ist nach Spencers Auffassung ein gutes Mittel zur Versöhnung von Wissenschaft und Religion unter Beibehaltung der entsprechenden Grenzen, in denen beide Disziplinen ihre Ansprüche stellen. Wenn wir darüber nachdenken, warum die religiösen Konfessionen so allgemein verbreitet sind und woher die religiösen Gefühle überhaupt kommen, drängt sich sofort die Vermutung auf, daß sie in jedem Fall Produkte der Natur sind, folglich im Leben des Menschen eine nützliche Funktion erfüllen müssen. Das positive Wissen verschafft dem Geist keine vollkommene Genugtuung. Dem Geist wohnt ein unaustilgbares Streben nach dem inne, was die Erkenntnisfähigkeiten des Menschen und jeglichen Bereich vorstellbarer Erfahrung offensichtlich übersteigt. Im menschlichen Leben ist somit Raum gegeben für den religiösen Glauben, wenngleich dieser Raum exakt von den wissenschaftlichen Tätigkeiten abgegrenzt ist. Die Wissenschaft ist nichts anderes als eine entwickelte und vervollkommnete Summe gängiger Beobachtung (»höhere Entwicklung des gewöhnlichen Wissens«). Die Astronomie entspringt Beobachtungen wie die, daß »die Sonne im Sommer zeitiger auf- und später untergeht als im Winter«, der Chemie liegen Beobachtungen zugrunde, daß Eisen rostet, Feuer brennt, Fleisch fault. Die Wissenschaft ist systematische Klassifizierung von Fakten dieser Art, und ihr Nutzen ist evident. Wenn die Gefühle und religiösen Konfessionen jedoch nicht anders als die Wissenschaft »natürliche« Früchte der Evolution darstellen, sind wir genötigt anzuerkennen, daß sie in ihrer Grundlage kampflos miteinander koexistieren können und daß auf der höchsten Seinsebene sich etwas befindet, was sie verbindet oder allgemeineren Aufgaben unterordnet. Die Natur unseres Geistes selbst bewirkt, daß die außerphänomenale Wirklichkeit das absolute Sein, uns ewig unzugänglich bleibt; dabei ist der Glauben an die Existenz des absoluten Seins ein unerläßliches Element des menschlichen Bewußtseins.

Wir können uns den wissenschaftlich zugänglichen Phänomenen gegenüber nicht anders verhalten als eben gegenüber Phänomenen, das heißt als Erscheinungen von etwas anderem: die sukzessiv erkannte Welt wird sich uns stets als Erscheinung einer Welt darbieten, von der wir nichts wissen; dies ist im übrigen die stillschweigende Voraussetzung jeglicher Philosophie. Materie, Bewegung, Kraft, alles das sind Symbole einer unbekannten Wirklichkeit. Selbst wenn die Wissenschaft ihr Ideal effektiv realisiert hätte, indem sie die Gesamtheit des Wissens auf eine Universalformel zurückgeführt hätte, wäre sie nur die Systematisierung von Erfahrung, die *von sich* nichts zu dem Material der bereits vollzogenen Beobachtung hinzufügt; sie reduziert das Wissen auf maximal vereinfachte und allgemeine Symbole, bewegt sich jedoch unausweichlich innerhalb bedingter Seinsformen und kann nicht über sie hinausgehen.

Die Religion ist somit ganz einfach das Selbstverständnis jener Grenze, über die die Erkenntnis nicht hinauskommt. Und obwohl sie Anspruch auf positive Kenntnis dessen erhebt, was nicht erkannt werden kann, obwohl sie sich falsch in Dogmen und Behauptungen ausdrückt, ist sie für den Menschen wichtig und unersetzbar. Sie bewahrt ihn vor der Auflösung in der unmittelbaren Erfahrung. Die richtig verstandene Religion muß auf Aspirationen verzichten, Aussagen über das Nichterkennbare zu treffen, sie muß aufhören, zum Beispiel vom persönlichen Gott zu reden und andere Glaubensinhalte zu formulieren, die keinerlei Halt haben; sie sollte sich den Grenzen des Wissens beugen und die grundsätzliche Unbegreiflichkeit des »Ersten Grundes« anerkennen. Die Übereinstimmung von Wissenschaft und Religion beruht somit nicht auf einer etwaigen inhaltlichen Harmonie, die Religion hat überhaupt keinen positiven Inhalt aufzuweisen, und die Wissenschaft selbstverständlich keine dogmatischen Einschränkungen, beide sind jedoch vom funktionellen Gesichtspunkt aus harmonisiert, sofern sie nicht versuchen, was insbesondere die Religion unablässig tut, die Grenzen ihrer Möglichkeiten zu überschreiten. Die Religion ist keinerlei Wissen von der Welt, sondern der Sinn für die Grenze des Wissens selbst, gewissermaßen die Berührung des Paravents, hinter dem das Nichterkannte sich verbirgt. Das Bewußtsein der Präsenz jener Grenze ist von eminenter Bedeutung und erlaubt es uns, dem eigenen Wissen gegenüber Distanz zu bewahren, und jene Bedeutsamkeit wird von den positiven Religionen unbeholfen in den Dogmen ausgedrückt.

Innerhalb eines so verstandenen Bereichs des positiven Wissens entwickelt Spencer seine detaillierten Überlegungen über die menschliche Gesellschaft als einer Fortsetzung der kosmischen Evolution. In allen ihren Formen entwickelte sich die Gesellschaft gemäß den Naturgesetzen und ist kein Produkt künstlicher Maßnahmen. Auch läßt sich eine reale und tiefreichende Analogie zwischen den strukturellen und funktionellen Eigenschaften der Gesellschaft und den entsprechenden Qualitäten lebender Organismen beobachten. Hier wie dort fällt uns das gewaltige Wachstum (»Massenzunahme«) im Verlauf der Entwicklung auf, die fortschreitende Differenzierung der einzelnen Funktionen, die wachsende Interdependenz der Strukturelemente, zugleich aber die Unabhängigkeit des Lebens als Ganzes von der Lebensfähigkeit der einzelnen Teile. Zwar treten Unterschiede auf, diese sind jedoch nicht wesentlich und zuweilen nur scheinbare. So also besitzt die Gesellschaft zwar keine bestimmte äußere Gestalt, doch läßt sich dasselbe von den niedrigeren Organismen sagen. In der Gesellschaft sind die Einheiten nicht räumlich assoziiert, doch tritt auch bei den niedrigeren Gattungen keine strikte räumliche Bindung auf, und außerdem ist der Raum, der die Menschen miteinander verbindet, nicht tot, sondern ausgefüllt von Einrichtungen oder von anderen Lebewesen, die genauso zum sozialen Organismus gehören, sobald das Leben der Menschen von ihnen abhängig ist. Man könnte zwar annehmen, daß die einzelnen Bestandteile des sozialen Organismus beweglich sind, anders als in biologischen Organismen, doch ist dies nur ein Schein, denn die Menschen verändern ihren Ort als physische Objekte, als Bestandteile der Gesellschaft hingegen verfügen sie nicht mehr über diese Fähigkeit, und die Organe bleiben trotz des Strömens der Teilchen unverändert. Es ist nicht einmal eine völlige exakte Beobachtung, daß in den lebenden Organismen nur ein Organ über sensitive Fähigkeiten verfügt: die soziale Differenzierung in gebildete und ungebildete Klassen schafft ein Analogon jener organischen Lokalisierung des Bewußtseins. Insgesamt sind die Organisationsgrundsätze somit identisch. Die embryonale Differenzierung in das Entoderm, das dem Verdauungssystem den Anfang gibt, und das Ektoderm, aus dem die Bewegungsorgane entstehen, hat seine soziale Entsprechung: die historisch herausgebildete Scheidung zwischen Herrschenden und Beherrschten (die letzteren stellen die Klasse, die für die Nahrungsmittel sorgt), und ähnlich wie sich die dritte Schicht der Gefäße im lebenden Organismus entwickelt, so ruft die Gesellschaft eine Mittelschicht ins Leben, die den Warentausch und die Vermittlung der Warenzirkulation besorgt. Auch die weiteren Spezialisierungen der Gewebesorten lassen sich mühelos am Material der Sozialgeschichte reproduzieren. Bestimmte Rudimente äußerer Formen, die dem inneren System nicht adäquat sind, z. B. hat das Segmentsystem der Gliederfüßer sein soziales Korrelat in anachronistischen administrativen Einteilungen. In beiden Typen von Organismen bemerken wir auch gewisserweise einen Konkurrenzkampf zwischen den einzelnen Teilen: wie die Blutzufuhr in ein Organ einen Blutverlust im anderen zur Folge hat, so erinnert die Zirkulation des Geldes bei den Bewegungen des Kapitals an die Zirkulation der Blutkörperchen. Wie im ektodermalen Gewebe, das sensibler und schrumpffähiger ist, sich Gewebeteile bilden, die in der Schrumpffähigkeit, und andere, die in der Sensibilität spezialisiert sind, so spezialisiert sich in der Gesellschaft die fähigere und elastischere herrschende Schicht gewisserweise, indem sie die Exekutive von der Legislative trennt. Das Parlament, dem Großhirn im Organismus vergleichbar, ist das Zentrum des Ausgleichs zwischen den zerstrittenen Bestrebungen der einzelnen Gewebe.

Spekulationen dieser Art nannte Spencer transzendentale Physiologie (wobei dieser Terminus selbstverständlich nicht im Kantischen Sinn zu verstehen ist: es geht um die Grundlagen der Physiologie, die so formuliert werden, daß sie sich ebensogut auf alle organischen Ganzheiten anwenden lassen und über die Grenzen der einzelnen Wissensdisziplinen hinausgehen). Die allgemeinen Beziehungen, die beispielsweise das Verhältnis zwischen den Funktionen eines Organs und seinem Wachstum oder die Korrelation zwischen Funktionsveränderungen und Entwicklung betreffen, behalten Allgemeingültigkeit. Das allgemeine Schema der Entwicklung des Organismus von der Keimform (die differenzierende Segregation der Organe und die innere Aggregation der Teile infolge der Funktionsidentität) wiederholt sich in der Geschichte der Gesellschaften. Hier wie dort haben wir es mit drei Arten von Integrationsprozessen zu tun: das Sichverbinden von Geweben, die ähnliche Funktionen ausüben (z. B. das Zusammenwachsen von Manchester mit den Vororten), die Monopolisierung der Funktionen eines bestimmten Gewebes bei Verkümmerung der restlichen Gewebe mit ähnlichen Funktionen (z. B. die Monopolisierung der Leinwandproduktion in Yorkshire auf Kosten des Niedergangs dieses Produktionszweiges in Westengland), das räumliche Zusammenrücken funktionell ähnlicher Teile (z. B. die Konzentration bestimmter Berufe in bestimmten Vierteln von London). Der Übergang zu höheren Formen ist hierbei meistens nicht nur mit den wachsenden Unterschieden innerhalb der Teile verknüpft, sondern auch mit einer stets zunehmenden Unabhängigkeit gegenüber dem Milieu (die Versteifung der Organismusgestalt und der Verlust der Formelastizität, die fortschreitende Unabhängigkeit vom Milieu bezüglich der chemischen Zusammensetzung, des Gewichts, der Temperatur, der Fähigkeit zur selbständigen Bewegung).

Spencer war überzeugt davon, daß die Entdeckung dieser Analogien zu einem bedeutenden Fortschritt des Wissens beitragen könne; die strukturellen und dynamischen Ähnlichkeiten bewirken, daß man dank der soziologischen Forschungen das Wissen über die lebenden Organismen wird vorantreiben können, nicht nur umgekehrt. Auch helfen die richtigen Verallgemeinerungen bei der Entdeckung bestimmter Eigenschaften der Organismen auf deduktivem Wege, d. h., man kann sie aus anderen, empirisch erkannten Gesetzen ableiten: wenn z. B. die Oxydation der Zellen die Bedingung des Lebens ist, so kann man im vorhinein darauf schließen, daß Organismen mit einer zu geringen Oberfläche im Verhältnis zur Masse ein separates Atmungsorgan besitzen müssen. Ebenso kann uns unser Wissen davon, daß die Keime eine Differenzierung erfahren müssen, bei der Voraussage ihres Schicksals helfen, wenn wir die Unterschiede im Einwirken der Außenkräfte auf die einzelnen Elemente des Systems kennen. Das erklärt freilich nicht alles: schließlich entschlüpft dem Entenei ein Entchen, auch wenn es von einer Henne ausgebrütet wurde, wenn es also unter identischen Bedingungen sich entwickelte wie ein Hühnerei; es gibt also darüber hinaus die Erblichkeit, die den Einfluß der Außenfaktoren einschränkt; wir sind jedoch außerstande, dieses Phänomen zu verstehen. Wir können die Erblichkeit hingegen auch im sozialen Leben beobachten, und zwar in der selbständigen Trägheit der Tradition. So behalten beispielsweise die Kolonien, die von verschiedenen Nationen auf fremden Gebieten gegründet werden, in ihrer Entwicklung die Eigenschaften des Mutterorganismus bei.

Spencer war nicht der Meinung, daß er Comte irgend etwas zu verdanken hätte. Er begann tatsächlich spät mit der Lektüre der Comteschen Werke und fand darin viele Ideen, die er für falsch, als einem doktrinären Geist entsprungen oder für ausgesprochen phantastisch erklärte; von diesen inkriminierten Ideen gehörten viele zu den fundamentalen Bestandteilen der Comteschen Philosophie: das Dreistadiengesetz, die Klassifikation der Wissenschaften, die Bedeutsamkeit der Idee in der Geschichte, und selbstverständlich auch die ganze Menschheitsreligion mit ihrer autoritären Orientierung. Spencer warf Comte auch vor, den biologisch-evolutionären Gesichtspunkt völlig vernachlässigt und der Veränderlichkeit der Gattungen nicht Rechnung getragen zu haben, während er Übereinstimmungen in Punkten akzeptierte, die nicht spezifisch Comtisch waren, aber zur »Atmosphäre der Zeit« gehörten (Streben nach Begründung einer wissenschaftlichen Soziologie, organische Gesellschaftsinterpretation).

In ethischen Fragen polemisierte Spencer wiederum mit Mill, indem er dem Millschen Utilitarismus eine eigene Doktrin entgegenstellte, die auf rein biologischen Voraussetzungen basierte. Der grundlegende Inhalt des Utilitarismus ist jedoch in Spencers Interpretation enthalten. Spencer bemüht sich nicht, Prinzipien zu erfinden, die gängige moralische Meinungen verallgemeinern, er will ganz einfach ethische Phänomene in die Naturgesetze miteinbeziehen. Seiner Auffassung nach ist das biologische Gesetz des »Überlebens der Bestangepaßten« die einzig mögliche Basis des moralischen Lebens, und es gibt keine andere Ethik als die, die die geltenden Regeln des Zusammenlebens, oder vielmehr des Kampfes zwischen den Menschen anerkennt; es gibt kein »Gut« außerhalb der Natur, und es ist zwecklos, Prinzipien oder Ideale sich auszudenken, die nicht mit den Naturgesetzen übereinstimmen. Der Kampf ums Dasein und dessen Konsequenz: die Eliminierung der schlechter Angepaßten ist ein Tatsachengesetz und muß als Norm im wissenschaftlichen Weltbild akzeptiert werden. Die Grundvoraussetzung dieser Doktrin ist im Endeffekt dieselbe wie die Millsche: als Gut kann nur gelten, was ein positiver Wert im biologischen Sinn ist; somit scheiden als mögliche »Güter« jegliche Qualitäten aus, die in keiner Beziehung zu den praktischen Effekten bezüglich der Vermehrung des Angenehmen oder der menschlichen Energie stehen, insbesondere die »guten Absichten«, oder der »gute Wille«, aber auch Handlungen, die zum Beispiel aus Mitleid oder aus Nächstenliebe geschehen. Spuren einer popularisierten Version des Spencerschen Weltbildes sind in der Literatur gegen Ende des Jahrhunderts sichtbar, besonders in den Romanen von Jack London.

Und nun kurz die wichtigeren Kennzeichen des Denkens von

Spencer:

Erstens: der Mechanizismus (die Reduktion der Mutationen, die in der Welt stattfinden, sowie der kosmischen und biologischen Evolution auf das Wirken mechanischer Kräfte).

Zweitens: der Glaube an die Einheit (nicht einfach nur Ähnlichkeit) des Weltalls in allen seinen Verwandlungen (die Ganzheit der Welt befindet sich in ein und demselben Prozeß; die Teile verhalten sich genauso wie das Ganze).

Drittens: der Naturalismus (die Ausschaltung des »Guten«, das vom biologischen Nutzen sich unterscheiden würde; die biologische Interpretation der sozialen Teilungen, im übrigen eine neue, detaillierter ausgeführte Version eines ungemein traditionellen Motivs).

Viertens: die trotz Anwesenheit transzendentaler Horizonte empiristische Wissenschaftstheorie (die Wissenschaft ist die *Beschreibung* der Erfahrungsvielheit, sie fügt nichts Neues zum Erfahrungsinhalt hinzu).

Fünftens: der religiöse Agnostizismus.

Man könnte annehmen, daß einige wichtige Bestandteile der Spencerschen Doktrin im offenen Widerspruch zur positivistischen Denkweise stehen, insbesondere die Vermutung, daß die der Wissenschaft gegebenen Phänomene *Erscheinungen von etwas* seien, daß man sich mithin gewisserweise irgendein »Noumenon« außerhalb der beobachtbaren Wirklichkeit dazuzudenken habe. Doch ist die nicht beobachtbare Welt im Spencerschen Denken aus dem Bereich der Erkenntnis überhaupt und aus dem Bereich der Sprache verwiesen worden, in die Sphäre vager Vermutungen. Die Transzendenz ist nur der *Sinn für die Grenze* und enthält keinerlei positiven wissenschaftlichen Inhalt. Somit bleiben also bei Spencer alle konstitutiven Merkmale des positivistischen Denkens in kraft (die Aufhebung der Unterscheidung zwischen Erscheinung und Wesen in der Erkenntnis; der Glaube an die Einheit der Wissensmethode und Einheit der Weltstruktur; die nominalistische Interpretation des Wissens als der korrekten Registrierung, Systematisierung und Symbolisierung der gewöhnlichen Erfahrung). Die spezifische Eigenheit dieser Version des Positivismus ist die biologische Interpretation der menschlichen Welt sowie die Rechtfertigung der Philosophie, die zwar keine Anrechte auf eine gesondere Methode besitzt, dafür aber eigene sachliche Aufgaben: den Aufbau einer verallgemeinernden Synthese der Wissenschaften.

Unter dem Einfluß von Spencer und Mill entwickelte sich in England, aber auch außerhalb seiner Grenzen, eine breite geistige Strömung, die sowohl Naturwissenschaftler wie Humanisten, Historiker wie Schriftsteller umfaßte. Sie ging von der völligen Neutralität der Wissenschaft gegenüber metaphysischen Fragen aus und glaubte an die Möglichkeit der vollkommenen Beschränkung des Wissens auf die symbolische Erfahrungsbeschreibung. Unter Spencers Einfluß entwickelten sich Forschungen auf dem Gebiet der Moral- und Sittengeschichte im Geiste biologistischer Interpretationen, sowie Versuche von noch kleinlicheren Analogien zwischen dem gesellschaftlichen Leben und dem Verhalten lebender Organismen. Auch die Rassentheorie (Gobineau) kann als Sonderfall jener Tendenz zur »Biologisierung« der sozialen Welt angesehen werden.

Es ließ sich jedoch eine gewisse Gegenläufigkeit zweier Neigungen beobachten, die im Positivismus jener Epoche lebendig waren: der einen, die in empiristischen Parolen ihren Ausdruck fand und der anderen, die die vollkommene Unifizierung des Wissens intendierte. Die Einheit der Erkenntnisquellen als Voraussetzung und die Einheit der Erkenntnisresultate als Postulat, diese beiden Tendenzen ließen sich nicht immer auf einen gemeinsamen Nenner bringen; die eine wollte ein Weltbild erreichen, das völlig gereinigt wäre von jenseits der Erfahrung liegenden »Zutaten«, die andere ein Weltbild, das frei wäre von Zufälligkeit und qualitativen Differenzen. Die gemeinsame Befriedigung dieser Bestrebungen war nicht einfach, und für den radikalen Empiristen waren alle ganzheitlichen, sei es nun mechanistischen oder beliebige andere Doktrinen mit universellen Aspirationen stets metaphysikverdächtig. Tatsächlich entwickelte sich der Positivismus bald auf einen naturalistischen Monismus hin, der die einheitliche *Erklärung* der Welt betonte und dabei auf viele positivistischen Losungen verzichtete (als Haeckel sich zu Spinozas Monismus bekannte, belastete er sich mit den riskanten metaphysischen Prinzipien von der

Art, die von allen Positivisten aufs schärfste verurteilt wurden), bald entwickelte er sich in subjektivistischer Richtung, der es um die möglichst weit getriebene Reduktion von allem ging, was nicht wirklich aus der Erfahrung selber stammt; die reduzierten Inhalte erwiesen sich zuweilen als psychologischer Natur.

Der Positivismus war bis zu einem solchen Grade das dominierende Element des »Zeitgeists«, daß in dieser Zeit selbst die Kantianer Kant auf eine Weise zu verstehen suchten oder seine Gedanken in einer Weise reduzierten, daß nur das davon übrigblieb, was mit einem weit verstandenen positivistischen Denken übereinstimmte (Helmholtz, Lange). Die kantische Transzendentalphilosophie wurde in die Ecke geschoben, ebenso die Theorie der apriorischen Erkenntnisbedingungen sowie die gesamte Kritik der praktischen Vernunft. Es zeigte sich, daß Kant so interpretierbar war, als spreche er ganz einfach von der Teilnahme des empirischen, psychologischen Bewußtseins am Bild der Wahrnehmungswelt. Übrig blieb ein rein biologischer Relativismus, den man sogar physiologisch zu rechtfertigen suchte, die Idee des »Dinges an sich« verwarf man als metaphysische, und das negative Verhältnis zur Metaphysik mündete in einen psychologisch verstandenen Subjektivismus.

Mill und Spencer trugen neben den Historikern und Romanschriftstellern, die unter ihrem Einfluß arbeiteten, am meisten zur Ausbildung einer gewissen stereotypen positivistischen Einstellung bei, die in vielen europäischen Ländern in der zweiten Hälfte des 19. Jahrhunderts Verbreitung fand.

In dieser Einstellung waren die Opposition zum konservativen Historismus der Romantiker (d. h. die Absage an die positive Beurteilung eines beliebigen Phänomens aus dem einzigen Grund, daß es beständig, herkömmlich und in der Tradition verankert sei), die Anerkennung für die »positiven« Lebenswerte als ausschließliche, das Streben nach Rationalisierung des sozialen Lebens enthalten. Diesem Positivismus eignete eine reformatorische Begeisterung, verknüpft mit dem Verzicht auf Ideale, die von den irrationalen Institutionen zehrten, welche nur wegen ihrer Verwurzelung in der Tradition Relevanz besaßen (vor allen Dingen sanken die nationalen Ideale im Preis); die Akzeptierung der Grundsätze sozialer Freiheit, die genetisch mit den Bedingungen der freien Konkurrenz im Frühkapitalismus zusammenhängen, aber von biologischen Theorien und dem Prinzip des freien Kräftespiels gerechtfertigt wurden, das den Besten das Feld überläßt, die menschliche Energie und Initiative anregt, die Unfähigkeiten eliminiert, die positive Auswahl der Individuen im Hinblick auf die Gattungsinteressen vollzieht. Die empiristische und metaphysische Orientierung in der Erkenntnistheorie schlug sich in den gängigen Haltungen als Überzeugung nieder, daß nur diejenigen menschlichen Unternehmungen etwas wert seien, deren Ergebnisse man evident zeigen, messen, aufzählen könne, daß diejenigen Ideale Anerkennung verdienen, die zur Erleichterung des Lebens, zur Befriedigung der elementaren Bedürfnisse, der Verbesserung der zwischenmenschlichen Kommunikation, der Produktionssteigerung beitragen. Die Verachtung für die »romantischen« Werte verband sich mit dem Kult der positiven Wissenschaft, die so verstanden wurde, daß sie keinerlei metaphysische, weder spiritualistische noch materialistische Voraussetzungen zu setzen noch zu entscheiden, sondern die praktischen und utilistischen Tätigkeiten auszuführen habe, zu denen sie berufen sei. Der Unwille gegenüber der Religion, sei es nun in Form der bedingungslosen Verneinung der religiösen Glaubenssätze und Konfessionen, sei es als verächtliche agnostische Haltung, wurde zum Bestandteil jener Weltanschauung, die man in den gebildeten Schichten der europäischen Gesellschaften bis in die achtziger, und zuweilen auch neunziger Jahre des 19. Jahrhunderts als dominierend ansehen kann.

# V. Der Positivismus der modernistischen Epoche

## *1. Der Ort des Empiriokritizismus in der Kultur*

Im letzten Viertel des 19. Jahrhunderts entwickelte das positivistische Denken intensivere psychologistische und subjektivistische Neigungen; bezüglich seines Interessenbereiches wird eine Hinwendung zu Fragen der Wissenschaftsmethodologie und der genetischen Erkenntnistheorie sichtbar, während das Streben nach einer allgemeinen Theorie des Fortschritts oder einer allumfassenden Vision des sozialen Lebens deutlich zurücktritt. Kennzeichnend für diese Epoche ist dabei die radikale *Destruktion* der im »Ich« organisierten *Subjektivität*, der Verzicht auf das Subjekt, das nunmehr als außerempirisches Konstrukt angesehen wird, das den Erfahrungsinhalten unrechtmäßig oder auch aus Bequemlichkeitsgründen angehängt wird. Jener Subjektivismus ohne Subjekt versucht vor allem die Idee der gereinigten Erfahrung zu formulieren und verfolgt alle »hineingedachten« Elemente im gängigen und wissenschaftlichen Weltbild: nicht unbedingt und nicht einmal vornehmlich mit dem Ziel, sie überhaupt zu beseitigen, sondern um sie zu entmystifizieren, ihre Herkunft zu begreifen und ihnen den richtigen Platz zuzuweisen. Jener Positivismus, dessen vollkommenste philosophische Fassung die unter dem Namen Empiriokritizismus bekannt gewordene Strömung war, praktizierte ein ausgesprochen genetisches Denken: der Empiriokritizismus erwog die Funktionen und die Provenienz des Wissens, fragte nach seiner Abstammung und den biologischen Aufgaben, die es erfüllt. Er erarbeitete eine psychologistische Erkenntnistheorie und ein Programm der empirischen Philosophie. Sein Zusammenhang mit Comte war recht locker, für ihn ist als mögliche Quelle eher Hume von Bedeutung, zumindest interessierten sich Mach und Avenarius, die beiden – übrigens voneinander völlig unabhängigen – Begründer dieser Strömung, weder für Comte noch für die eigenen Affinitäten mit diesem. Sie waren in der Tradition der deutschen Philosophie erzogen und griffen eher das Kantische »kritische Problem« auf, begannen somit von einem völlig anderen Beobachtungspunkt aus zu philosophieren als Comte und Spencer. Diese betrachteten die Errungenschaften der zeitgenössischen Naturwissenschaft als vollendete Tatsachen und versuchten, auf deren Resultaten basierend, ein universelles System der Interpretation der Phänomene zu errichten, das frei wäre von metaphysischen Fremdkörpern. Avenarius und Mach stellten ursprüngliche Fragen, die den Sinn aller wissenschaftlichen Hypothesen und den Bereich ihrer Geltung betrafen. Der Positivismus (im übrigen verwendeten sie dieses Wort ungern oder lehnten es überhaupt ab; erst der Avenarius-Schüler Petzold, schrieb es auf sein Banner) war in ihren Augen nicht so sehr eine Gipfelsynthese des wissenschaftlichen Wissens denn eine »Rückkehr zur Natur«, d. h. eine Rückkehr zur »natürlichen Weltansicht«, die durch die unkritisch akzeptierten Vorurteile, die in der Wissenschaft im Verlauf der Jahrhunderte sich angehäuft hatten, verschleiert wurde. Eben dieser Wunsch nach Rückkehr zur Natürlichkeit, das Bestreben, die Erfahrung von allen »Zutaten« zu reinigen, die dort unrechtmäßig hineinverlegt worden sind, begründet die Affinität zwischen der Philosophie des Empiriokritizismus und dem Geist der modernistischen Ideologien, ihrer Abkehr von den Idealen der Weltrationalisierung, ihrer Suche nach der reinen und natürlichen Situation des Menschen in der Welt. Das Bestreben, zu dem aller zivilisatorischen Gekünsteltheiten »entblößten Menschen« vorzudringen, zum Menschen, »wie er wirklich ist«, zum Menschen ohne Mystifikationen und ohne festklebenden und daher als natürlich geltenden Zierat, kommt in so unterschiedlichen Ideologien zum Ausdruck, daß ihre Integration in ein einheitliches Ganzes als paradoxes und erzwungenes Unterfangen erscheinen kann. Es besteht jedoch eine reale, wenngleich recht pauschale Gemeinsamkeit, die Nietzsches Biologismus und die ihm entsprungene Lebensphilosophie nicht nur mit der Literatur des Modernismus verbindet, sondern auch mit jener besonderen Spielart des positivistischen Denkens, die am Jahrhundertende erblühte. Diese besteht in dem Versuch, eine endgültige Berufungsinstanz für alle menschlichen Werte in der vermeintlichen ursprünglichen Situation des Menschen gegenüber der Welt zu entdecken, frei vom Einfluß der wissenschaftlichen Vorurteile und der zivilisatorischen Gewohnheiten.

Die Frage (wenngleich nicht die Antworten) Kants bezüglich der Rechtmäßigkeit jeglichen Wissens, die Frage, die jeglichem Wert, den man einzelnen wissenschaftlichen Resultaten zubilligt, vorausgehen sollte, eignete sich als philosophische Formel jener Bewegung, die unter Beibehaltung der wesentlichen Grundsätze des positivistischen Programms diesen einen neuen Sinn verlieh, der mit den vitalsten Bestrebungen seiner Zeit eng verbunden war.

Die zweite Besonderheit dieser Philosophie, die sie als Bestandteil des geistigen Klimas jener Epoche zu dessen anderen Bestandteilen in Beziehung setzt, war die »aktivistische« Orientierung, der Bruch mit der Einstellung, dergemäß die menschliche Erkenntnis um so vollkommener ist, je passiver sie sich den Eigenschaften der realen Welt unterordnet und deren Gesetze widerspiegelt. Ähnlich wie der Voluntarismus der damaligen Literatur (im krassen Gegensatz zum »experimentellen Roman« Emile Zolas) verlieh auch die empiriokritische Erkenntnisisinterpretation der Auffassung vom Menschen als einem Wesen Ausdruck, das vor allem durch eine aktive, nicht nur registrierende Haltung gegenüber der Welt sich auszeichnet. Die Entdeckung der »reinen Erfahrung« sollte nicht die Entdeckung der Situation eines »Spiegels« sein, in der sich der Mensch bezüglich dem Ding befindet, sondern im Gegenteil: seiner Lage als eines natürlichen und spontanen Organisators aller Gegebenheiten. Eine Folge dieser Tendenz ist die Kritik der Ansprüche wissenschaftlicher Erkenntnis auf »objektive Werte« und die Destruktion des »Tatsachen«-Begriffs, die von den Methodologen der Physik unternommen wurde, die der empiriokritischen Schule nahe standen, den Anhängern der sogenannten konventionalistischen Wissensinterpretation.

## 2. *Avenarius – die Idee der wissenschaftlichen Philosophie*

Richard Avenarius (1843-1896) war ein Philosoph, der die akademische Laufbahn eingeschlagen hatte; zunächst war er Dozent in Leipzig, später (von 1877 an) Professor in Zürich, wo er auch starb. 1877 gründete er die »Vierteljahrsschrift für wissenschaftliche Philosophie«, die er zusammen mit Wundt und Heinz herausgab und die das wichtigste philosophische Organ der neuen Richtung war. Avenarius war ein komplizierter, schwer lesbarer Autor, der die terminologischen Gewohnheiten der bisherigen Philosophie bewußt zu überwinden und die darin steckenden gedanklichen Vorurteile zu besiegen suchte. Diesem Bestreben entsprang eine Menge Neologismen und sprachlicher Komplikationen, die bewirkten, daß er lediglich, und auch das nur mäßig, von Berufsphilosophen gelesen wurde, dafür förderte er durch seinen Stil zahlreiche Mißverständnisse und Fehlinterpretationen der eigenen Gedankengänge.

Avenarius war überzeugt, daß jede Wissenschaft auf natürliche Weise die Befriedigung des im menschlichen Geiste lebendigen Wunsches nach Einheit anstrebe; eine jede will somit eine synthetische Ansicht des eigenen Forschungsbereiches in einem endgültigen und höchsten Begriff konstituieren. Es ist demnach begreiflich, sofern dieses Bedürfnis nach Einheit im Geiste gegenwärtig ist, daß es nur vom monistischen Weltverständnis befriedigt werden kann. Zum zweiten: jede Wissenschaft, die Logik und Erkenntnistheorie einbezogen, ist empirisch im genetischen Sinn, aber jede tendiert kraft einer quasi genuinen Trägheit zur Philosophie, die diese Einheit erst gewährleisten kann. Avenarius' Voraussetzung ist demnach ein gewisser epistemologischer Monismus, der nicht als erfundenes Ideal verstanden wird, sondern als Beschreibung des faktischen Vernunftstrebens. Die Philosophie, sofern sie eine Wissenschaft sein will, und daß sie eine sein soll, davon war Avenarius tief überzeugt, nimmt einen besonderen und unaustauschbaren Anteil an der Verwirklichung dieser monistischen Neigung des menschlichen Geistes. Sie unterscheidet sich von den anderen Wissenschaften nicht durch ihre logische Beziehung zur Erfahrung, da sie nicht minder empirisch ist als die anderen, sie unterscheidet sich aber durch die Aufgaben, deren Allgemeinheitsgrad über die Fähigkeiten der Einzeldisziplinen hinausgeht. Sie soll gerade die höchsten synthetisierenden Begriffe aller anderen Wissenschaften analysieren und konstruieren (also diejenigen, die die Gesamtheit der von der gegebenen Disziplin untersuchten Gegenstände umfassen), und schließlich auch die Begriffe, die der Gesamtheit des Wissens die Einheit zu geben vermögen. Sie ist somit dazu berufen, die Einheit des Wissens zu begründen und zu festigen, und muß zu diesem Zweck die Untersuchungen über die Ausgangsprinzipien jeglicher Erfahrung in Angriff nehmen. In diesem Sinn kann keine Wissenschaft auf die Philosophie verzichten, sofern die Wissenschaft das implizite in ihr verborgene Bedürfnis des Geistes erfüllen soll; denn erst in der Philosophie, namentlich in den höchsten und allgemeinsten Begriffen, konstituieren sich die Wissenschaften als vollendete Gebilde. Ziel der Philosophie ist der Aufbau einer einheitlichen wissenschaftlichen Weltansicht, in der alle einzelnen Wissensgebiete ihren eigenen Platz finden werden.

### *3. Avenarius – die Kritik der Erfahrung*

Die Kritik der Erfahrung, die der hier erörterten philosophischen Richtung ihren Namen gab, beginnt mit einer Analyse, die dasjenige, was tatsächlich »gegeben« ist, von den zusätzlichen Bestandteilen befreien soll. Vor allem muß vermerkt werden, daß jegliches menschliche Denken aus den Antworten des Organismus auf die Störungen des biologischen Gleichgewichts zusammengesetzt ist, genau wie jede andere Reaktion des Organismus. Avenarius will keine Fragen nach der »Natur« des Erkenntnisprozesses und seiner »Gültigkeit« im transzendentalen Sinn stellen, sondern den Ort des kognitiven Verhaltens in den Organismusfunktionen empirisch untersuchen, er geht demnach an die Erkenntnis als an ein biologisches Faktum heran, das mit der Anwesenheit des zentralen Nervensystems als eines besonderen Teils des Körpers verbunden ist. Jeglicher Erkenntnisakt erweist sich als Tätigkeit, die zur Zurückgewinnung des Gleichgewichts des Organismus tendiert, der den Umgebungsreizen ausgesetzt ist. Die Arbeitsverausgabung und die Energieaneignung durch das Nervensystem heißt Vitalreihe, wobei man unabhängige, d. h. rein mechanische oder chemische Reihen von abhängigen unterscheiden muß, solchen also, in denen irgendein Erkenntniswert realisiert wird, d. h., wo sich die Rückgewinnung des Gleichgewichts unter Beteiligung der Erkenntnistätigkeit vollzieht. Auch im Nervensystem können nämlich Prozesse stattfinden, in denen das Gleichgewicht unverzüglich zurückerstattet wird; falls jedoch der Bestandteil jener selbsterhaltenden Tätigkeit ein Erkenntnisakt ist, haben wir es mit einer abhängigen Reihe zu tun und untersuchen ihre Resultate als Funktionen der homöostatischen Tendenz des Organismus. Verschiedene Eigenschaften, die mit den Erkenntnisinhalten verknüpft sind (z. B. Relevanz, qualitative Differenziertheit, Lust- und Unlustgefühle), sind korrelativ auf bestimmte Parameter bezogen, aufgrund derer man die Bewegungen, die im Nervensystem stattfinden, beschreiben kann, aber bestimmte Erkenntnisinhalte sind den Bedürfnissen des organischen Systems stets untergeordnet, das zur Wiedergewinnung des momentan gestörten Gleichgewichts tendiert. Die verschiedenen philosophischen Doktrinen, z. B. die idealistischen oder materialistischen Systeme, aber auch die religiösen Vorstellungen, lassen sich unter dem nämlichen Gesichtspunkt beurteilen. Man kann nämlich die Frage stellen, unter welchen Bedingungen die Rückgewinnung des Gleichgewichts sich unter Verwendung eben dieser und nur dieser materialistischer oder idealistischer oder theologischer Vorstellungen vollzieht.

Es ist jedoch nicht so, daß die Erkenntnisinhalte hinsichtlich der jeweiligen Situation des Einzelorganismus gänzlich relativiert wären. Die Befriedigung der Bedürfnisse erfolgt auf dem Weg der Kooperation, erfordert demnach eine gewisse Erfahrungsmenge, die von den einzelnen Zufälligkeiten unabhängig ist und überliefert werden kann. Der Evolutionsprozeß der Wissenschaft produziert demnach einen Bestand an reiner Erfahrung, d. h. einer von den einzelnen Individuen unabhängigen, wobei die gänzliche Säuberung der Erfahrung erst ein Ideal der Zukunft ist.

Die Erfahrung ist nicht identisch mit den Eindrücken, sie enthält auch stets Spuren vorgängiger Eindrücke, die den Inhalt der aktuellen Eindrücke mitbestimmen. Man soll die Wahrnehmung daher nicht dem Eindruck gleichsetzen, da wir es im Falle der Wahrnehmung stets mit einer Selektion zu tun haben, dank derer sie ihren Gegenstand aus den Teilen organisiert, die den Erkenntnisakt am leichtesten provozieren, insbesondere aus wiederholbaren Elementen. Somit ist in allen Wahrnehmungsakten unabänderlich eine gewisse allgemeine Intuition enthalten sowie Zutaten, die aus anderen Eindrücken anderer Sinne stammen (z. B. die dritte Dimension in optischen Wahrnehmungen, die aus den kinästhetischen Eindrücken stammt). Jegliche Erfahrung vollzieht sich somit stets in einer gewissen und sei es rudimentären begrifflichen Form; sie ist eine einheitliche Kombination von Wahrnehmungen, die ihrerseits bereits organisierte Komplexe von Eindrücken darstellen. Erfahrungen nennen wir diejenigen Wahrnehmungsgruppen, die sich bei der Konstruktion von wertvollen wissenschaftlichen Begriffen als brauchbar erweisen.

Man kann nicht über den Bereich der Erfahrung hinausgehen; auch die epistemologische Kritik muß sich darauf berufen, und eine wertvolle Erkenntnistheorie kann sich nur auf Beobachtungen effektiver Erkenntnisprozesse in ihren verschiedenen Abhängigkeiten stützen, sie muß also sowohl auf die empirische Psychologie wie auf die ethnographische Beobachtung zurückgreifen. Der Begriff der Erfahrung spielt im Denken von Avenarius eine zentrale Rolle. Dank seiner können wir eine monistische Weltinterpretation konstruieren, die die (nach Avenarius) naive Entgegensetzung von »Psychischem« und »Physischem« aufhebt sowie dem Dualismus von »Sollen« und »Sein« ein Ende setzt, wodurch die wissenschaftliche Lösung ethischer Fragen ermöglicht wird (die Erfahrung kennt diese Unterscheidung nicht; nur das, was in der Erfahrung sein »sollte«, d. h. das, was als Sollen gilt, ist faktisch gegeben, und eine wissenschaftliche Ethik kann nur vom Rekurs auf jenes Sollen als einer Tatsache erwartet werden).

Die Aufhebung des Dualismus von physischer und psychischer Welt zugunsten einer einheitlich verstandenen »Erfahrung« gehört zu den wichtigsten Resultaten der Philosophie von Avenarius und kam zustande unter Verwendung einer bestimmten Anzahl von Hilfsbegriffen, die kurz beschrieben werden sollen.

### *4. Kritik der Introjektion. Koordination von Ich und Umgebung.*

Der naiv-empirische Standpunkt, sagt Avenarius, behandelte die psychischen Phänomene als bestimmte Qualitäten oder Prozesse, die in der »Seele« vor sich gehen, die so aufgefaßt wurde, als sei dies eine substantiell gesonderte Einheit, die sich vom Körper unterscheidet und die Lebensziele lenkt. Die Schwierigkeiten dieser Interpretation hießen diese durch einen naiv-kritischen Standpunkt ersetzen, der bald die »psychischen Erscheinungen« ohne Seele und das Bewußtsein als Summe der Erscheinungen betrachtete, bald versuchte, das Bewußtsein als »Inneres« im Gegensatz zum körperlichen »Äußern« zu konstruieren. Der erste Versuch war eine unfruchtbare rein verbale Ausflucht, der zweite hingegen stützt sich auf den allgemeinen Fehler, den Avenarius *Introjektion* oder »Einlegung« nennt und dessen Tilgung er als besonders bedeutsames Ergebnis seiner Kritik erachtet.

Wir stellen uns, nach Avenarius' Auffassung, irrtümlich vor, wobei dies kein Fehler der ursprünglichen Erfahrung, sondern eine Folge von Vorurteilen ist, daß wir in der Erfahrung selbst die Sache vom Bild dieser Sache in unserem Geist zu unterscheiden vermögen. Wir teilen demnach die Welt in Dinge und Bilder »in uns« ein und konstruieren somit zwei verschiedene Wirklichkeiten, deren philosophischer Ausdruck die dualistischen Systeme sind. Jene Introjektion, also das »Hineinverlegen« der Bilder der Dinge in das vermeintliche psychische »Innere«, ist keineswegs im natürlichen »Weltbegriff« enthalten, der den Ausgangspunkt der wissenschaftlichen Weltansicht bilden soll. Im natürlichen Weltbegriff zergliedern wir zwar die Erfahrungsvorräte in einen Teil, der »zu mir« gehört (Körper, Gedanken, Gefühle) und in einen, der aus den mich umgebenden Dingen besteht. Dies ist jedoch keine Trennung zweier »Substanzen« oder einer »äußeren« von einer »inneren« Wirklichkeit oder zwischen parallelen Reihen, die in ihrer Natur nach verschiedenen Welten sich vollziehen. Die Dinge und Gedanken entstehen als Resultate der Einwirkungen des zentralen Nervensystems und der Umgebung. Zwischen mir und der Umgebung ist eine bestimmte dauerhafte und unvermeidliche Korrelation gegeben, die Avenarius die »empiriokritische Principialkoordination« nannte. Dies ist jedoch eine Koordination innerhalb derselben Erfahrungswirklichkeit. In dieser Koordination bildet das »Ich« das »Centralglied«, und die »Umgebungsbestandteile« dessen »Gegenglied«. Im Erkenntnisakt zeichnen wir diese beiden Bestandteile ständig aus, jedem konkreten »Ich« entspricht ein bestimmtes Gegenglied und umgekehrt. Die anderen Menschen präsentieren sich mir in der Erfahrung als mir ähnelnde Wesen, das heißt, ich verknüpfe mit ihrem Verhalten einen bestimmten Sinn, der sich vom rein mechanischen unterscheidet, mit anderen Worten, ich behandle sie als Zentralglieder der Prinzipialkoordination, deren Gegenglied mit dem in »meiner« Koordination als Gegenglied fungierenden identisch sein kann, während ich selbst auch dazugehören kann.

An eben dieser Stelle setzt das unrechtmäßige Prinzip der Introjektion ein, das von den Psychologen aufrechterhalten wird, und das vom natürlichen Weltbegriff völlig verschieden ist. Das Prinzip der Introjektion enthält nämlich die Empfehlung, jenen nicht – nur – mechanischen Sinn des Verhaltens anderer Menschen so zu interpretieren, als habe man die Erfahrungsinhalte als »in uns befindliche Eindrücke« aufzufassen, d. h. als im Gehirn lokalisierte. Man muß jedoch davon ausgehen, daß, wenn ein anderer Mensch über seine Eindrücke berichtet, wenn er z. B. sagt, »ich sehe einen Stein«, seine Worte dann dasselbe bedeuten wie meine, wenn ich auf die nämliche Weise von meinen Erfahrungen berichte, d. h., es realisiert sich zwischen dem anderen Menschen und dem Stein dieselbe Koordinationsbeziehung wie in meinem Fall. Das Introjektionsprinzip hingegen verwandelt jenen »Stein als gesehenen« in ein im Gehirn lokalisiertes Bündel von Eindrücken, die infolge des »Hinausprojizierens« als »Eindrücke in mir« verstanden werden. Die Introjektion legt den Gegenstand mithin in mich hinein als das sichtbare Ding, verwandelt ihn in etwas »in mir« oder in eine »Erscheinung« irgendeiner »Außenwelt« und reduziert den »Umgebungsbestandteil« auf einen Bestandteil des Denkens. Somit geht die Introjektion auf evidente Weise über etwas hinaus, wozu die Erfahrung berechtigt, sie interpretiert nämlich den Sinn des Verhaltens eines anderen Menschen anders als den Sinn meines eigenen Verhaltens, sie heißt annehmen, daß die Umgebungsbestandteile Bilder »in uns« seien, daß jener Stein also für den anderen Menschen nicht im nämlichen Sinn sichtbar ist wie für mich, sondern ein Bild ist, das sich »in ihm« befindet.

Dieses ganze »im-Innern-sein« und die Spaltung der einheitlichen Welt in eine »Außen-« und eine »Innenwelt«, alles das ist das künstliche Produkt der Introjektion und hat keine Grundlage in der Erfahrung. Jeglicher Dualismus oder auch psychophysischer Parallelismus erweist sich somit als gleichermaßen unberechtigt. Es gibt kein »Inneres« und es besteht kein Bedarf, die »Eindrücke in den Menschen« hineinzulegen, wir erfahren die Sachen (Dinge) und keine »inneren Bilder«. Im Bereich der einheitlich begriffenen Erfahrung besteht kein Gegensatz zwischen »Innenwelt« und »Außenwelt«, und die Zweiteilung behält einen rein methodischen Sinn. Dieselbe, metaphysisch neutrale Erfahrung impliziert stets gleichzeitig das Individuum, aber »Ich« und »Stein« sind Bestandteile der Erfahrung im *nämlichen* Sinn, und der Unterschied zwischen ihnen besteht darin, daß das »Ich« gewisse zusätzliche Elemente enthält, zum Beispiel die Lust- oder Unlustgefühle. Gewisse Teile der Erfahrung erlauben es, die Gegenstände mit Hilfe bestimmter Qualitäten zu charakterisieren: es sind dies die Elemente (solche wie Töne, Farben usw.), die die Naturwissenschaften und die Psychologie insofern interessieren, als sie mit dem Individuum und seinem zentralen Nervensystem korrelativ zusammengehören; die Psychologie hat dagegen keine Veranlassung, ein »Psychisches« als etwas dem Entgegengesetztes zu betrachten, was sich »jenseits« befindet. In der Erfahrung, die von keinen psychologischen Vorurteilen verzerrt worden ist, tritt keine Unterscheidung von Materie und Geist, von Ding und seinem »inneren Nachbild« oder seiner »Spur« auf.

Verfehlt wäre jedoch nach Avenarius die Annahme, daß die Ausschaltung der Introjektion die Unterscheidung zwischen mir, dem Empfindenden, und den nicht empfindenden Umgebungsbestandteilen aufheben würde. Indem ich nämlich sage, daß ich dies oder jenes empfinde, sage ich, daß das »Ich« eine bestimmte Gruppe von Sachen und Gedanken darstellt und daß diese Gruppe sich bei einer bestimmten Bewegung (Reizwirkung) vergrößert, während ein anderes Bestandteil in derselben Situation sich nicht vergrößert, d. h. nicht als Zentralglied der Prinzipialkoordination gelten kann, deren Gegenglied jener Reiz ist. Der Satz, daß das »Ich« von den unbelebten Umgebungsbestandteilen durch die »Empfindung, die in ihm ist« sich unterscheidet, wäre sinnlos, denn wir kennen keinerlei »Nichtempfinden« jenes Bestandteils, und das »Ich« ist nichts anderes als ein Erfahrungsbestandteil. Das

Psychische ist also keine im Gehirn angesiedelte Substanz oder ein Zustand des Gehirns; es ist eine bestimmte Weise der Erfahrungsbeschreibung.

Es stellt sich die Frage, wie man einen bestimmten Umgebungszustand ohne das Zentralglied denken könnte, welchen Sinn man beispielsweise den Beschreibungen von nicht unmittelbar beobachtbaren Ereignissen zuschreiben solle. Nach Avenarius' Meinung stellt die Naturwissenschaft keine Fragen nach der Umgebung »an sich«, sondern fragt, wie man diese Umgebung zu beschreiben habe, wenn man ein Zentralglied in Gestalt eines Beobachters hinzufügen würde, oder als wie stark verändert man die aktuelle Umgebung sich zu denken habe, um ihren Zustand als Gegenglied in der nicht beobachteten Situation zu erhalten. Es verhält sich somit, nach Avenarius, keineswegs so, daß die Idee der Prinzipialkoordination in irgendeiner Weise den wirklichen Sinn der wissenschaftlichen Beschreibungen, die auf nicht beobachtbare Situationen sich beziehen, reduzieren oder verändern würde.

Letztlich geht es in Avenarius' Kritik der Introjektion darum, den Dualismus von »Subjekt« und »Objekt« durch die Reduktion beider auf die Erfahrung zu beseitigen, die als originäre Kategorie gesetzt wird. Ob nun das Subjekt auf eine Art Ding zurückgeführt wird, oder umgekehrt, das Ding auf das Subjekt, ändert nichts am Resultat: Auflösung der Subjektivität und Identifikation des »Ichs« mit den übrigen Erfahrungsgestalten. Man darf somit sagen, daß Avenarius' »Subjektivismus« (sofern man diese Bezeichnung überhaupt verwenden darf) die Wirklichkeit nicht durch den Rekurs auf das Subjekt rekonstruiert, sondern die Realität des Subjekts selbst liquidiert, im übrigen übereinstimmend mit der Tradition des positivistischen Gedankens. Die »Erfahrung« als metaphysisch und erkenntnistheoretisch neutrale Ausgangskategorie, die dualistische Konzeptionen überwinden half, stellte die Kritiker im übrigen nicht zufrieden, die die Meinung vertraten, daß man auf eine realistische oder psychologische Interpretation nicht verzichten könne und daß Avenarius selbst unbewußt die eine oder andere in seinen verschiedenen Texten supponiert habe. Avenarius wiederum war der Ansicht, daß jede derartige Interpretation als Versuch einer metaphysischen Fragestellung angesehen werden müsse, die im allgemeinen nicht zu den wissenschaftlichen Beschäftigungen gehöre. Er ging davon aus, daß wir bereits im natürlichen und vorwissenschaftlichen Verständnis sehr wohl wissen, was Erfahrung bedeutet, und daß wir diese weder so behandeln, als sei sie ein Produkt des Ich noch so, als sei sie das »innere Nachbild« transzendenter Entitäten. Die grundsätzliche Intention von Avenarius ist evident: der radikale Versuch der Ausschaltung nicht nur metaphysischer, sondern auch erkenntnistheoretischer Fragestellungen; die Kritik der Erfahrung ist ausschließlich zerstörerisch, und die Philosophie, die sie anbietet, soll weder eine Erkenntnistheorie noch eine Ontologie sein, sondern die Analyse der effektiv erreichten Ergebnisse der Wissenschaft, die diese Ergebnisse in den generellsten Kategorien einer Synthese zuführt. Die gesamte »reinigende« Konstruktion ist somit hauptsächlich ein Verfahren, das die Beseitigung metaphysischer Vorurteile und die Ermöglichung einer ungehinderten Expansion einer pragmatisch orientierten Wissenschaft intendiert.

Unabhängig von einer gewissen Unklarheit, die den fundamentalen Erfahrungsbegriff im Denken von Avenarius anhaftet, wurzelt der Gesamtentwurf in einem noch allgemeineren Grundsatz. Es ist dies das sogenannte »Prinzip der Denkökonomie«, das unter anderem alle Bestrebungen, die zum Wiederaufbau der gereinigten Erfahrungswelt führen, rechtfertigen und von den Mutmaßungen der »Introjektion« frei sein soll.

### *5. Das Ökonomieprinzip*

Das, was unter der Bezeichnung Prinzip der Denkökonomie in den Lehrbüchern der Philosophiegeschichte figuriert, besteht aus ein paar verschiedenen und logisch voneinander unabhängigen Hypothesen, die jedoch eine bestimmte gemeinsame Intention aufweisen. Die in der älteren Geschichte meistverbreitete Version des Ökonomieprinzips ist der bereits erwähnte Occamsche Grundsatz, der besagt, daß man die Entitäten nicht über das nötige Maß vermehren sollte. Es ist somit eine methodologische Regel, die im Grunde dem Prinzip des Empirismus entspricht: wir sind zur Annahme derjenigen Dinge und Welteigenschaften berechtigt, zu deren Anerkennung uns die Erfahrung gewisserweise zwingt, müssen dagegen auf die Dinge und Eigenschaften verzichten, die für die Erklärung unserer Erfahrungswelt nicht unbedingt notwendig sind. In dieser Gestalt haben wir es nicht mit einer ontologischen These zu tun, sondern mit einer bestimmten Denkregel.

Die ontologische oder ganz einfach deskriptive Formulierung des Ökonomieprinzips weist ebenfalls mehrere Versionen auf. Es gibt die theologische Version, die u. a. von Malebranche formuliert wurde. Das Ökonomieprinzip in dieser Version besagt, daß Gott bei der Ausübung der Weltherrschaft sich stets der einfachsten Mittel bediente, um das beabsichtigte Resultat zu erreichen, d. h., daß er keine natürlichen Reserven vergeude, falls er dasselbe Resultat mit geringerem Kostenaufwand erreichen könne. Dasselbe Prinzip in rein physikalischer Form wurde von Maupertuis artikuliert: jeder Effekt, der in der Natur eintritt, vollzieht sich mit einem Energieverlust, der so gering ist wie nur möglich, um von einem Ausgangszustand zu einem bestimmten anderen Zustand überzugehen. Eine bestimmte spezifizierte Redaktion dieses Gedankens (die ihn jedoch logisch nicht in ganzer Allgemeinheit voraussetzen muß) ist die u. a. von Spencer formulierte biologische Version des Ökonomieprinzips. Sie besagt, daß ein lebender Organismus nach dem Prinzip des geringsten Kräfteverlustes agiert, und daß das menschliche Gehirn ein Organ ist, das den selbsterhaltenden Funktionen des Systems dient, so daß auch die Gehirnfunktionen, insbesondere das Denken, demselben Gesetz unterworfen sind. In dieser Form eignet sich das Ökonomieprinzip zur Interpretation des geistigen Verhaltens und stellt die biologische Grundlage der epistemologischen Konsequenzen dar, vorausgesetzt, man kann epistemologische Reflexion aufgrund der Resultate naturwissenschaftlicher Beobachtung betreiben.

In der Fassung von Avenarius, Mach und anderen ihnen nahestehenden Autoren kann das Ökonomieprinzip, nicht im Sinne eines allgemein physikalischen Gesetzes, dem man ontologische Relevanz beimessen würde, sondern gerade als Verhaltensmodus des zentralen Nervensystems, den tatsächlichen Ablauf des wissenschaftlichen Denkens, die Geschichte des menschlichen Wissens und die Wissenschaftsgeschichte erklären. Wir können die allmähliche Kapitalanhäufung des Wissens beschreiben, indem wir uns eben auf die ökonomisierende Tendenz des Geistes berufen. Die wissenschaftlichen Begriffe, Gesetze, Hypothesen, Theorien, alles das sind Abbreviaturen, die gedankliche Anstrengung ersparen und die soziale Merkfähigkeit begründen, und somit die Überlieferung erworbener Erfahrungen gewährleisten. Die einzige Aufgabe der Wissenschaft ist es, den Menschen Erfahrungen dadurch zu ersparen, daß man ihnen Erfahrungen der anderen zugänglich macht. Keine der allgemeinen Thesen der Naturwissenschaften ist eine absolute Wiedergabe der einzelnen Fakten, sie erfassen lediglich einen Teil ihrer Eigenschaften, die für den Menschen vom biologischen Standpunkt aus wichtig sind. Sie ersparen demnach Mühe, erlauben, schlagartig die Vielheit der singulären Ereignisse unter einem bestimmten lebenswichtigen Aspekt zu erfassen. Die Wissenschaft ist die ökonomisch geordnete Erfahrung und geht bezüglich ihres Inhalts nicht über den Erfahrungsbereich hinaus. Auch die Begriffe »Substanz«, »Ding« und ähnliche sind Resultate des ökonomisierenden Trends des Geistes: in der Gesamtheit der Erfahrung zeichnen wir lediglich bestimmte Eigenschaften aus, die dauerhafter sind als andere und verbinden sie zu einem Ding, das sich allmählich gegenüber den Eigenschaften verselbständigt als invariables »Substrat«; die Sprache petrifiziert diesen Erkenntnisprozeß und erzeugt unfruchtbare metaphysische Vorstellungen. Faktisch ist der Dingbegriff nützlich, sofern er in abgekürzter Form bestimmte wiederholbare Eigenschaften festhält, die in einer beliebigen Serie sukzessiver Erfahrungen sich zeigen; es besteht demnach keine Veranlassung, auf den traditionellen Sprachgebrauch zu verzichten, man muß lediglich die Wörter von ihrem metaphysischen Sinn befreien, der ihnen zugeschrieben zu werden pflegt, denn dieser läßt sich durch kein reales Bedürfnis des erkennenden Organismus rechtfertigen. Ähnlichen Charakter besitzt der Begriff der »Kraft«, den wir in unterschiedlichsten physischen Auswirkungen zu identifizieren pflegen; der Begriff ist nützlich als Abbreviatur einer bestimmten wiederholbaren Eigenschaft vieler Erfahrungen, nur darf man ihn nicht mit metaphysischen Vorstellungen verknüpfen.

Wenn wir den wesentlichen Sinn des Ökonomieprinzips begreifen, werden wir eine Menge überflüssiger metaphysischer Fragen ausmerzen, und die Ganzheit der menschlichen Erkenntnis, ihre Abläufe und Inhalte, werden durch den genetischen und funktionellen Rekurs auf biologische Bedürfnisse verständlich werden, an deren Befriedigung unser Gehirn beteiligt ist. Folglich agiert das zentrale Nervensystem zweckmäßig (im biologischen Wortsinn). Bei der Entstehung beliebiger Vorstellungen wirken zwei Faktoren zusammen: die Apperzeptionsmassen (ein Terminus von Herbart), d. h. die fertigen und gefestigten Ablagerungen früherer Apperzeptionen, die Anpassungsfunktionen ausüben, sowie die gerade apperzipierten Elemente. Die ersten haben aktiven Charakter, sie selektieren die erfahrenen Inhalte und wählen die bekannten Bestandteile sowie die nötigen Elemente unter ihnen aus (agieren demnach gemäß dem Ökonomieprinzip). Unter den passiven Inhalten der Erfahrung eignen die Apperzeptionsmassen sich neue, unbekannte Elemente in der Weise an, daß sie versuchen, sie mit den bereits bekannten zu assoziieren. Die apperzipierten Bestandteile sind unbestimmter als der Gehalt der Apperzeptionsmassen, und der Erkenntnisprozeß besteht darin, daß das Gehirn jenen angeeigneten Inhalten Bestimmtheit verleiht, indem es sie mit Hilfe der bereits gefestigten und abgelagerten Vorstellungen selektiert. Die Funktionsweise der Apperzeptionsmassen erklärt die Anwesenheit von beständigen und fixen Begriffen in unserem Weltbild, erklärt auch die Funktionen der Sprache, die aus Zeichen besteht, die die Mühe der Aneignung erleichtern sollen. Jede geistige Tätigkeit setzt die Anwesenheit einer bestimmten Anzahl parater Fertigbegriffe voraus, an denen wir ständig die Gesamtheit der erfahrenen Inhalte in einer Weise zu orientieren versuchen, daß man dabei mit möglichst einfachen und allgemeinsten Vorstellungen auskommt. Im Hinblick auf diesen Mechanismus läßt sich das Ökonomieprinzip folgendermaßen formulieren: wenn beliebige neue Elemente in der Erfahrung auftauchen, so ist die Veränderung, die das Bewußtsein im Verlauf ihrer Assimilation erfährt, die in der gegebenen Situation kleinstmögliche.

Wenn wir die Wissenschaftsgeschichte unter diesem Gesichtspunkt betrachten, stellt es sich heraus, daß die Wissenschaft allmählich diejenigen Elemente eliminiert, die in der reinen Erfahrung nicht enthalten sind und die für die wirksame Datenassimilation unbrauchbar sind; Bestandteile dieser Art sind die Werte, die anthropomorphischen Begriffe, die Substanzbegriffe, der Begriff des metaphysisch verstandenen Grundes, die Universalia usw.

Das Ökonomieprinzip sagt also nichts aus über die *Wahrhaftigkeit* des Wissens im gewöhnlichen Sinne, sondern beschreibt lediglich die biologische Regelmäßigkeit, von der die Fixierung der Erkenntnisinhalte im Geist bestimmt wird; es betont zwar die Objektivität der Begriffe, doch beruht diese Objektivität darauf, daß sie auf die einzelnen Bestandteile der Erfahrung anwendbar sind, sie besitzt somit eine rein operationale, und nicht metaphysische Bedeutung. Das einzige mögliche Kriterium der Begriffsbeurteilung ist ihr Wert im Hinblick auf das Ökonomieprinzip.

Das Ökonomieprinzip in der empirischen Fassung forderte viele kritische Überlegungen heraus. Man warf ihm vor, was man seit eh und je an allen relativistischen und skeptischen Doktrinen bemängelte, d. h., die Unvermeidlichkeit der Antinomie des Lügners (das Ökonomieprinzip ist auf sich selbst anwendbar, sofern es das gesamte menschliche Denken umfaßt; es läßt sich demnach nicht als *wahre* These im traditionellen Sinn darlegen, obwohl es diesen Anspruch erhebt, sondern höchstens als Resultat desselben Mechanismus, den es beschreibt). Auch wirft man ihm vor, daß es die Unterscheidung zwischen Tatsache und Theorie oder wissenschaftlichen ökonomisierenden Fiktionen inhibiert, da jene Fiktionen innerhalb der Erfahrung genauso »gegeben« und genauso wirklich sind wie die anderen Tatsachen, und die »Tatsachen« sind bereits in der von den Apperzeptionsmassen selektierten Gestalt gegeben. Auf beiden Seiten ist die Auswahl der authentischen Elemente der Erfahrung und der fiktiven wissenschaftlichen Konstrukte kraft des Ökonomieprinzips unmöglich. Eine detailliertere Analyse des Tatsachenbegriffs wurde sodann von Poincaré, Duhem, Le Roy und anderen Kritikern durchgeführt.

Der Empiriokritizismus, und ganz besonders das Prinzip der Denkökonomie, sollte die Schwierigkeiten aus dem Wege räumen, die das kritische Problem Kants bereitete. Die Kritiker wiesen jedoch auf die Vergeblichkeit dieses Versuches hin, denn im empiriokritischen Weltbild setzen das Ökonomieprinzip und der Begriff der reinen Erfahrung sich gegenseitig voraus; wir können das Ökonomieprinzip nur formulieren, wenn wir über den Begriff der reinen Erfahrung im Sinne des konstanten Koordinatensystems verfügen (gegeben sein muß das Ideal der Reduktion der »Daten«, wenn wir wissen sollen, in welcher Weise wir bestimmte Erkenntnisinhalte als der Ökonomisierung entgegenwirkende Fremdkörper zu beurteilen haben); andrerseits erhalten wir den Begriff der reinen Erfahrung gerade, indem wir auf das Ökonomieprinzip zurückgreifen. Letztlich wiederholen wir aufs neue den traditionellen Zirkelschluß, der Ausgangspunkt des Kantischen kritischen Problems ist; die Kriterien der Beurteilung des Wissens werden von einem Erkenntnismodell gerechtfertigt, an dessen Aufbau sie selbst beteiligt sind. Husserl, der in den *Logischen Untersuchungen* u. a. die Kritik des Ökonomieprinzips durchführte, meinte daher, daß keine Erkenntnistheorie, die von den fertigen Errungenschaften der experimentellen Wissenschaften Gebrauch machen wolle, sich Vorwürfen entziehen könne, denn es ginge nicht an, daß man den Wert der Erkenntnis und ihre Rechtmäßigkeit oder Unrechtmäßigkeit untersuche, wenn man zuvor die Rechtmäßigkeit bestimmter Resultate voraussetze, die mit Hilfe derselben Kriterien erreicht worden seien, die erst Gegenstand der Frage sind.

### 6. *Ernst Mach*

Ernst Mach (1838–1916), der in seinen Abhandlungen unabhängig von Avenarius viele ähnliche Ideen formulierte, war jedoch im Gegensatz zu diesem Naturwissenschaftler und als solcher, unmittelbar auf dem Gebiet der experimentellen und theoretischen Physik tätig. Er war Mathematik- und Physikprofessor in Wien, Graz und Prag, in den letzten Jahren seiner akademischen Tätigkeit hielt er in Wien Vorlesungen in Philosophie, genauer in Geschichte und Theorie der induktiven Wissenschaften. Überlegungen über die Notwendigkeit synthetischer Betrachtungen in den gerade im Entstehen begriffenen Bereichen der Physik führten ihn zu historischen Forschungen, und zwar hoffte er in der Geschichte der physikalischen Grundbegriffe sowohl deren eigentliche Bedeutung wie auch Hinweise auf die Richtung weiterer Arbeiten zu finden. Auch die Geschichte der Physik fand in seinem Werk große Beachtung. Mag sein, daß diese Interessenprofilierung mit dafür verantwortlich war, daß Mach, obschon mit Avenarius in vielerlei Hinsicht verwandt, sich durch einen bedeutend ausgeprägteren Sinn für die Relativität des Wissens auszeichnete. Avenarius schien an den permanenten Prozeß der »Reinigung« der Erfahrung im Fortschritt der Wissenschaft und an die Möglichkeit der grenzenlosen Annäherung an das Ideal einer allumfassenden Synthese innerhalb der radikal gereinigten Erfahrung zu glauben; er bewies bedeutend mehr systembildnerischen Eifer und philosophische Neigungen im traditionellen Sinn, wenn er dem Inhalt der Wissenschaft selbstverständlich keine andere als eine biologische Bedeutung zuschrieb. Mach war tief davon überzeugt, daß jede Etappe der Wissenschaft temporären, jede beliebige These provisorischen Charakter besitzt und gewisserweise einen okkasionellen Wert darstellt. Ein wichtiger Impuls seiner philosophischen Gedankengänge war der Radikalismus, die antidogmatische Überzeugung von den Schäden, die der Wissenschaft und dem Leben vom beharrlichen Festhalten an überlieferten Schemata und vom Glauben an die Unantastbarkeit jeglicher wissenschaftlicher und gängiger Meinungen zugefügt werden. Er war der Auffassung, daß diesbezüglich auch in der Physik eine große Säuberungsarbeit noch zu leisten sei.

In früher Jugend lernte Mach Kants *Prolegomena* kennen, und dieses Werk machte auf ihn einen starken Eindruck, der ihn zur kritischen Reflexion über die gängigen metaphysischen Vorurteile bewog. In seinem reifen Werk gab er die fundamentalen Vorstellungen der Kantischen Lehre völlig auf; er gelangte zu der Überzeugung, daß das »Ding an sich« eine absolut überflüssige Hypothese sei, und daß der Glaube an die apriorischen Bedingungen der Erfahrung jeder Grundlage entbehre, insbesondere erkannte er den Gedanken von der Existenz wahrer synthetischer Urteile *a priori* als absurd an. Aus der Geschichte der Wissenschaft hat man, seiner Meinung nach, unabweisbar den Schluß zu ziehen, daß es keine deutliche Grenze zwischen der vorwissenschaftlichen, gängigen Erfahrung des Alltags, die in der Umgangssprache registriert wird und den theoretischen Konstruktionen der Wissenschaft gibt. Die Wissenschaft ist eine Fortsetzung derselben abgekürzten und symbolischen Systematisierung der Erfahrung, die die Menschen in ihrer ganzen Geschichte spontan betreiben und der die verbale Organisation Ausdruck gibt. Die Erkenntnis ist ein bestimmter Bestandteil der menschlichen Praxis, die Adaptionsantwort des Organismus auf die Gesamtheit der Lebensverhältnisse, und es besteht kein Grund, ihr eine transzendentale Bedeutung zu geben. Mach steht Avenarius also im Streben nach Eliminierung der metaphysischen Vorstellungen durch die Konstruktion einer übergeordneten epistemologischen Kategorie (Erfahrung) nahe, die keine Fragen nach dem »Seins«-Status der empirischen Wirklichkeit engagiert. Auch das gleicherweise biologisch wie methodologisch verstandene Ökonomieprinzip verbindet die beiden Philosophen.

Wenn wir uns, frei von metaphysischen Voraussetzungen, den realen Inhalt dessen vergegenwärtigen, was unserer Erfahrung gegeben ist, so werden wir, nach Mach, bestimmte Gruppen von Qualitäten bemerken, die man ganz einfach als Elemente bezeichnen kann. Es hat keinen Sinn, darüber nachzudenken, ob diese Elemente »an sich« »physisch« oder »psychisch« sind. Das Physische oder Psychische ist kein Merkmal der Erfahrungsbestandteile, sondern eine gewisse Weise ihrer kognitiven Organisation: diese »an sich« neutralen Elemente (z. B. Farben, Töne, Räume, Zeiten, mit einem Wort alle traditionellen primären und sekundären Qualitäten) nennen wir Körper, sofern wir sie untereinander zu gewissen mehr oder minder stabilen Gruppen verbinden und die Gesetze ihrer Kontiguität untersuchen, wie dies die gesamte Naturwissenschaft tut. Dieselben Elemente treten als Empfindungen auf, sofern wir sie als wahrgenommene auf den eigenen Körper beziehen. Die eine oder andere Art der Interpretation ist sekundär im Verhältnis zur primären Gegebenheit der Elemente in der Erfahrung, wobei der Interpretationsgrundsatz eben das Ökonomieprinzip ist, jener unbewußte zweckmäßige Regulator der selbsterhaltenden organischen Funktionen.

Die wissenschaftlichen Gesetze und Theorien tragen in die Gesamtheit der Erfahrung nichts hinein, was nicht bereits selbst darin enthalten wäre, ihre Rolle beruht auf Auslese und Symbolisierung, sie sollen keine absolute Welt reproduzieren, sondern in geordneter Form die biologisch relevanten Bestandteile in einer Weise auswählen, damit die Ereignisse voraussehbar und die gefährlichen Auswirkungen verhinderbar sind bzw. die Auswertung der biologisch nützlichen Qualitäten gewährleistet wird. Zu dieser ordnenden Tätigkeit bedarf es notwendigerweise der Entdeckung und Aufzeichnung gewisser sich wiederholender Elementkomplexe, die wir Dinge (Körper) nennen. Wenn wir einen relativ beständigen Körper in Gedanken von seiner veränderlichen Umgebung trennen, sind wir ganz einfach bestrebt, uns die Unterschiede in der Beständigkeit unter den Elementen zu merken, eine Eigenschaft von eminenter praktischer Bedeutung. Das Nebenergebnis dieser Operation ist die Illusion, daß nach Eliminierung aller Qualitäten noch irgendein unbestimmtes »Subtrat« bzw. «Ding an sich« übrigbleibt. In Wirklichkeit, vom rein empirischen Standpunkt aus, sind die Körper symbolische gedankliche Zeichen, mit deren Hilfe man Elementenkomplexe von einer bestimmten Stabilitätsstufe separieren kann. Das betrifft auch Phänomene wie Raum, Zeit und Ursache. Außer den Wahrnehmungen, die sich auf die Beständigkeit gewisser Zusammenhänge beziehen, können wir mit dem Ursachenbegriff im metaphysischen Sinne überhaupt nichts anfangen. Die Zeit ist ein Parameter, der zur Charakterisierung der Abhängigkeitsrelationen zwischen den Phänomenen dient und bedarf ebenfalls nicht der Zubilligung ontologischer Realität. Mach war auch der Ansicht, wobei er sich der heftigen Kritik Plancks aussetzte, daß die Atome und Moleküle keine andere Realität als eine symbolische besitzen. Nicht anders sah Mach den Begriff der Persönlichkeit oder des Ichs; die Persönlichkeit ist ein Symbol, um das wir bestimmte Qualitätsarten gruppieren, und insofern ist es ein im instrumentalen Sinn nützliches Symbol.

Es ist nicht wahr – und Mach hielt es für wichtig, daß man sich diesen Umstand vergegenwärtigt –, daß es ein Wissen gibt, das etwas über die Welt aussagt und das nicht nur keine Genese, sondern auch keinen empirischen Inhalt hätte. Die Geometrie, sofern sie in der Erfahrung anwendbar ist, ist genauso eine empirische Wissenschaft wie die Mechanik: sie beschreibt in abgekürzter, also idealisierter Form die räumlichen Beziehungen zwischen den Dingen. Sofern im mathematischen Wissen nicht empirische Urteile auftreten, besitzen sie tautologischen Charakter, keineswegs einen synthetischen *a priori*, und beziehen sich überhaupt nicht auf Dinge, sondern formulieren Schlußregeln, die die Anwendung theoretisch geordneter Erfahrungsdaten auf spezielle Fälle erleichtern. Alle unsere Aussagen über die Welt, sowohl die Aufzeichnung von Einzelbeobachtungen wie die sogenannten Prinzipien, Theorien, Gesetze, alle unterstehen der Kontrolle der Erfahrung und erfüllen dank dieser Kontrollmöglichkeit Lebensfunktionen, zu denen sie von der menschlichen Gattung berufen wurden. Die Wissenschaft ist die spezifisch menschliche Art biologischen Verhaltens, und zwar das Mittel der einfachen und wirksamen Kommunikation, die die bloße Erfahrung nicht gewährleistet, wenngleich der reale Inhalt der wissenschaftlichen Erkenntnis nicht über die Erfahrung hinausgeht. Mach gibt den Einfluß zu, den das Werk Darwins auf ihn ausgeübt hat, das gerade in dem Augenblick erschien, als er sein Universitätsstudium abschloß und das es ihm erlaubte, die Entwicklung der Wissenschaft in den allgemeinen biologischen Anpassungsprozeß zu integrieren. »In kürzester Art ausgedrückt erscheint... als Aufgabe der wissenschaftlichen Erkenntnis: Die Anpassung der Gedanken an die Tatsachen und die Anpassung der Gedanken aneinander. Jeder förderliche biologische Prozeß ist ein Selbsterhaltungsvorgang, als solcher zugleich ein Anpassungsprozeß... Denn das physische biologische Verhalten der höher organisierten Lebewesen wird mitbestimmt, ergänzt durch den inneren Prozeß des Erkennens. Denkens.«

Dank dieser Interpretation entfällt auch die Scheidung zwischen dem »deskriptiven« und »erklärenden« Verfahren in der Wissenschaft. Sobald wir über fertige, unter den gegebenen Umständen optimal erschöpfende und optimal ökonomische Beschreibungen des erforschten Systems verfügen, bleibt nichts mehr zu »erklären«. Diese Unterscheidung richtet außerdem, nach Machs Ansicht, Schaden an und führt zu einer Kräfteverschwendung in der Wissenschaft, da sie das Aufstellen überflüssiger, empirisch sinnloser Hypothesen begünstigt und zudem den lächerlichen Anspruch auf die Errichtung eines Wissens rechtfertigt, das universelle und ewige Gültigkeit hätte.

So war Mach nach einer vorübergehenden Anerkennung des Kantischen Gesichtspunktes und einer ähnlichen provisorischen Sympathie für Berkeley selbst zu einer, wie er sagt »natürlichen, von spekulativ-metaphysischen Zutaten freien Weltauffassung« gelangt. »Die durch Kant eingepflanzte Abneigung gegen die Metaphysik, sowie die Analysen Herbarts und Fechners führten mich auf einen dem Humeschen naheliegenden Standpunkt zurück.«

Jene natürliche Weltauffassung enthält, nach Machs Ansicht, keine heiklen Punkte und paradoxen Konsequenzen mehr. Darin ist Raum, ja sogar die Notwendigkeit für die Anerkennung einer Welt einer allen Menschen gemeinsamen Erfahrung gegeben, im Gegensatz zur psychischen Welt, die jedem menschlichen Individuum nur für sich zugänglich ist. Es besteht kein Grund, die Existenz anderer Bewußtseine nicht anzuerkennen, denn die unbezweifelbaren Analogien im Verhalten anderer Individuen zum eigenen Verhalten zwingen dazu. »Die materielle Welt besteht eben in der Verknüpfung der Reaktionen der Elemente, wovon die Verknüpfung der menschlichen Empfindungen nur ein besonderer Fall ist.«

Diese Interpretation erfüllt im höchsten Maße die Forderung der Regel, die Mach selbst als Hauptregel formuliert, und zwar des Prinzips der Denkökonomie. Die Beseitigung der überflüssigen metaphysischen und epistemologischen Fragen, die nicht nur in der »reinen Philosophie« präsent sind, sondern auch die Forschungen der Physiker deformieren, erlaubt die Anpassung der geistigen Anstrengung der Menschen an die realen Bedürfnisse, die die Wissenschaft zu befriedigen hat.

Die Wissenschaft setzt sich nicht aus einzelnen Tatsachen zusammen, die zum Zweck ihrer »Verallgemeinerung« gehortet und multipliziert werden. Der Normalfall in der Entwicklung der Wissenschaft ist eine Tatsache, deren gesetzgebende Kraft sich sozusagen unmittelbar zeigt, d. h., daß das Gesetz sich direkt in der Erfahrung manifestiert, wie die Abhängigkeit der Farbe vom Brechungsexponenten des Lichts (wie Newton entdeckte). Gleichartige elementare Tätigkeiten wie in der Wissenschaft treten sogar schon auf dem Niveau der Tiere auf; die bedingten Reflexe der

Tiere sind nichts anderes als rudimentäre Begriffe, sofern wir dem Wort »Begriff« einen operationalen und nicht philosophischen Sinn zuschreiben. Ähnlich operiert die Wissenschaft stets mit einem gewissen Bestand an »Vorurteilen«, d. h. fertigen Verbindungen, die empirisch festgestellt und in einem Begriffssystem registriert worden sind. Der operationale Wert der einzelnen Systemkomponenten ist einer ständigen Kontrolle unterzogen, im Hinblick darauf, in welchem Maße sich unsere Erwartungen, die jenes Begriffssystem rechtfertigen, erfüllen oder nicht. Unter diesem Aspekt besteht kein Unterschied zwischen der gewöhnlichen Erfahrung, die jedem Wesen zugänglich ist, das ein Nervensystem besitzt, und dem wissenschaftlich organisierten Experiment. Wir können dank dessen die Kontinuität festhalten, die die wissenschaftliche Tätigkeit nicht nur mit der spontanen Alltagserfahrung verbindet, sondern auch mit den der gesamten Tierwelt eignenden Verhaltensweisen. Der Fortschritt in dieser Kontinuität liegt vor allem in der potenzierten Differenzierungsfähigkeit und im steigenden Reichtum der Qualitäten, die man in der Welt wahrnimmt und die bald nützlich, bald schädlich sein können. Vorurteil ist hingegen die Annahme, daß das menschliche Begriffssystem etwas mehr enthalte als die sinnliche Erfahrung, aus der es entstand; es enthält genausoviel, nur in besser organisierter Ordnung. Die menschliche Sprache ist die primäre fundamentale Methode der neuen Erfahrungsorganisation, sie ermöglicht nämlich deren Übertragung und die Fixierung der singulären Errungenschaften im kollektiven Gedächtnis; die Wissenschaft ist die Fortsetzung des nämlichen Prozesses, der die Sprache ins Leben rief und der auch weiterhin die besondere Leichtigkeit gewährleistet, mit der die menschliche Gattung, im Gegensatz zu den niedrigeren Populationen, die erworbenen Erfahrungsbestände kumuliert und weitervermittelt.

Mach betrachtete sich, ähnlich wie die Mehrzahl der Positivisten, weder als einen Philosophen noch als einen Positivisten. Wenn er sich neben den experimentellen Forschungen auf dem Gebiet der Physik und der Physiologie der Sinnesorgane (diese Forschungen gelten als besonders wertvoll für die Optik, Akustik, Wellentheorie sowie für die Theorie der akustischen und kinästhetischen Empfindungen) mit historischen Problemen befaßte, so deshalb, weil er darin die Möglichkeit erblickte, den wirklichen biologischen Sinn der wissenschaftlichen Forschung zu begründen und sich von den »metaphysischen Gespenstern« zu befreien; angesichts der deutschen Schulphilosophie, die nahezu monopolitisch von verschiedenen Varianten des Kantianismus beherrscht war, schrieb Mach seiner Doktrin vor allem zerstörerische Aufgaben zu.

Aus diesem Grund erfüllte seine Theorie, im übrigen gemäß der Intention ihres Autors, obwohl für Mach der Bereich der Fragen, die sinnvoll gestellt werden können, von den Grenzen der wissenschaftlichen Erfahrung bestimmt war, auch Aufgaben »weltanschaulicher Natur«. Richard von Mises sagt in einem allgemeinen Überblick über die Machsche Doktrin, daß sie, nach der Humeschen, die zweite Etappe der »Befreiung, aber auch Humanisierung« darstellte, weil sie dem menschlichen Wissen einen rein praktischen Sinn zurückerstattet und den vermeintlichen Zwang der transzendentalen Welt der Wahrheit über den Geist beseitigt, den Menschen mithin faktisch zum Schöpfer jener geistigen Organisation gemacht habe, in die er die eigene natürliche Umgebung faßte. Es war auch eine Doktrin, die jegliche mythischen und religiösen Vorstellungen aus dem Weltbild ausmerzte. Sie liquidierte auch die agnostische Melancholie, die damals unter anderem mit den Reflexionen du Bois-Reymonds sich ausbreitete, der die Auffassung vertrat, daß es nie gelingen würde, das »Wesen« von Raum, Zeit, Bewußtsein, Kausalnexus noch der Verbindung zwischen den Sinneseindrücken und den Zuständen der Materie zu erkennen. Jenes *ignorabimus* stammt, nach Mach, ausschließlich aus falscher Fragestellung; wenn man nämlich die Priorität der Erfahrung anerkennt, so werden auch Begriffe wie Materieteilchen, »Ich« oder Ursache keinen anderen realen Sinn als einen empirischen besitzen, und es wird keinen Grund geben, in unseren eigenen Begriffskonstrukten nach einer »tieferen«, unserem Blick verborgenen Wirklichkeit zu suchen.

Nach Mach und seinen Anhängern ist es auch nicht wahr, daß die Reduktion der substantiellen menschlichen Individualität oder auch des »Ichs« auf ein symbolisches und nur aus praktischen Gründen geschaffenes Abstraktum, unannehmbare moralische

Konsequenzen heraufbeschwören sollte (»Das Ich ist unrettbar«, schrieb Mach), und zwar die Vernachlässigung des individuellen Lebens in der ethischen Wertung. Im Gegenteil, diese Interpretation verhütet eine Überbewertung des eigenen »Ichs« und die Verachtung für andere, sie erleichtert das Verständnis der Menschheit als einer kooperierenden und interdependenten Einheit. Sie eliminiert dagegen die unfruchtbaren Anstrengungen, die die menschliche Energie im Kampf um die Erhaltung der Gattung zerstreuen, tilgt die Fetische aus den geistigen Beständen des Menschen.

### *7. Kritik der Philosophie des Empiriokritizismus*

Die Kritik, die sich an den Machschen Propositionen entzündete, war mannigfaltig und kam von verschiedenen Standorten. Außer der Antinomie, die in der Anerkennung des Ökonomieprinzips als oberster Erkenntnisregel lag, von der zuvor die Rede war, wiesen die Kritiker häufig darauf hin, daß die Anerkennung der »Elemente« im Machschen Sinn als den Dingen gegenüber Primäres nicht minder arbiträr sei als die entgegengesetzte Konstruktion. Man kann schließlich annehmen, daß die angeblich originären Bestandteile, in die Mach die gewonnenen Erfahrungen zertrümmert, bereits das Ergebnis analytischer Arbeit sind, keineswegs jedoch aus der »voraussetzungslosen« Registrierung der spontanen Alltagsperzeption resultieren. Für Husserl waren besonders die skeptischen Konsequenzen des Empiriokritizismus von Belang: der Verzicht auf die »Wahrheit« in dem Sinn, in dem dieses Wort mit der gesamten Tradition der europäischen Kultur verbunden war und die Reduktion der Erkenntnis auf eine gewisse besondere Art von biologischer Reaktion. Diese, nach Husserls Meinung katastrophalen, weil das Gesamt der Werte zerstörenden Resultate, auf denen diese Kultur sich aufbaut (die Präsenz einer vom Menschen unabhängigen »Wahrheit« in unseren Erkenntnisinhalten, die Absolutheit der fundamentalen Regeln der moralischen Wertung), rekurrieren jedoch auf unrechtmäßige Schlußfolgerungen. Die Empiriokritiker analysieren nämlich den Erkenntnisprozeß mit den Mitteln der experimentellen Psychologie oder Nachforschungen auf dem Gebiet der empirischen Geschichte; danach schreiben sie diesen Resultaten »objektive« Bedeutung zu, um zu zeigen, daß kein Wissen Anspruch auf »objektive« Bedeutung in eben diesem Sinn erheben dürfe. Die Vermutung der Empiriokritiker, daß sie ohne philosophische Voraussetzungen auskommen, ist demnach irrig, und die Erkenntnistheorie, die auf der unkritischen Akzeptation der Resultate der empirischen Wissenschaften basiert, kann sich dem Vorwurf, sich im Zirkel zu bewegen, nicht entziehen. Nur der vorläufige Verzicht auf die Ergebnisse der Empirie und die Resultate des detaillierten Wissens ermöglicht die Entdeckung jener endgültigeren Quellen, in denen die Ansprüche der Wissenschaft auf »Wahrheit« verwurzelt sind; kein empirisches Wissen darf sich einbilden, seinen Ergebnissen mit eigenen Mitteln einen epistemologischen Sinn zuschreiben zu können.

Eine andere Konsequenz des Empiriokritizismus, die Besorgnis erregte, war die Eliminierung der sachlichen Inhalte, die in dem Begriff der Persönlichkeit als eines realen Seins enthalten waren (selbstverständlich nicht unbedingt einer »geistigen« Substanz). Der Subjektivismus des Empiriokritizismus führte nämlich zur Zersetzung des Subjekts in dieselben Bestandteile, aus denen die Dinge konstruiert sind, indem er die Frage nach einen Korrelationssystem zwischen den »äußeren« Sachverhalten und den Empfindungsinhalten ausschaltete. Das war eines der Argumente, die Bergson gegen den Positivismus dieser Spielart erhob.

Der radikale Monismus, den das empiriokritische Denken intendierte, bestand zwar nicht darin, daß er die Welt auf Teile des psychologischen Subjekts reduzierte, denn gerade das psychologische Subjekt im gängigen Sinne hörte dort auf zu existieren; er sicherte sich jedoch Kohärenz auf dem Wege einer eigenartigen Homogenisierung der Welt, bei der der Ausgangsbegriff bedeutend unverständlicher war als bei den Idealisten. Der Glaube an die Existenz absolut originärer »Elemente« der Erfahrung, die neutral gegenüber die Dichotomie von »Psychischem« und »Physischem« sind, und eben dieser Glaube konstituiert die Besonderheit des Empiriokritizismus, schien vielen Kritikern eine rein verbale und arbiträre Voraussetzung. Der Begriff jener neutralisierten Erfahrung wurde auch dadurch nicht klarer, daß sie originär war, und die Kritiker vermuteten gelegentlich, daß die Dichotomie »transzendent-immanent« sich nicht vermeiden lasse, sie interpretierten die Doktrin von Mach und Avenarius demnach im immanentistischen Geist, wogegen Avenarius entschieden protestierte. Im Grunde ging es den Empiriokritikern darum, die traditionelle epistemologische Frage als falsch gestellte auszumerzen und zu einer kognitiven Situation zurückzufinden, die beide als »natürliche« ansahen, das heißt zu einer solchen, die überhaupt ohne das »Brückenproblem« oder ohne anders formulierte Versionen der elementaren epistemologischen Frage auskommt. Um das Fehlerhafte der epistemologischen Fragestellung zu zeigen, griffen sie jedoch auf eine Argumentation zurück, die eine Erfahrungskategorie voraussetzte, welche keineswegs selbstverständlich war und versuchten sie auf atomare Bestandteile zu reduzieren, die für die Kritiker wiederum abstrakte Konstruktionen in einem noch größeren Maße darstellten als es für Mach »Körper«, »Räume« und »Ursachen« waren. Wie stets in Streitfragen, in denen man zu absolut endgültigen und irreduziblen »Daten« der Erfahrung vordringen will, war das Endergebnis arbiträr, sofern in den Prozeduren, die zu ihm führten, Elemente sich befanden, die einem »nicht-endgültigen« oder auch nichtzerlegten Bestand an Gegebenheiten entstammten.

In eben dieser Frage, psychologische oder immanentistische Interpretation des Empiriokritizismus, gilt es, die Stellungnahme Lenins zu erwähnen, der 1909 seine berühmte Abhandlung *Materialismus und Empiriokritizismus* veröffentlichte, in der er eine scharfe Polemik gegen die russischen Anhänger dieser Richtung durchführte, aber auch gegen ihre westlichen Quellen. In Rußland erfreute sich der Empiriokritizismus, vor allem nach der gescheiterten Revolution von 1905, großer Popularität, besonders unter der linken Intelligenz, und hier bei den vorwiegend, wenn auch nicht ausschließlich bolschewistisch orientierten Sozialdemokraten von denen A. A. Bogdanov als der bedeutendste anzusehen ist. Die russischen Empiriokritiker waren der Ansicht, daß diese Philosophie gut mit dem revolutionären Geist der Sozialdemokratie und ihrem politischen Radikalismus harmonisieren, da sie sowohl die mythologischen Vorstellungen wie die vor- oder pseudowissenschaftlichen Fetische aus dem Weltbild vertreibe und den Weg für eine exakte wissenschaftliche Weltanschauung eröffne, die mit dem unfruchtbaren Verbalismus der früheren Metaphysik breche. Wie wir den Aufzeichnungen Valentinovs, eines der aktiven Teilnehmer an der empiriokritischen Bewegung in Rußland, entnehmen können, zog gerade der Subjektivismus dieser Philosophie die Revolutionäre an, die sich vorstellten, daß er ihnen gewissermaßen eine philosophische Entsprechnung ihrer politischen Lehre liefere, die auf den bewußt organisierten und auf die Energie der Partei bauenden sozialen Umsturz gerichtet war. Plechanov, der damals von der Notwendigkeit des historischen und ökonomischen Heranreifens der revolutionären Bedingungen schrieb (das Proletariat könne die Macht nicht erringen, bevor die kapitalistischen Verhältnisse nicht voll entfaltet seien) und der aus diesem Grund zusammen mit Trotzki Lenin des »Blanquismus« und des Glaubens an die arbitrare, »konspirative« Akzeleration der sozialen Entwicklung bezichtigte, unterstellten einen Zusammenhang zwischen dem politischen Standpunkt der Bolschewiki und der unter ihnen populären Philosophie des Empiriokritizismus. Die russischen Machisten selbst sahen keinerlei Widerspruch zwischen ihrem Standpunkt und der Marxschen Doktrin: sie beriefen sich dabei auf die im subjektivistischen Sinn interpretierten *Thesen über Feuerbach*.

Lenin trat jedoch, die in den damals bekannten philosophischen Schriften Engels' dargelegte Philosophie zitierend, zu einer heftigen Kritik des Empiriokritizismus an. Sein Werk war eine Verteidigung des materialistischen Standpunktes, und in der empiriokritischen Doktrin erblickte er lediglich verbale Ausflüchte, die einen mit dem Berkeleyschen Idealismus identischen Inhalt decken sollten. Nach Lenin ist eine Philosophie unhaltbar, die Neutralität gegenüber der Dichotomie zwischen Psychischem und Physischem voraussetzt; die Interpretationen von Mach, Avenarius und ihnen nahestehenden Philosophen reduzierten die Erfahrungswelt auf psychische Inhalte des Subjekts oder behandelten sie als Bewußtseinskorrelat, das dem Bewußtsein unvermeidlich verbunden ist. Die Konsequenz dieses Standpunktes ist nach Lenin, die Anerkennung der gesamten Wirklichkeit als eines subjektiven Gebildes, ein Standpunkt also, der den rein solipsistischen Konklusionen nicht entrinnen kann und der, unter anderem auf den Wahrheitsbegriff als der Übereinstimmung zwischen den Erkenntnisinhalten und der von diesen unabhängigen materiellen Welt verzichten muß. Dieser Doktrin setzte Lenin den materialistischen und realistischen Standpunkt entgegen, einen Standpunkt, den er Theorie der Widerspieglung nannte. Dieser zufolge ist die in der Erfahrung gegebene Wirklichkeit eine von der Wahrnehmung unabhängige körperliche Welt, die vom Geist im Erkenntnisprozeß kopiert wird. Die Empfindungen fotografieren gewisserweise die physischen Objekte, die einzige real existierende Wirklichkeit. Wahrhaftigkeit bedeutet demnach, gemäß der traditionellen Formel, die Übereinstimmung der Erkenntnisinhalte mit der vom Menschen unabhängigen Welt, wobei diese Kategorie ebenso auf Sätze zutrifft wie auf Empfindungen und Begriffe, die ebenfalls eine Widerspiegelung der Welt darstellen. Der Erkenntnisprozeß sei allerdings nie endgültig abgeschlossen, daher sei die Wahrhaftigkeit unseres Wissens stets relativ. Die Relativität der Wahrheit beruhe jedoch nicht darauf, daß etwas nur bezüglich eines bestimmten Wissensstandes, einer bestimmten historischen Formation oder gar eines bestimmten menschlichen Individuums wahr sei, sondern darauf, daß die wissenschaftlichen Urteile nie bis zu einem Grad exakt seien, der zu der Annahme berechtigen würde, daß sie nicht in Zukunft Korrekturen unterzogen werden könnten; darüber hinaus erreiche der Grad der empirischen Überprüfung niemals absolute Bedingungen, das heißt, es gebe keine vollendet verifizierten Urteile. Nach Lenin liefern die Resultate der Wissenschaft unwiderlegbare Argumente gegen die idealistische Interpretation Machs: die Tatsache, daß der Mensch ein Produkt der Natur sei, das in einem bestimmten Augenblick der biologischen Entwicklung in Erscheinung trete, spreche hinreichend dafür, daß es in einem bestimmten Augenblick eine Wirklichkeit ohne Menschen gegeben habe; die Idealisten behaupten jedoch, die physische Welt sei ein Produkt des denkenden Ichs, können die glaubwürdigen wissenschaftlichen Informationen also nicht akzeptieren. Überdies bestehe kein Zweifel, daß das Denken eine Funktion des Gehirns sei, also eines bestimmten materiellen Objekts, und auch das vermag ein Empiriokritiker, nach Lenins Dafürhalten, nicht anzuerkennen, wenn er die physischen Objekte als Erzeugnisse des Denkens betrachtet. Lenin stimmt dem zu, daß es keinen Unterschied zwischen der Erscheinung und dem Ding an sich im Kantischen Sinn gibt, doch bedeutet das für ihn nicht, daß die Erscheinungswelt, verstanden als die Inhalte der Empfindungen, die einzige zugängliche Welt ist, sondern lediglich, daß es keine absolut unerkennbaren Dinge gibt. Es gibt jedoch die Unterscheidung zwischen dem erkannten und dem *noch nicht* erkannten Ding, doch unabhängig von uns läßt sich die Existenz dieser noch-nicht-erkannten Wirklichkeit nicht anzweifeln, und unsere Empfindungen sind keine Wand, jenseits derer wir uns die Gegenwart der Dinge denken können, sondern sind die genauen Abbilder dieser Dinge im menschlichen Kopf. Alle diese Hypothesen lassen sich, so Lenin, rechtfertigen, wenn man sich auf das Kriterium der Praxis beruft, das die vollkommenste Methode ist, sich von der Wahrheit oder Falschheit unserer Gedanken zu überzeugen; immer dann, wenn eine Tätigkeit, die aufgrund einer bestimmten Information unternommen wurde, sich als erfolgreich erweist, ist diese Information hinreichend bestätigt; der Mißerfolg deutet auf einen Fehler in unseren Kenntnissen, die als Grundlage der praktischen Unternehmungen akzeptiert worden sind. Jenes letzte Verfahren findet besondere Anwendung in der sozialen Praxis, da die Triftigkeit der Analyse der sozialen Situation durch die Wirksamkeit der politischen Aktionen bestätigt wird, die aufgrund dieser Analyse unternommen wurden. Es geht hierbei nicht darum, daß die Nützlichkeit der Annahme einer bestimmten Wahrheit diese Wahrheit konstituiert, sondern darum, daß die unabhängig vom Menschen sich vollziehende Widerspiegelungsrelation zwischen dem Urteil und einem bestimmten faktischen Sachverhalt sich mit Hilfe praktischer Einwirkungen auf jenen Sachverhalt feststellen läßt und dank dessen, daß man sich davon überzeugt, ob die Einwirkungen das erwartete Resultat zeitigen.

Auch in vielen detaillierten Fragen, die die allgemeinen Interpretationsgrundsätze des Empiriokritizismus auf wichtigere philosophische Kategorien ausdehnten, übte Lenin an den Gegnern unversöhnliche Kritik. Er verteidigte unter anderem den Kausalitätsbegriff als einen Begriff, der den faktisch notwendigen Zusammenhang zwischen den Ereignissen beschreibt und sich nicht auf eine rein empirische Funktionsabhängigkeit reduzieren lasse. Er verteidigte auch den Gesichtspunkt von Engels bezüglich der kognitiven Funktion solcher Begriffe wie Zeit und Raum; Zeit und Raum seien namentlich keine selbständigen Entitäten mit einem von den Körpern unabhängigen Seinsstatus, sie seien aber auch keine subjektiven Gebilde, weder Produkte der organisierenden apriorischen Kraft der Vernunft, wie Kant behauptete, noch die Resultate empirischer Verfahren, die die Erscheinungen in bestimmte Abhängigkeitstypen gliedern; es seien objektive Eigenschaften der physischen Objekte.

Gleichzeitig führte Lenin aus, daß der idealistische Standpunkt seiner Gegner in der Folge zur Anerkennung der religiösen Glaubensinhalte zwinge und daß die eigentliche Intention der Idealisten die Verteidigung der Religion sei, wie es das Beispiel Berkeleys demonstriere. Auch aus diesem Grund, wenn auch nicht ausschließlich aus diesem, betonte Lenin ausdrücklich eine Regel, die er das Prinzip der Parteilichkeit in der Philosophie nannte. Dieses bedeutet erstens, daß man in der Philosophie in keiner Weise der Wahl zwischen Idealismus und Materialismus ausweichen könne und daß jeder, der philosophisches Denken betreibt, sich für einen dieser beiden Standpunkte aussprechen muß, und daß jeder Versuch, sich über diesen prinzipiellen Konflikt zu stellen oder ihn zu umgehen, ein heuchlerischer Versuch ist, den Idealismus zu verteidigen; dieses Prinzip bedeutet zweitens, daß die philosophischen Doktrinen stets Instrumente in der Hand der Parteien oder politischen Institutionen sind und daß das philosophische Engagement stets, unabhängig von der Intention, zugleich ein politisches ist. Da der Idealismus stets ein Werkzeug zur Aufrechterhaltung der Religion sei, steht er unvermeidlich im Dienst der ausbeuterischen Klassen, während der Materialismus, im Gegensatz dazu, zumindest gegenwärtig die Philosophie des kämpfenden Proletariats darstelle. Entgegen der Vorstellung einiger russischer Empiriokritiker besteht, nach Lenins Meinung, keinerlei Zusammenhang zwischen dem politischen Standpunkt, der hauptsächlich auf die organisierende Energie der Partei bei der Vorbereitung zur Revolution eingestellt ist (nicht dagegen ökonomische Reife abwartend) und der subjektivistischen Philosophie.

Lenins Werk spielte eine sehr große Rolle in der späteren Geschichte des Marxismus, insbesondere in der Zeit, da Stalin die wichtigsten Gedanken dieses Werkes in dem populären Aufsatz *Über dialektischen und historischen Materialismus* zusammenfaßte, der eine lange Zeit Gegenstand des allgemeinen und obligatorischen Unterrichtes im sowjetischen Schulwesen war.

Wenn wir die Hauptideen des Empiriokritizismus insgesamt betrachten, fallen uns folgende Merkmale auf: erstens, die philosophische Destruktion des Subjekts; zweitens: das biologische und praktische Verständnis der kognitiven Funktionen, die Reduktion des intellektuellen Verhaltens auf rein organische Bedürfnisse und der Verzicht auf »Wahrheit« im transzendentalen Sinn; drittens, der Wunsch, zum originären Konkretum in der Gesamtheit der menschlichen Gegebenheiten zurückzufinden, zur »natürlichen« und nicht durch metaphysische Fiktionen vermittelten Welt. Der letzte Punkt ist kennzeichnend für die unterschiedlichsten Tendenzen, die in der europäischen Philosophie um die Jahrhundertwende zu Wort kommen. Dieses Bestreben finden wir bei Husserl ebenso wie bei Bergson, wenngleich die Methode der geistigen Strukturalisierung und Artikulation in jedem Fall völlig anders aussieht. Für Husserl ist gerade das pragmatisch und technologisch orientierte Wissen dasjenige, welches das menschliche Bewußtsein gewisserweise vom ursprünglichen Kontakt mit den Dingen zurückhält, indem es die Erkenntnis nach brauchbaren Strukturen organisiert, ohne sich für das Weltverständnis und die wahre Entsprechung der darin angenommenen Scheidungen bezüglich dessen zu interessieren, was das Wesen des Dings selbst, unabhängig vom existentiellen Beiwerk, enthält. Auch für Bergson rekonstruiert die praktische Intelligenz, die im gewöhnlichen Leben und beim Aufbau des empirischen Wissens wirksam ist, die Welt gemäß den praktischen Anpassungsbedürfnissen der Gattung und kann naturgemäß nicht über jenen Gesichtspunkt hinausgehen; sie begibt sich also mit fertigen Werkzeugen zur Selektion der Phänomene an die Arbeit und zerlegt die Welt in künstliche, aber praktikable abstrakte Fiktionen, denen sich Veränderung und unräumliche Dauer (*la durée*) der Welt unweigerlich entziehen. Deshalb setzt die Rückkehr zum Konkretum die Überwindung des praktischen und analytischen Standpunkts zugunsten des unvermittelten Verkehrs mit dem Objekt voraus, der gewisserweise zur Identifikation des Subjekts mit dem Objekt führt und erlaubt, seine spontane und nicht ausdrückbare Bewegung direkt zu assimilieren.

In allen diesen Versuchen ist jedoch, wir wiederholen, das Streben zu einem natürlichen Beobachtungspunkt gegeben, und in allem, was beachtenswert ist, inhibiert es eine endgültig konstante Konstruktion des individuellen menschlichen Subjektes; bei Husserl deshalb, weil das empirische Ich vom Akt der transzentalen Reduktion erfaßt werden muß, und die konginitiven Akte, die sich innerhalb des reduzierten Bereiches abspielen, wenn sie auch stets das Auseinanderhalten von kognitivem Akt und seinem Inhalt zulassen, setzen die Existenz einer realen Persönlichkeit nicht mehr voraus, sondern ein transzendentales *ego*, das nichts anderes mehr ist als ein Reservoir gereinigter gedanklicher Inhalte. Bei Bergson ist das empirische *ego* dank der Unterscheidung zwischen dem Tiefen-Ich und den rein zerebralen Funktionen scheinbar gesichert, jedoch zerfließt es mit dem Augenblick, in dem klar wird, daß es stets eine Art Partizipation an dem allgemein »Psychischen« der Welt ist, innerhalb dessen die Grenzen des singulären Objekts sich bei genauerem Hinsehen genauso verwischen wie die Grenzen der Individualität des Dinges in rein physikalischen Wirkungen; wenn das physikalische Objekt sich bei genauerer Analyse eher als Konstrukt erweist, das aus dem unendlichen Kosmos-Konkretum ausgeschnitten ist, so muß man annehmen, daß auch das psychische Subjekt sich letztlich nicht anders rekonstruieren läßt als durch kongnitive Verfahren, die die Welt partikularisieren, sofern die verborgene kosmische Entwicklungskraft eine genauso unteilbare Totalität darstellt wie das dem Auge der Wissenschaft sich darbietende physische Universum.

Alle diese Doktrinen sind darüber hinaus von der Überzeugung getragen, daß die wissenschaftlich organisierte Welt, unabhängig davon, wie man die Grenzen zieht, die dieser Organisation eignen, das Resultat der schöpferischen Kraft des Menschen ist, daß der Mensch also gewissermaßen die Verantwortung für das *Ding* trägt, das sein wissenschaftliches Denken konstruiert. Diese Überzeugung, ein weiteres Bindeglied der ansonsten verschiedenen Doktrinen, sollte zum fundamentalen Kennzeichen des Denkens unseres Jahrhunderts werden und sich in den verschiedendsten Bereichen nachhaltig offenbaren.

Diese beiden Komponenten, die Rückkehr zur »natürlichen« Einstellung und die Anerkennung jener natürlichen Einstellung als eines aktiven, organisierenden Aktes, rechtfertigen die Behandlung der ganzen philosophischen Epoche als einer relativ geschlossenen Formation, die in Korrelation zum modernistischen Stil der damaligen populären Weltanschauung und den literarischen Strömungen stand. Der Empiriokritizismus reproduziert zwar in mitunter radikalerer Version die Hauptideen des positivistischen Denkens, aber der Sinn dieser Ideen ist dem besonderen Stil seiner eigenen Zeit angepaßt.

# VI. Konventionalismus – Destruktion des Tatsachenbegriffs

## *1. Der Grundgedanke der konventionalistischen Kritik*

Der sogenannte Konventionalismus läßt sich nicht als gesonderte »Schule« charakterisieren. Er ist ein Standpunkt in einigen wichtigen Fragen, die sich auf Methoden und Sinn wissenschaftlicher, vor allem physikalischer Thesen bezieht, und wurde von französischen philosophierenden Physikern und Mathematikern formuliert, die dem Empiriokritikern nahestanden, wenngleich sie unabhängig von ihnen arbeiteten (es gibt die Auffassung, daß Henri Poincaré in Frankreich fälschlicherweise als Begründer der »wissenschaftlichen Philosophie« gelte, da Mach alle seine Ideen früher, besser und resoluter formuliert habe). Der konventionalistische Standpunkt kann auch auf dem Gebiet der humanistischen Wissenschaftstheorie beobachtet werden, wo er seine Entsprechungen hat, historisch pflegt man diese Bezeichnung jedoch der Methodologie der Naturwissenschaften vorzubehalten. Der Konventionalismus zeichnet sich eher durch den Problembereich denn durch eine separate philosophische Doktrin aus.

Der fundamentale Gedanke des Konventionalismus läßt sich folgendermaßen formulieren: bestimmte Sätze der exakten Wissenschaft, die fälschlich als auf Registrierungen und Generalisierungen basierende Weltbeschreibung gelten, sind faktisch künstlich gesetzte Konstruktionen, und das Motiv ihrer Anerkennung ist nicht der Zwang der Empirie, sondern sind andere Rücksichten, vor allem die Bequemlichkeit, der geistige Nutzen, aber auch ästhetische Vorzüge. Die Konventionalisten vertreten hinsichtlich der faktischen Genese des Wissens den empiristischen Standpunkt, lassen den Empirismus jedoch nicht als Norm gelten, die die anerkannten Urteile durch den Rekurs auf empirische Daten als hinreichender Instanz rechtfertigen läßt. Ein wenig präziser läßt sich dieser Gedanke folgendermaßen formulieren: die Erfahrungsdaten belassen stets eine nichtnullwertige Amplitude von verschiedenen möglichen erklärenden Hypothesen, und die Entscheidung zugunsten bestimmter Hypothesen gegen andere kann nicht empirisch präjudiziert werden; die Konkurrenz-Hypothesen, die die gegebene Faktengruppe erklären, können logisch gesehen ebenso »gut« sein, unsere Präferenzen werden mithin bei der Wahl zwischen ihnen von außerempirischen Umständen bestimmt.

In diesem Sinn also hat das Weltbild einen konventionellen Charakter. Von verschiedenen Seiten wurde darauf hingewiesen, daß es auch in einem anderen Sinn konventionell sein könne: die Urteile der Physik haben nämlich im allgemeinen analytischen Charakter und formulieren projektbestimmende verbale Entscheidungen unter dem Vorwand von Beobachtungsnotationen. Insgesamt ist jedoch der Anteil verbaler oder ökonomisierender oder ästhetischer Konventionen im gesamten wissenschaftlichen Weltbild sehr bedeutend, und die Beobachtung richtet sich gegen den naiven Glauben von der Wissenschaft als der »verallgemeinernden« Beschreibung »roher« Fakten, wo der Einbahnverkehr des Gedankens von der »Tatsache« zum »Gesetz« den Erkenntnisfortschritt regelt.

Der französische Konventionalismus ist vor allem mit dem Namen des hervorragenden Mathematikers und Physiktheoretikers Henri Poincaré (1853–1912), des bedeutenden Historikers der Naturwissenschaft und Physikers Pierre Duhem (1861–1916), des Philosophen und religiösen Schriftstellers Edouard Le Roy (1870–1954) verbunden; der letztere ist zudem bekannt als Popularisator der Bergsonschen Philosophie und als einer der aktivsten Teilnehmer an der modernistischen Bewegung im französischen Katholizismus. Später finden wir eine große Anzahl von Beobachtungen im selben oder radikaleren Geist bei dem deutschen Methodologen Hugo Dingler (1881–1954), und bei dem bedeutendsten polnischen Philosophen der letzten fünfzig Jahre, Kazimierz Ajdukiewicz (1890–1963).

Die französischen Philosophen waren weniger am Aufbau einer ganzheitlichen szientistischen Philosophie engagiert, sie wandten sich mehr detaillierten Problemen zu, die mit dem Sinn physikalischer Hypothesen zusammenhingen und aus den der Physik eignenden Schwierigkeiten erwuchsen, denselben, aus denen die Relativitätstheorie entstanden war (Einstein sprach übrigens davon, daß er die erste Anregung für die spezielle Relativitätstheorie, die relative Gleichzeitigkeit der Ereignisse in bezug auf das Koordinatensystem, von Mach erhalten habe). Sie intendierten auch nicht sosehr die Liquidierung der Metaphysik, sondern die deutlichere Abgrenzung ihres epistemologischen Status' von den wissenschaftlichen Ergebnissen, indem sie den letzteren einen konventionellen Sinn gaben. Das, was sich »positivistische Weltansicht« nennt, ist in dieser Doktrin bedeutend schwächer vertreten. Man darf dieses Phänomen in der Geschichte des Positivismus dennoch nicht übergehen, denn die ähnliche Art der Fragestellung und die Nachwirkungen der konventionalistischen Überlegungen in der Entwicklung des Positivismus sind gravierend genug, um ihre Integration in die Geschichte der positivistischen »Strömung« zu legitimieren.

### *2. Undurchführbarkeit der Verifikation und Falsifikation von Hypothesen*

Ein kennzeichnender Punkt in den Gedankengängen der Konventionalisten ist die Kritik des »Tatsachen«-Begriffs als einer möglichen Bestätigung des »wissenschaftlichen Gesetzes«. Es gibt überhaupt keine reine Erfahrung, d. h. eine Tatsache, die die anfangs vorausgesetzten theoretischen Prinzipien nicht implizieren würde, und gewisserweise »direkt aus der Natur« aufgezeichnet wäre. Die Geltung bestimmter wissenschaftlicher Gesetze ist nämlich im Funktionieren der wissenschaftlichen Meßgeräte selbst und im Ablesungsverfahren ihrer Angaben impliziert. Das läßt sich an zahlreichen Beispielen veranschaulichen, die besonders von Duhem und Le Roy angeführt werden. Die Reflexionsgesetze des Lichts beispielsweise untersucht man mit Hilfe von Flachspiegeln, aber bei der Herstellung dieser Spiegel setzt man diese Gesetze bereits als gültig voraus. Um die Angaben eines Thermometers abzulesen, muß zuvor das gleichmäßige Ausdehnungsvermögen der Körper durch Wärme vorausgesetzt werden, diese Überzeugung liegt nämlich dem Funktionieren des Thermometers zugrunde; um jedoch die gleichmäßige Ausdehnbarkeit durch Wärme festzustellen, bedarf es des Thermometers. Wenn wir durch ein Vergrößerungsglas blicken, registrieren wir nicht unsere Wahrnehmungen als Ganzes, wir eliminieren vielmehr aus dem wahrgenommenen Bild bestimmte Fragmente (z. B. die Spektralränder); um dies legitim zu tätigen, muß zuvor die Triftigkeit einiger optischer Gesetze vorausgesetzt werden. Das simpelste Gerät impliziert bestimmte Gesetze in der Art, daß die mit seiner Hilfe konstatierte »Tatsache« nur im Verbund mit diesen Gesetzen gegeben ist. Wenn man die wissenschaftlichen Gesetze also experimentell verifiziert, setzt auch das Experiment die fertigen Gesetze voraus. Es gibt demnach keine Einbahn-Verifikation, sondern nur eine zyklische, es gibt keine »originären Tatsachen«, »Grund-Sätze« oder ähnliche Konstrukte, denn die Tatsachenbeschreibung enthält bereits die fertigen Theorien.

Aus dieser Beobachtung geht hervor, daß ein *experimentum crucis* in der Wissenschaft unmöglich ist, das heißt eine experimentelle Situation, die eine bestimmte Hypothese unwiderruflich und eindeutig zugunsten einer anderen falsifizieren würde. Sofern wir nämlich eine beliebig aufgestellte Hypothese widerlegen, tun wir es mit Hilfe von Geräten, die stets eine gewisse Anzahl von Gesetzen implizieren, und diese Gesetze sind selbst genauso in die Falsifikationsprozedur verwickelt wie die bezweifelte Hypothese. Wir wissen demnach nicht, welche von den logisch möglichen Hypothesen wir eigentlich widerlegt haben: die, um die es ging, oder die, die man beim Bau der Instrumente voraussetzen mußte. Demnach gibt es keine Induktion im tradierten Wortsinn. Die Entscheidungen besitzen in solchen Fällen keinen Rückhalt in der Erfahrung, sie sind vielmehr auf Rücksichten der Konsistenz, Bequemlichkeit und andere zurückzuführen. Eine physikalische Theorie ist eine künstliche Konstruktion, und die Falsifikation betrifft in der Regel eine bestimmte Konjunktion von Hypothesen, unter denen wir nur konventionell eine als vom negativen Urteilsspruch des Experiments betroffen ansehen.

Wenn die Hypothesen sich gegenseitig bestätigen, nicht aber durch Berufung auf originäre und nackte Tatsachen, so ist stets eine Vielzahl möglicher und einander widersprechender theoretischer Systeme gegeben, die die Ganzheit der Erfahrung gleich gut erklären.

Man kann zwar, nach Le Roys Auffassung, nackte Tatsachen von den wissenschaftlichen Tatsachen unterscheiden, doch nur in dem Sinn, daß die »nackte Tatsache«, oder vielmehr die Beschreibung einer solchen, ganz einfach die Registrierung rein subjektiver Eindrücke ist, introspektiven Charakter besitzt und wissenschaftlich wertlos ist. Die »wissenschaftliche Tatsache« ist dagegen bereits eine Konvention, die in gekürzter Form den beobachteten Prozeß unter Verwendung nicht empirischer Kategorien aufzeichnet. Wir sagen zum Beispiel: »Der Strom fließt durch den Stromkreis.« Doch in der Sinneserfahrung ist keinerlei *Fließen* wahrnehmbar. Wir haben es mit verschiedenen Phänomenen zu tun, wie z. B. der Verschiebung des Zeigers am Galvanometer, der Erwärmung des Stromkreises, dem Aufleuchten der Glühbirne oder der Magnetisierung des Metalls; alle diese Phänomene beschreiben wir mit Hilfe einer vereinfachenden und sparsamen Abkürzung als ein Fließen des Stromes, reduzieren sie somit allesamt auf eine deskriptive Form. In dem Ausdruck »der Strom fließt« ist jedoch nichts außer dem enthalten, was in der Summe jener Erfahrungen enthalten ist; er ist lediglich ein bequemes Wortinstrument, nicht aber die Beschreibung des realen Verlaufs (wir dürfen nicht vergessen, daß diese Reflexionen in einer Zeit entstanden sind, als man über die Realität der Atome diskutierte).

Duhem wiederum unterscheidet zwischen praktischen Tatsachen als bestimmten Messungsfeststellungen und theoretischen Tatsachen, d. h. den Aufzeichnungen dieser Feststellungen zu wissenschaftlichen Zwecken. Das Meßgerät, z. B. ein Thermometer, zeigt die Temperatur stets nur in gewissen Genauigkeitsgrenzen an. Die praktisch gemessene Temperatur eines Körpers läßt also unendlich viele annähernde Möglichkeiten zu; mit anderen Worten: ein und dieselbe praktische Tatsache kann ebensogut mit Hilfe einer unendlichen Anzahl von Formeln aufgezeichnet werden, zwischen denen wir konventionell wählen dürfen. Die Vervollkommnung der Instrumente eliminiert diese Situation nicht, denn sie beseitigt niemals die Grenzen des möglichen Fehlers, sondern verringert sie nur, und in einem beliebig kleinen Bereich sind stets unendlich viele Interpretationen möglich.

Den exstremsten Standpunkt bezüglich der Konventionalität der wissenschaftlichen Gesetze formulierte Le Roy. Seiner Ansicht nach stellt die Mehrzahl dieser Gesetze Zuordnungsdefinitionen dar. Das Gesetz des freien Falls der Körper ist ein analytischer Satz, es definiert den freien Fall: wenn wir nämlich auf einen Fall stoßen würden, der nach einem anderen Schema der Geschwindigkeitsveränderungen abläuft, als dieses Gesetz vorsieht, würden wir das Gesetz nicht modifizieren, sondern ganz einfach anerkennen, daß dies kein freier Fall sei, ähnlich wie wir die These nicht verifizieren, die besagt, daß die Diagonalen eines Quadrats sich im rechten Winkel treffen, da wir Körper oder Figuren, in denen die Diagonalen sich nicht so verhalten, ganz einfach nicht als Quadrate ansehen. Der Sinn des Wortes »freier Fall« ist selbst durch dieses Gesetz bestimmt. Ähnlich ist das Gesetz von der Erhaltung der Materie die Definition eines geschlossenen Systems. Ähnlich ist, ein berühmtes Beispiel, der Satz »Phosphor schmilzt bei 44 Grad C« kein Bericht über eine Erfahrung, sondern eine Definition bzw. Teildefinition des Phosphors; einen in anderer Hinsicht ähnlichen Körper, der jedoch einen anderen Schmelzpunkt hat, werden wir nicht als Phosphor bezeichnen. Die vermeintlichen Gesetze sind demnach Definitionen, denn sie charakterisieren bestimmte Sachverhalte in einer Weise, daß diese Charakteristik das Erkennungszeichen für eben diesen Sachverhalt darstellt. Diese Hypothesen werden von der Erfahrung weder falsifiziert noch verifiziert, da man stets eine scheinbar konträre Erfahrung ohne Änderung der Hypothese anerkennen kann, indem man ganz einfach sagt, daß der untersuchte Gegenstand nicht unter die angenommene Bezeichnung fällt. Der Anteil der Konvention bei der Bildung der Wissenschaft ist auch, wie Poincaré demonstrierte, an dem Umstand abzulesen, daß man die widerlegte Hypothese stets, wenn man will, durch die Annahme zusätzlicher Hypothesen retten kann, die das falsifizierende Experiment durch verborgene Parameter oder die Wirkung anderer Faktoren erklären kann, durch die der erwartete Verlauf modifiziert wurde. Es gibt, zum Beispiel, drei Methoden, die Masse des Jupiters zu berechnen, auf der Basis der Bewegung seiner Trabanten, auf der Grundlage der Pertubation der großen Planeten sowie der kleinen. Jede Methode liefert geringfügig voneinander abweichende Ergebnisse. Wir können anerkennen, daß es verschiedene Gravitationskoeffizienten gibt; dies wäre eine logisch vertretbare Lösung, aber kompliziert und heikel; wir nehmen daher die Anwesenheit gewisser Messungsfehler an, wobei wir uns von der Rücksicht auf die Einfachheit der Theorie leiten lassen.

In allen Gesetzen, die irgendwelche funktionellen Abhängigkeiten festsetzen, ist ein wesentlicher Anteil von Fiktion gegeben, behauptet Poincaré weiter (auch Dingler unterstreicht diesen Umstand). In der graphischen Darstellung präsentiert sich diese Abhängigkeit, im festgesetzten Bereich, als eine gewisse Anzahl von Punkten eines Koordinatensystems; diese Punkte verbinden wir durch eine Kurve, wobei wir annehmen, wozu die Empirie allein nie endgültig berechtigt, daß es eine regelmäßige Linie ist, und nicht zum Beispiel eine Zickzacklinie, daß sie kontinuierlich ist, und nicht unterbrochen, und daß diejenigen Punkte, die aufgrund der empirischen Daten nicht exakt auf ihr placiert sind, Messungsfehlern entstammen, die wir auch korrigieren, um das gewünschte Ergebnis zu erreichen; der Versuch, der ein solches Diagramm legitimieren würde, müßte aus einer unendlichen Anzahl von Experimenten bestehen, ist somit undurchführbar, und man bildet das endgültige Gesetz, indem man die Kriterien der Einfachheit, Regelmäßigkeit und der ästhetischen Ordnung anwendet.

Da der letztliche empirische Sinn der erklärenden Hypothesen nicht über die effektiven Erfahrungsdaten hinausgehen kann, ist es völlig gleichgültig, nicht nur vom logischen, sondern auch vom physikalischen Gesichtspunkt aus, welche der möglichen Hypothesen, die eine gegebene Tatsachenklasse erklären, wir als triftig gelten lassen. Die ptolemäische Theorie beschreibt die Bewegungen des Planetensystems ebenso gut wie die kopernikanische, die zweite besitzt jedoch den Vorzug der Einfachheit, da sie pauschal eine gewisse Anzahl von Phänomenen verständlich macht, die im ptolemäischen System nicht konsistent sind (z. B. die Pendelbewegung, die Scheinbewegung der Sterne, die Passate u. a.) und somit für ihre Erklärung eine größere Anzahl von Hypothesen erfordern. Die physikalische Erfahrung zwingt uns jedoch keineswegs dazu, Kopernikus gegenüber Ptolomäus den Vorzug zu geben. Mit anderen Worten: verschiedene Hypothesen sind gewissermaßen verschiedene Sprachen der Tatsachenbeschreibung, ihre Wahl ist eine Frage der Praktikabilität; ähnlich können wir ein und dieselbe Temperatur auf der Celsius- oder der Fahrenheitskala messen: die Zahlenwerte sind verschieden, aber der Sinn der Aufzeichnung ist identisch; analog pflegt der Sinn der theoretischen Notation eines bestimmten Faktenkomplexes in verschiedenen und einander widersprechenden Theorien identisch zu sein, denn jener empirische Sinn ist auf eben diese Fakten zurückführbar.

In seinen Betrachtungen über die Geometrie widmete Poincaré der Struktur des Raums große Aufmerksamkeit, wobei er ebenfalls den rein konventionellen Charakter der Eigenschaften aufwies, die wir dem Raum zuzuschreiben pflegen. Es gibt selbstverständlich keinen Grund, den Raum für ein selbständiges Sein zu halten, das unabhängig von den physischen Beziehungen zwischen den Körpern existiert. Aber der Raum ist auch keine Eigenschaft, die den Körpern in dem Sinne eignet, wie wir es uns vorstellen; er ist auch, entgegen der Kantischen transzendentalen Ästhetik, keine apriorische Form, die dem Erkenntnissystem des Menschen fertig gegeben wäre, bevor es überhaupt etwas erfahren kann. Der Raumbegriff hat eine empirische Genese, aber der gleichförmige dreidimensionale Raum der Geometrie ist bereits das Resultat vereinfachender Konventionen in bezug auf unsere Erfahrungsdaten. Vor allem vermitteln verschiedene Sinne verschiedene Raumarten, von denen sich jedoch keine mit der geometrischen Raumvorstellung deckt. Der Raum der optischen Wahrnehmung ist zweidimensional (die dritte Dimension kommt von den Muskeleindrücken, die man bei der Adaptation der Linse empfängt) und ist nicht homogen, denn verschiedene Zonen der Netzhaut empfangen verschiedene Eindrücke. Ungleichförmig ist auch der Raum, der sich aus den kinästhetischen Eindrücken ergibt, denn das Greifen nach Gegenständen, die von unserem Körper verschieden weit entfernt sind, erfordert unterschiedliche Muskelanstrengungen. Der geometrische Raum ist ein konventionelles Gebilde. Wir stellen uns vor, daß er drei Dimensionen hat, denn unser Sehorgan ist so gebaut, daß die Akkomodation der Linse und die Konvergenz der Augäpfel zusammenfallen, man kann jedoch Gläser bauen, die diese Koinzidenz beseitigen, und dann wird der Raum vier Dimensionen haben, denn jeder Punkt des vorangegangenen Raumes wird selbst ein Kontinuum darstellen. Da man jedoch schwerlich annehmen kann, daß die entsprechenden optischen Gläser die Dimensionenzahl im »objektiven« Raum vergrößern würden, muß man sich damit abfinden, daß es für uns bequem ist, dem Raum eben drei Dimensionen zuzuschreiben. Daß es für uns bequem ist, heißt soviel wie, diese Überzeugung besitzt biologischen Wert, da sie der Assoziation zwischen dem Objekt und den Bewegungen des Körpers entspringt, mit deren Hilfe wir nach den Gegenständen greifen oder uns vor einem Schlag schützen; sie festigt sich demnach so sehr, daß sie erblich überliefert wird und in uns den Glauben an die selbständige, von unseren Erfahrungen unabhängige Existenz eines dreidimensionalen Raumes verwurzelte. Die räumlichen Lokalisierungen der Dinge sind ganz einfach die Vorstellungen der Muskeleindrücke, die wir beim Greifen nach ihnen empfangen: aus dem kleinen, unserem Körper zugänglichen Raum konstruieren wir uns einen großen Raum durch Extrapolation oder auch Generalisierung der eigenen räumlichen Umgebung, indem wir uns quasi einen Riesen vorstellen, der mit seinem Arm einen beliebigen Ort erreichen könnte. Die Thesen der Geometrie sind rein konventionell; wir entscheiden uns nicht deshalb für das euklidische System, weil uns der Erfahrungsbestand dazu zwingt, sondern deshalb, weil es im täglichen Umgang mit den festen Körpern bequem ist.

### *3. Kritik*

Das waren die wichtigsten Argumente, die von den Anhängern der konventionalistischen Interpretation der wissenschaftlichen Theorien angeführt werden. Viele Beispiele haben ihre Aktualität verloren, doch die Denkweise, die für diese Richtung kennzeichnend ist, läßt sich ohne weiteres anhand moderner Beispiele fortführen.

Diese Argumente stießen jedoch auf Kritik, die nicht nur den einzelnen Beispielen galt, sondern auch den Grundvoraussetzungen selbst. Der Gedanke vom Definitionscharakter der wissenschaftlichen Gesetze fand keine Anerkennung bei Poincaré, und später wurde er auch u. a. von Cornelius und Schlick kritisiert. Die Kritiker wiesen darauf hin, daß Le Roy den wirklichen Sinn der Worte ignoriere, die in Sätzen wie »Phosphor schmilzt bei 44 Grad« enthalten ist. Das Wort »Phosphor« bedeutet hier nämlich nicht, einen »Stoff, dessen Schmelzpunkt 44 Grad beträgt«, sondern einen Stoff mit bestimmten physikalischen und chemischen Eigenschaften, die anderweitig bekannt sind. Der angeführte Satz stellt die Koinzidenz dieser Eigenschaften mit dem Schmelzpunkt fest, was sich auf keine Weise mit Hilfe eines Definitionsverfahrens dekretieren läßt. Deshalb hat dieser Satz einen Gegenstandbezug aufzuweisen, und wir formulieren ihn erst dann, wenn wir wissen, daß ein realer Gegenstand gegeben ist, auf den er sich bezieht.

Ajdukiewicz, der den Gedanken vom analytischen Charakter der physikalischen Gesetze in sehr genauer und detaillierter Weise aufgriff, verzichtete später darauf und kam zum Schluß, daß die sogenannten analytischen Sätze, wenngleich sie als gesonderte Klasse herausstellbar sind, sich überhaupt nicht ohne Berufung auf bestimmte Erfahrungsdaten begründen lassen.

Viele Argumente, die, der konventionalistischen Kritik gemäß, gegen eine mögliche experimentelle Verifikation und Falsifikation wissenschaftlicher Hypothesen sprechen sollten, ignorierten vollkommen, nach Auffassung der Kritiker, die Unterschiede im Grad der Begründung und der Wahrscheinlichkeit verschiedener Sätze als mögliches Motiv ihrer Anerkennung, entstammen demnach einem gewissen absolutistischen Standpunkt, der der wirklichen Praxis der Hypothesenbildung fremd ist. In der Tat, bei der ausschließlichen Verwendung des Aussagenkalküls zur Beschreibung der bei der Falsifikation oder Verifikation von Hypothesen entstandenen kognitiven Situation, ist die Ablehnung eines beliebigen der möglichen wissenschaftlichen Gesetze, die in die Prozedur verwickelt sind, gleicherweise legitim. Doch ist der Grad der Begründung verschiedener Gesetze verschieden, und dieser ist es, der letzten Endes über die Wahl entscheidet. Man war einst, zum Beispiel, der Meinung, daß die Lichtgeschwindigkeit unendlich groß sei. Die Versuche, die diese Annahme widerlegten, wurden u. a.

unter Verwendung von Meßgeräten durchgeführt, die nach den Gesetzen der Mechanik arbeiteten. Es verhält sich jedoch nicht so, daß in einer Situation, in der wir, statt die frühere Hypothese zu verwerfen, genauso gut unter dem Aspekt der Aussagenlogik die Gesetze der Mechanik aufgeben könnten, nach denen die Uhren funktionieren, unsere Wahl von arbiträren Neigungen, ästhetischen Gesichtspunkten oder auch der Einfachheit halber präjudiziert würde. Sie wird vom faktischen Grad der Triftigkeit entschieden, die wir den Prinzipien der Mechanik zuschreiben, und die sich keinesfalls auf bloße Einfachheit reduzieren lassen. Ähnlich: die Ansicht, nach der die Bakterien unmittelbar aus anorganischen Körpern stammen, wurde u. a. durch die Anwendung des Mikroskops widerlegt, es ist jedoch keine Sache der Beliebigkeit, ob wir anerkennen, daß die Versuche eher die frühere Hypothese von der Urzeugung oder vielmehr die Beugungsgesetze des Lichtes widerlegten, die in das optische Gerät miteingebaut waren. Unsere Entscheidung ist nicht arbiträr, sie wird vielmehr vom Grad der faktischen Bestätigung der Hypothese oder der engagierten Gesetze diktiert; man weiß selbstverständlich, daß bei Entscheidungen dieser Art kein absolut verläßlicher Gesichtspunkt erreicht wird; außerdem gibt es – und normalerweise werden wie praktiziert – Prüfungsverfahren, die auf der Verifikation der am schwächsten begründeten Hypothesen oder Gesetze in Verbindung mit anderen beruhen. Es gibt demnach keine absoluten Begründungen, wohl aber unterschiedliche Grade der Triftigkeit, die man unmöglich ignorieren kann.

Dasselbe betrifft die Fälle, in denen wir, angeblich nur von der Rücksicht der Einfachheit geleitet, Gesetze annehmen, die uns von neuen Erfahrungen suggeriert werden; anstatt zusätzliche Hypothesen aufzustellen, die die früheren Überzeugungen der Erfahrung zum Trotz beizubehalten gestatteten. Auch hier ist, wenngleich zweifelhafte Fälle möglich sind, die Glaubwürdigkeit der engagierten und miteinander konkurrierenden Möglichkeiten der entscheidende Faktor. Die »Einfachheit« ist ein trügerisches Mittel, wenn man sie nicht näher erläutert, warum sollte man beispielsweise nicht annehmen, daß die Reduktion aller Erscheinungen auf das Wirken stets derselben Ursache, z. B. des göttlichen

Willens, die allereinfachste Erklärung sei? Die Konventionalisten sind selbstverständlich nicht dieser Ansicht, sie bedienen sich jedoch eines unklaren Begriffes der Einfachheit, der, betrachtet man ihn näher anhand von effektiv aus der Wissenschaft bekannten Entscheidungen zwischen Konkurrenzhypothesen, sich am Ende als mit dem Grad der empirischen Glaubwürdigkeit identisch erweist, somit seinen konventionellen Charakter verliert. Analog ist die Entscheidung für eine bestimmte Hypothese, weil sie die Konsistenz einer großen Anzahl von Fakten zeigt, die in den Konkurrenzhypothesen vereinzelt sind, und infolgedessen vieler zusätzlicher Erläuterungen bedürfen, nicht einfach eine Sparmaßnahme. Sie basiert vielmehr auf der Überzeugung, daß diejenige Hypothese »besser« sei, die eine größere Anzahl von Fakten erklärt, d. h., daß sie mehr Voraussagen zuläßt, die auf ihrer Basis getroffen werden können. Wir rekurrieren demnach erneut auf den Grad der Bestätigbarkeit, nicht aber auf der Ökonomie schlechthin.

Dasselbe Problem ist ferner in der Frage angeschnitten, ob wir uns bei der Anerkennung, daß die Kurven, die bestimmte Funktionsabhängigkeiten beschreiben, kontinuierlich, regelmäßig etc. sind, nach den Gesichtspunkten der Eleganz oder Ökonomie richten. Wenn die Versuche, die endlich sind, unser Diagramm nicht in eine kontinuierliche Linie verwandeln können, so besteht doch die Möglichkeit der Verifikation jedes einzelnen Punktes. Die Frage betrifft eigentlich folgendes: wem obliegt das onus probandi, dem, der die Diskontinuität der Kurve beweisen will, oder dem, der auf ihrem kontinuierlichen Charakter insistiert? Es hat den Anschein, als ob auch hier der Wahrscheinlichkeitsgrad entscheidend wäre, nicht aber die Ökonomisierung der Anstrengung und die Einfachheit der Gleichung.

Die von Duhem angeführte Beobachtung hinsichtlich des Unterschiedes zwischen »praktischer« und »theoretischer Tatsache« ist ebenfalls nicht unanfechtbar. Die Aufzeichnung der Angaben des Meßgeräts kann bezüglich der Genauigkeit nicht die Fehlergrenze dieses Geräts überschreiten, wenn es wissenschaftlich sinnvoll sein soll, es oszilliert demnach stets innerhalb eines kleineren oder größeren Bereiches von Zahlenwerten. Die Wahl unter den unendlichen Möglichkeiten in den Grenzen dieses Bereiches ist selbstverständlich keine Sache der Konvention, denn sie wird überhaupt nicht vollzogen und ist nicht legitim: wer ein Thermometer besitzt, das eine Temperatur in den Grenzen des Fehlers 1/1000° aufzeichnet, kann dieses Ergebnis nicht so notieren, daß er beliebig erfundene Ziffern bis zur zehnten Stelle nach dem Komma einträgt, da dieses Verfahren wissenschaftlich ganz einfach sinnlos wäre.

Die Theorie der zyklischen Verifikation ist ebenfalls nicht unumstritten. Sie macht auf die unbezweifelbare Tatsache aufmerksam, daß kein wissenschaftliches Gesetz sich effektiv, auf einem bestimmten Wissensniveau, auf elementare Einzelwahrnehmungen reduzieren noch mit deren ausschließlicher Hilfe rekonstruieren läßt. Es ist jedoch ein antihistorisches Vorgehen, wenn man daraus schließt, daß wir es in der Wissenschaft ganz einfach mit der reziproken Überprüfung der Gesetze zu tun haben, im Rahmen der als endgültiges Kriterium geltenden Kohärenz, und daß zumindest gewisse Gesetze quasi a priori anerkannt werden müssen, damit andere infolge der Suche nach logischem Zusammenhang entstehen können. Zweifellos verhält es sich jedoch so, und die gesamte Geschichte der Wissenschaft und Technik beruht darauf, daß die perfekteren und präziseren Geräte mit Hilfe von weniger präzisen hergestellt werden können. Auf einem bestimmten Niveau der technischen Entwicklung wird es zum Ding der Unmöglichkeit, komplizierte Geräte ohne Zuhilfenahme anderer, ebenfalls komplizierter Geräte herzustellen: daraus ergibt sich nicht, daß es eine historische Unmöglichkeit wäre, beispielsweise Atomreaktoren unter Umständen zu bauen, unter denen man anfangs nur über unbehauenen Stein und Stöcke verfügte, sofern wir mit Gewißheit wissen, daß eben dies tatsächlich der Fall war. Diese Arbeit beanspruchte zwar viele Jahrtausende und erforderte die Muskeln und Gehirne von Millionen, daher ist ihre reale Rekonstruktion schwer vorstellbar, aber das legitimiert noch nicht die Annahme, daß bestimmte Geräte im logischen Sinn in fertiger Form gegeben sein müssen, bevor man an die Konstruktion anderer Geräte herangehen kann.

Die Konventionalisten beschrieben in ihrer Kritik einen bestimmten faktischen Stand der zeitgenössischen Wissenschaft, indem sie auf die Fiktion hinwiesen, die in der Annahme der Methodologen enthalten war, die Wissenschaft bewege sich stets in einer Richtung von den vermeintlichen »Tatsachen« zu den vermeintlichen »Induktionsgesetzen«. Sie demonstrierten die Abwesenheit der »reinen Tatsache« in der wissenschaftlichen Erfahrung und die Existenz von logischen oder sprachlichen Konventionen im Aufbau des theoretischen Wissens. Die extremen Formulierungen, deren sie sich gelegentlich bedienten, werden gegenwärtig nicht mehr wiederholt. Der stets »nichtabsolute« Charakter der wissenschaftlichen Erkenntnis vom empirischen Standpunkt aus wurde hingegen seit dieser Kritik zur allgemein zur Kenntnis genommenen Situation. Im Vergleich mit dem Optimismus der Methodologen und Philosophen des 19. Jahrhunderts haben die Konventionalisten ein unbezweifelbares Resultat erreicht: sie haben das Vertrauen in die absolute Gültigkeit der wissenschaftlichen Ergebnisse erschüttert, den Glauben an die Existenz eines epistemologischen Absolutums in der wissenschaftlichen Forschung, den Glauben an »primäre Tatsachen« und »gereinigte Erfahrung« eliminiert. Die generellen Konklusionen, denen zufolge die empirischen Wissenschaften überhaupt ein »künstliches« Gebilde darstellen, erscheinen wenig überzeugend, im Gegensatz zu den Rechtsgründen, auf deren Basis wir heute im allgemeinen urteilen, daß es keine wissenschaftliche Erkenntnis gebe, die bedingungslos frei wäre von »Voraussetzungen«, und daß es unmöglich sei, jemals endgültig auf den Boden jeglicher Verifikation zu stoßen, um eine optimale Genugtuung in der Erkenntnis, auch in der wissenschaftlichen Erkenntnis zu erreichen.

Die epistemologischen Konklusionen, die die Konventionalisten selbst aus ihrer Reflexion zogen, haben einen radikal relativistischen Charakter. Die Sätze der Physik sind, wie Duhem sagt, weder wahr noch falsch, sondern bequem oder unbequem; ein theoretisches System kann, sofern es der Bequemlichkeit dient, widersprüchliche Hypothesen implizieren. Es wäre eine unzumutbare Tyrannei, die Physiker zur Einhaltung der strikten logischen Einheitlichkeit zu zwingen. Le Roy war der Ansicht, daß die Wissenschaften überhaupt nicht die Wahrheit indentieren, sondern die Nützlichkeit, daß sie Sprachinstrumente sind, die zur Schematisierung und Systematisierung der Erfahrungstatsachen dienen. Die Wahrheit in der Wissenschaft, sofern man dieses Wort überhaupt gebrauchen kann, ist nicht »Übereinstimmung mit der Wirklichkeit«, sie ist allenfalls »Übereinstimmung mit der Erfahrung«. Wahr ist, mit anderen Worten, was die empirischen Kriterien effektiv erfüllt, nicht aber das, was ohne Rücksicht auf die Prüfungsverfahren auf eine eigentümliche und unbegreifliche Weise der transzendenten Welt entspricht. Die pragmatischen Wahlkriterien zwischen verschiedenen logisch möglichen Interpretationsweisen der Erfahrung (Brauchbarkeit, Bequemlichkeit) sind nicht nur Kategorien, die das eine oder andere als wahr anerkennen lassen, sondern Werkzeuge, dank derer die bezweifelten Aussagen tatsächlich wahr *werden*; anders: die Erfüllung der Kriterien gehört mit zur Wahrheitsdefinition (im Gegensatz zur klassischen Definition der Wahrheit, wo die Wahrhaftigkeit eine bestimmte Relation zwischen den Aussagen und den faktischen Sachverhalten ist, und zwar eine Relation der Art, hinsichtlich derer vorausgesetzt werden kann, daß sie unabhängig davon eintritt, ob man etwas über ihr Eintreten weiß oder nicht. Es ist dies also ein transzendentales Wahrheitsverständnis als einer von der Anwendung der Kriterien unabhängigen Relation; die Kriterien erlauben es lediglich, sich von der Wahrhaftigkeit zu überzeugen, sie konstituieren jene Eigenschaft der Aussagen jedoch nicht).

Eine spezifische Besonderheit der Konventionalisten ist die Aufmerksamkeit, die sie, neben anderem, auch der Bedeutung ästhetischer Maßstäbe im Aufbau der Wissenschaft widmeten. Im Gegensatz zu Le Roy, der die Wissenschaft durch ihre technologischen Anwendungen charakterisiert, ist Poincare der Auffassung, daß man die Wissenschaft um der Schönheit willen betreibe, die man aus ihr gewinnen könne.

Die erkenntnistheoretischen Folgerungen, die von den hier zitierten Philosophen ausgesprochen wurden und die mit der Kritik der wissenschaftlichen Theorien verbunden sind, sind im allgemeinen recht pauschal und nähern sich den Überlegungen der Empiriokritiker oder gehen darüber hinaus in Richtung des sogenannten epistemologischen Idealismus. Poincaré sagt, daß die Gegenstände der Außenwelt Komplexe von Eindrücken von einem bestimmten, hinreichend großen Wiederholbarkeitsgrad sind; die Dinge sind demnach relativ stabile Verknüpfungen von Sinneseindrücken; die Harmonie der Welt, die sich in den wissenschaftlichen Theorien zeigt, existiert nicht außerhalb des menschlichen Geistes, und das Wort »objektiv«, wenn es überhaupt einen Sinn haben soll, heißt soviel wie »intersubjektiv«. Die Behauptung, daß irgend etwas außerhalb des Gedankens existiert, ist durchweg sinnlos. Le Roy wiederum sagt, daß die Materie das »Unvermögen des Geistes« sei, »den Rhythmus des eigenen Bestehens über eine gewisse Grenze hinaus zu verändern«, also gewisserweise ein Art von Erfahrungskomponente, die der Beliebigkeit Widerstand leistet; eine Charakteristik der Materie, die sich überhaupt nicht, und sei es negativ, auf die menschliche Erfahrung beriefe, ist unmöglich.

### *4. Die ideologischen Interpretationen des Konventionalismus*

Beachtenswert sind bestimmte weltanschauliche Kontexte, in denen der Konventionalismus auftritt, wobei es um diejenigen geht, die, auch im Sinne der Autoren selbst, von denen die Rede ist, logisch von ihren methodologischen Kritiken abhängig sind. Insbesondere Duhem gibt der Überzeugung direkt Ausdruck, daß die Interpretation der Welt, die er vorschlägt, die möglichen szientistischen Vorwürfe gegen den katholischen Glauben und die katholische Kirche suspendiert. Sofern die Naturwissenschaften überhaupt keine Aussagen über die reale Welt treffen (wie es die Kritik der physikalischen Gesetze zeigte), können sie nicht in einen Konflikt mit den Glaubensdogmen geraten, da gerade diese über die wirklichen Entitäten sprechen, über die Seele (daß sie unsterblich sei), über den Menschen (daß er einen freien Willen besitze), über den Papst (daß er unfehlbar sei). Die Feinde der Religion sagen beispielsweise, der im Menschen wirksame freie Wille stehe im Widerspruch zum Grundsatz von der Erhaltung der Energie; keineswegs, kontert Duhem; der Satz von der Erhaltung der Energie ist eine künstliche Schematisierung und hat keinerlei Konsequenzen, die die realen Objekte betreffen, kann also naturgemäß nicht dem Inhalt der Dogmen widersprechen. Die spiritualistische Metaphysik kann somit ihren Erkenntnisstatus getrost beibehalten und Anspruch auf glaubwürdige Informationen über die Welt erheben, sofern die wissenschaftlichen Gesetze diesen Status soeben verloren haben. Duhems Doktrin, die er besonders in der Abhandlung *Physik eines Gläubigen* darlegte, demonstriert die bewußt gemachte ideologische Intention seiner wissenschaftstheoretischen Analysen: es ist dies namentlich der Versuch, die wissenschaftliche Erkenntnis gegenüber dem Standpunkt der metaphysischen und religiösen Kontroversen zu neutralisieren, und zwar, um Vorteile auszuschalten, die den Naturalisten oder Materialisten aus der Annahme einer gedanklichen Plattform zufließen, auf der der Informationsstatus der wissenschaftlichen Hypothesen und metaphysischen Glaubensinhalte gleichgeschaltet ist, sowie zur Verteidigung der katholischen Dogmen aufgrund dieses Verfahrens.

Le Roys Philosophie zeigt dagegen eine andere Möglichkeit des Übergangs von der konventionalistischen Interpretation der Wissenschaft zur intuitionistischen Metaphysik Bergsons. Ausgangspunkt ist die Akzeptierung der wissenschaftlichen Erkenntnis in den Grenzen der symbolischen Notation, die einen ausschließlich utilistischen Sinn und technologische Wertigkeit behält, dagegen keinerlei Erkenntniswerte. Die Inhalte der Wissenschaften implizieren keine Stringenz, und ihre Resultate sind bestimmt oder zumindest mitbestimmt durch unseren Willen sowie vom Bedürfnis nach einfacher Manipulierbarkeit; die Wissenschaft liefert keine Wahrheiten über die Welt, wenngleich sie ihre Aufnahme vorbereiten kann. Diese Interpretation stimmt mit dem Denken Bergsons völlig überein. Wenn demnach eine zum »Ding selbst« vordringende authentische Erkenntnis möglich ist, so besitzt sie die Eigenschaften unvermittelter Anschauung, die sich nicht in Worten ausdrücken läßt, die aber in das »Innere« des Gegenstandes eindringt; sie ist solcherweise den mystischen Erfahrungen verwandt. Wenn die Reduktion der Wissenschaft auf rein utilistische Bedeutung mit dem Geist des damaligen Positivismus übereinstimmt, so überschreitet jenes zusätzliche Motiv, das die Aufforderung enthält, außerhalb der Wissenschaft eine andere Weise des Umgangs mit der Welt zu suchen, ganz klar die damaligen positivistischen Programme, wenngleich beide Verfahren keineswegs im

Widerspruch zueinander stehen, zumindest dann nicht, wenn man nicht zusätzlich voraussetzt, daß die wissenschaftlich relevante Errung die einzige ist, die man zur Kenntnis nehmen kann. Ohne mit seinem Standpunkt in methodologischen Fragen uneins zu werden, war Le Roy mithin ein aktiver Popularisator des Bergsonschen Weltverständnisses.

Dieselbe Koinzidenz läßt sich feststellen, wenn wir die Tätigkeit dieses Philosophen in seiner Eigenschaft als Autor des katholischen Modernismus betrachten. Im Lichte der von ihm durchgeführten Kritik läßt sich der katholische Standpunkt rechtfertigen, nicht aber der Katholizismus thomistischer Provenienz, also einer, der nicht in den Rahmen einer realistischen Metaphysik gefaßt ist. Le Roy war der Auffassung, daß kein rationalisierendes Argumentationsverfahren imstande ist, den Glauben zu erhärten, der voraussetzungsgemäß irrational ist. Dies ist jedoch überflüssig, da der Glauben einem völlig anderen Lebensbereich angehört als die intellektuellen Tätigkeiten. Der praktisch nützlichen, aber kognitiv unfruchtbaren Schematisierung der Welt, die die Wissenschaft hervorbringt, setzt sich das religiöse Leben als Bereich der nicht diskursiven Erfahrung entgegen, wo in der mystischen Schau, in Allegorien und allenfalls nicht wörtlichen Konvergenzen sich dem Selbstbewußtsein der gläubigen Individuen das authentische göttliche Sein offenbart. Die mystische, symbolische und allegorische Interpretation des Glaubens, die für Le Roy ebenso kennzeichnend ist wie für die Mehrheit der damaligen katholischen Modernisten, wurde von der katholischen Obrigkeit unter dem Pontifikat Pius' X. bekanntlich streng verurteilt. Diese Irrationalisierung des Glaubens sahen die Modernisten als das Mittel an, das die Harmonie zwischen säkularem Wissen und Religion, zwischen Staat und Kirche, dem irdischen Leben und den eschatologischen Hoffnungen wiederherstellen sollte: diese Harmonie sollte auf der strikten Trennung beider Bereiche basieren, die nur infolge einer Konfusion ihrer völlig unterschiedlichen Situationen in der Erkenntnis und im Leben miteinander in Konflikt zu stehen scheinen. Die Ideen der Modernisten intendierten nicht einfach und nicht ausschließlich die Verteidigung des Glaubens gegen die Kritik der Rationalisten, sondern auch die Reform der Kirche und die Suspendierung aller ihrer Herrschaftsansprüche gegenüber den weltlichen Wirklichkeiten, der unabhängigen Wissenschaft, dem säkularen Staat und der laizistischen Erziehung. Diese Doktrin wollte die Säkularisierung des sozialen Lebens bei gleichzeitiger Rettung aller christlichen Werte, die jedoch auf den Bereich der persönlichen Gefühle reduziert wären. Auch dieser Modernismus trägt nicht ohne Grund einen mit der damals relevanten und nicht spezifisch katholischen ideologischen Bewegung und literarischen Strömung gemeinsamen Namen.

Eine eigentümliche Verlängerung der konventionalistischen Kritik ist die Philosophie Hugo Dinglers. Dieser versuchte, gestützt auf dieselben oder auf analoge Argumente, die den Sinn physikalischer Thesen betrafen, ein systematisches Weltbild auf voluntaristischen Voraussetzungen zu konstruieren. Wenn die Ganzheit unseres Wissens nur bezüglich seiner arbiträr angenommenen Konsequenzen Gültigkeit besitzt und wenn diese Konventionen des weiteren aufgrund der utilistischen Werte festgesetzt werden, also im Hinblick auf bestimmte Ziele, die der Mensch sich arbiträr setzt, so muß das Weltbild insgesamt als Werk des Willens angesehen werden. Andrerseits beziehen sich die originären und elementaren Fakten der menschlichen Erfahrung auf die Willenserlebnisse selbst. Der freie Wille setzt sich demnach aufgrund der unbehinderten Wahl ein Ziel, und das Weltbild ist aus den Thesen zusammengesetzt, deren Anerkennung im Hinblick auf das erstrebte Ziel wirksam ist. Das ist eine mögliche, wenngleich sicherlich nicht zwingend logische Interpretation von Schlüssen, die aus der konventionalistischen Kritik resultieren. Sie betrifft weiterhin den Ort, den das wissenschaftliche Denken im Gesamt des menschlichen Lebens einnimmt, ist jedoch kein Vorschlag von Ergänzungen, die die Erkenntnis aus anderen und angeblich reicheren Quellen erhalten könnte.

## *5. Die Ergebnisse*

Der Konventionalismus ist eine Kontinuation der positivistischen Philosophie, aber in gewisser Weise auch deren Scheitern, eine Art selbstzerstörerischer Reflexion innerhalb des positivistischen Stils. Das, was von unserem Gesichtspunkt aus Relevanz besitzt, bezieht sich nicht auf die speziellen Probleme, die mit der Testbarkeit der wissenschaftlichen Hypothesen zusammenhängen, sondern auf die Bedeutung jener Kritik für die Auseinandersetzungen philosophischer Natur. Zwei Umstände verdienen Beachtung, wenn wir die besondere Rolle der konventionalistischen Kritik des Wissens in der Geschichte des Positivismus aufdecken wollen. Erstens: die positivistische Philosophie setzte tradtionell voraus, daß die Wissenschaft eine Klassifikation der Tatsachen ist, die inhaltlich nichts zu diesen dazufügt; anders gesagt: die sogenannten Generalisierungen oder explizierenden Interpretationen besitzen keine selbständige Erkenntnisfunktion, sondern spielen die Rolle abgekürzter symbolischer Notationen der effektiv gewonnenen Erfahrung. Dies ist, grob gesehen, eine nominalistische Voraussetzung. Die unbeobachtbaren Komponenten unserer Weltbeschreibung gehören in den Bereich der Sprache. Wir beschreiben »was gegeben ist« mit Hilfe sprachlicher Mittel, die auf etwas hinweisen, was eben nicht »gegeben« ist, sondern irgendeine nichtoffenbarte (nicht im räumlichen Wortsinn) »innere« Struktur der Erscheinung konstituieren soll. Das bedeutet jedoch nicht, daß wir irgend etwas über die nichtbeobachtbare Welt *behaupten*, daß wir ihr irgendeine bestimmte Eigenschaft zuschreiben; wir verschaffen uns einfach eine bequemere Art der Beschreibung, die es uns erlaubt, die Erfahrung besser zu schematisieren als wenn sie ausschließlich aus der detaillierten Beschreibung der Erfahrung sich zusammensetzen würde. Das, was gegeben ist, also das, was positiv ist, stellt den einzigen sachlichen Inhalt der Wissenschaft dar, der Rest ist ein Mittel der Kommunikation und der Gedächtnisfixierung des empirischen Stoffes; die Wissenschaft ist außerstande, irgendeinen Unterschied zwischen dem »Gegebenen« und dem »Wesen des Dings« zu entdecken.

Der Konventionalismus unternahm gerade eine Kritik am »Gegebenen«. Die Autoren dieser Orientierung bemerkten, daß man ein

Schema, das eine Einbahnbewegung der Gedanken vom originären Faktum zur wissenschaftlichen Systematisierung zugrunde legt, nicht ernstlich aufrechterhalten kann, da es kein originäres Faktum gibt, und die Thesen, Gesetze und Theorien der Wissenschaft nicht auf »Fakten« zurückführbar sind, und somit keinen »nackten« und elementaren Inhalt besitzen, die sie lediglich in einer leichter zu behaltenden Wortverkleidung liefern würden. Eben daher, im übrigen mit dem Geist des positivistischen Denkens übereinstimmend, die Nivellierung der kognitiven zugunsten der utilitaristischen oder ästhetischen Werte. Der Positivismus dieser Spielart erschütterte gewissermaßen seine eigenen Grundlagen, indem er den Glauben an die einfachen Beziehungen zwischen Perzeption und Theorie (Wahrnehmung-Erklärung-Prüfung) ins Wanken brachte und zeigte, wie tief in jenen originären Wahrnehmungen, die das Ausgangsmaterial des Wissens bilden, die Abstraktion verborgen war. Es ergab sich somit ein Problem: ist der empiristische Standpunkt, der traditionell mit der positivistischen Philosophie gekoppelt ist, überhaupt haltbar, wenn man diese Kritik zur Kenntnis nimmt?

Und hier der zweite Punkt der Überlegung. Seit Humes Zeiten war der Positivismus stets in seiner Polemik doppelorientiert; während er die metaphysischen Doktrinen und Begriffe auf rein verbale, kognitiv unfruchtbare Gebilde reduzierte, richtete er sich sowohl gegen die spiritualistischen Vorstellungen wie gegen die Metaphysik der Materialisten. Die methodologische Doktrin, von der die Rede ist, kann als eine Version des Positivismus gelten, in der die Kritik an der Wissenschaft einseitig gegen die damaligen Attacken der Szientisten und Naturalisten sich richtet, die dem Spiritualismus und dem religiösen Glauben galten. Wir haben es dabei mit einer klar bewußt gemachten Intention zu tun: den epistemologischen Status der wissenschaftlichen Praxis auf eine solche Weise zu rekonstruieren, daß eine mögliche Kollision zwischen Wissenschaft und Glauben vermieden und dank dessen die Legitimität des Glaubens vom Standpunkt der Erkenntnis aus gerettet werden könnte, eines Glaubens, der mit einer in ihren wesentlichen Werten utilistischen Wissenschaft konfrontiert ist. Die metaphysische Neutralisierung der Wissenschaft ist somit, im Gegensatz zur kennzeichnenden positivistischen Tradition, zu der die Empiriokritiker ebenfalls gehören, einseitig, die Wissenschaft wird als mögliche Konkurrenz der spiritualistischen Metaphysik neutralisiert. Theoretisch wären entgegengesetzte Versuche vielleicht möglich, aber in der realen Geschichte des Positivismus lassen sie sich schwerlich nachweisen.

Somit ist die konventionalistische Methodologie auch eine Fortsetzung des Positivismus in dem Sinne, daß diese Strömung ihre eigenen Grundsätze zur Selbstüberwindung treibt, und anstatt eine Tätigkeit zu sein, die die radikale »Säuberung« des kognitiven Verhaltens von metaphysischen Fremdkörpern intendiert, bleibt sie eine Reduktion der kognitiven Aspirationen des theoretischen Denkens mit dem von Anfang an sich abzeichnenden Gegenglied jener reduzierten Theorie in Form des spiritualistischen Glaubens.

Man darf daraus selbstverständlich nicht schließen, daß jene »Zutaten«, die die positivistische Kritik durch religiöse Vorstellungen ergänzten, auf irgendeine organische Weise mit den Ausgangsregeln des positivistischen Denkens selbst verwachsen sind; im Gegenteil, in der Geschichte des Positivismus präsentieren sie sich eher als Ausnahme. Nichtsdestoweniger zeigen sie unerwartete Möglichkeiten von Verschränkungen, in denen die positivistische Kritik auftreten kann. Es stellt sich heraus, daß der Positivismus selbst auf eine andere Art zur Rehabilitierung der Metaphysik fähig ist, und zwar einer extrem spiritualistischen oder mystischen Metaphysik, indem er nämlich von seinen keineswegs entstellten Grundsätzen Gebrauch macht, die durch zusätzliche Voraussetzungen ergänzt werden. Bergsons Metaphysik gilt als radikalster Versuch um die Jahrhundertwende, den Positivismus des 19. Jahrhunderts zu überwinden. Le Roy zeigte jedoch, daß Bergsons Metaphysik sich widerspruchslos mit dem positivistischen Wissenschaftsverständnis vereinbaren läßt. In einem gewissen Sinn kann man dieses Resultat als destruktiv für den Positivismus gelten lassen, es zeigt nämlich, daß die antimetaphysische Orientierung dieser Richtung sich innerhalb ihrer Denkregeln überwinden läßt und verrät vielleicht sogar die Präsenz von gewissen Suggestionen in diesen Regeln selbst, und zwar von Suggestionen, die nach vollzogener Reduktion der Wissenschaft auf einen rein pragmatischen

Sinn die Befriedigung des reinen kognitiven Bedürfnisses anderswo suchen heißen. Andrerseits kann dieselbe Situation als Triumph des positivistischen Denkens interpretiert werden; man ersieht nämlich daraus, daß auch die Antagonisten dieser Philosophie ihre Resultate als gewisserweise gegebene respektieren und als irreversiblen Tatbestand zur Kenntnis nehmen müssen; das heißt, sie erklärten sich damit einverstanden, daß die wissenschaftliche Erkenntnis keine metaphysischen Ansprüche erheben darf und die metaphysischen Aspirationen infolgedessen andere Argumente für sich suchen müssen als die, die von der wissenschaftlichen Erkenntnis offeriert werden. In diesem Sinn ist Bergsons Philosophie eine Frucht der Siege des positivistischen Stils, sie akzeptiert die Wissenschaft in der Form, die ihr die positivistische Kritik verlieh; sie ist einverstanden damit, daß man sie, die angeblich zum ewigen Mechanizismus verurteilte, ihrem eigenen Schicksal überläßt, das heißt ihr einen Platz in der rein praktischen oder technologischen Ordnung des menschlichen Lebens zuweist und sich sodann der Suche nach kognitiver Befriedigung aus anderen Quellen zuwendet.

Ob wir nun jene Allianz zwischen Positivismus und Lebensphilosophie als Niederlage oder als Triumph des Positivismus anerkennen wollen, hängt davon ab, ob man die Gedanken jener Positivisten-Spiritualisten oder Positivisten-Katholiken in die Geschichte des Positivismus integrieren will oder vielmehr in die Geschichte der spiritualistischen Metaphysik. Im ersten Fall werden sie auf dem Konto des Positivismus als Belastung fungieren, im zweiten werden sie sein Guthaben vermehren. Dieses Problem ist nicht völlig irrelevant, denn eine gewisse Aktualität können wir ohne weiteres im modernen religiösen Denken beobachten, namentlich in den Bemühungen jener Theologen, die die antimetaphysische Kritik der Positivisten zur Kenntnis genommen haben und nun, einverstanden mit der Neutralität der wissenschaftlichen Erkenntnis, den Ort des religiösen Glaubens auf andere Weise zu kennzeichnen versuchen, ohne Rekurs auf dem wissenschaftlichen Instrumentarium entnommene rationale Argumentation. Wir wollen im folgenden versuchen, eine Interpretation dieser Situation anzubieten, angesichts derer die zuvor gestellte Frage – Niederlage oder Triumph? – sich als falsch gestellt erweisen wird.

## VII. Die pragmatistische Methode gegenüber dem Positivismus

Das, was man für gewöhnlich Pragmatismus nennt, gilt im allgemeinen nicht als ein Fragment der Geschichte positivistischer Philosophie, eher als ein Phänomen, das, wenn wir dafür schon eine allgemeinere Bezeichnung finden wollen, in die Grenzen der sogenannten »Lebensphilosophie« paßt. Diese letzte Bezeichnung, faßt man sie so weit, daß sie nicht nur die genau bestimmte deutsche »Schule« meint, sondern auch andere ihr verwandte Strömungen, ist auf alle jene Methoden des Philosophierens anwendbar, die die menschliche Kultur, also auch das Denken, als biologisches Verhalten betrachten, die somit in allen intellektuellen Tätigkeiten nach Beweggründen biologischer Natur fahnden, und, insbesondere, nicht glauben, daß man das geistige Leben und seine Produkte unter einem anderen Gesichtspunkt beurteilen könne. Die pragmatische Philosophie, zumindest die Version, die am engsten mit dieser Bezeichnung verknüpft zu werden pflegt, fällt gewiß unter diese Charakteristik, doch läßt sich ohne weiteres erkennen, daß darunter ebenso eine bestimmte, zumindest als Spielart zu bezeichnende Variante des positivistischen Denkens fällt, mit der wir es zuvor zu tun hatten, als wir über die Doktrin Machs und insbesondere die von Avenarius sprachen.

In dieser Darlegung interessiert uns der Pragmatismus nur unter einem einzigen Aspekt, und wir haben keineswegs die Absicht, uns auf die Fragen der mannigfaltigen Verwicklungen und Verästelungen dieser Doktrin einzulassen. Es geht uns darum, den eigentümlichen Zusammenhang herauszustellen, der zwischen dem positivistischen Denken und der sogenannten Lebensphilosophie besteht, und zu erklären, auf welchen Wegen bestimmte positivistische Grundsätze sich gewissermaßen in ihr Gegenteil verkehren, wenn man ihnen eine entsprechende Interpretation gibt. Ansonsten ist nämlich bekannt, daß die sogenannte Lebensphilosophie in den Augen der radikalen Positivisten ihren eigenen Denkregeln eher diametral entgegengesetzt ist und oft genug Gegenstand scharfer Verurteilung im Namen der wissenschaftlichen Philosophie war.

Der Pragmatismus gilt, sicherlich zu Recht, als der originellste amerikanische Beitrag zur Philosophiegeschichte. Nach einer langen Zeit der Vorherrschaft des transzendentalen Idealismus und der britischen Version des Hegelianismus, brachten die USA einen philosophischen Stil hervor, der lange den Ruf, »typisch amerikanisch« zu sein, genoß und am vollkommensten zu den Sitten und gängigen Lebensidealen dieses Kontinents in der Epoche seines größten Optimismus und leistungsbestimmten Unternehmungsgeistes paßte. In seiner voll entwickelten Gestalt war der Pragmatismus vor allem eine Reaktion auf den Absolutismus der geschlossenen metaphysischen Systeme, aber auch auf den szientistischen Rigorismus und die materialistische Metaphysik: er verteidigte die Philosophie, die zum anpassungsfähigen Instrument des täglichen Lebens werden sollte.

## *1. Der Positivismus von Peirce*

Die Anfänge dieser Philosophie ließen jedoch ihre künftige Entwicklung kaum ahnen. Den Namen selbst erarbeitete Charles Sanders Peirce (1839–1914), und seine Intention war es, mit Hilfe dieses Namens eine wissenschaftliche Methode zu kennzeichnen, die ordentlich gestellte Fragen von imaginären, wertvolle Antworten von unfruchtbaren, verbale Streitigkeiten von sachlichen zu unterscheiden erlaubt; in diesem Programm sowie in dessen Artikulation formulierte Peirce Regeln, die als den Traditionen der positivistischen Methode spezifisch verhaftet gelten können.

Das gewaltige Interesse für das philosophische und wissenschaftliche Werk von Peirce ist jungen Datums. Zu Lebzeiten war er eher unter falschen Vorzeichen bekannt, dem breiten Publikum brachte ihn bekanntlich William James als den Begründer einer Doktrin nahe, die James in Wirklichkeit selbst ins Leben gerufen hatte; James war auch dafür verantwortlich, daß Peirce es letzten Endes vorzog, auf die Bezeichnung »Pragmatismus« zu verzichten, nachdem der um vieles berühmtere und leichtfertige Anhänger einen seiner Meinung nach verkehrten und seinen eigenen Intuitionen entgegengesetzten Gebrauch davon gemacht hatte.

Peirce war ein enzyklopädischer Wissenschaftler, der in fast allen Disziplinen der Naturwissenschaft tätig war, überall auf der Suche nach rigorosen und experimentellen Methoden, und dem es nichts ausmachte, bei dieser Gelegenheit auch noch die Philosophie von ihren eingewurzelten Irrtümern, von Verbalismus und praktischer Unfruchtbarkeit zu kurieren. Seine Schriften zeichnen sich durch eine gewisse Pedanterie und Gereiztheit über die menschliche Dummheit aus; angeblich war sein Charakter ähnlich beschaffen, was ihm keine Freundschaften einbrachte. Er machte keine akademische Karriere und veröffentlichte zu Lebzeiten kein einziges Buch. Sofern er sich Anhänger machte, waren sie, wie es heißt, so beschaffen, daß er nichts Eiligeres zu tun hatte, als sich von ihren Ideen zu befreien. Am Ende der sechziger Jahre des vergangenen Jahrhunderts veröffentlichte er Aufsätze, in denen er die Fehler des gängigen und wissenschaftlichen Denkens zu korrigieren versuchte, und besonders einer darunter, *How to Make our Ideas Clear* (in *Popular Science Monthly*, 1878) gehört zu den klassischen Texten der Philosophie des 19. Jahrhunderts.

Der Ausgangspunkt von Peirces Beobachtungen war einfach und transparent. Er meinte, daß wir uns in unserer Erkenntnis nicht auf das täuschende Gefühl der Evidenz verlassen könnten als einer entscheidenden Instanz, sichtbar ist nämlich, daß das Gefühl der Evidenz bei den Menschen sich hinsichtlich seiner Ergebnisse unterscheidet; es beruht nur darauf, daß wir uns mit einem Gedanken resp. einer Idee allmählich bis zu dem Grade vertraut machen, daß diese dem Geist als transparent erscheinen: aber es gibt gar keine Idee, die so unklar wäre, daß nicht jeder im Verlauf eines langen Umgangs mit ihr schließlich sie für das Klarste auf der Welt ansehen würde. Darüber hinaus setzt sich das authentische Wissen in seiner Gesamtheit aus diskursiven Elementen zusammen, die in jedermann zugänglichen Symbolen kommunizierbar sind. Demnach ist die Annahme unwissenschaftlich, daß die Welt oder irgendeiner ihrer Bestandteile grundsätzlich in der Sprache nicht ausdrückbar seien. Das, was wir Denken nennen, unterliegt denselben fundamentalen Regeln in allen Bereichen der menschlichen Exploration; es gibt somit einen gewissen methodischen Bestand, der allen Wissenschaften gemeinsam ist, und der in den Regeln der

Klarheit, des Kritizismus, der Verifizierbarkeit und des Objektivismus zusammenfaßbar ist. Auch die Philosophie kann die anderen Wissenschaften diesbezüglich einholen und sich in derselben empirisch bewährten Eindeutigkeit schulen, vorausgesetzt, sie löst sich von ihrer Anhänglichkeit an nichts bedeutende Wörter und falsch konstruierte Fragestellungen.

Und hier ein Rat. Die einzige Funktion des Denkens besteht darin, daß es zu gewissen Auffassungen führt. Die Auffassung wiederum, das fertige Produkt der gedanklichen Tätigkeit, erfüllt zwei Funktionen. Sie beseitigt die Zweifel und begründet eine bestimmte Verhaltensregel. Die Bedeutung eines jeden Urteils, und das ist die Grundlage des Pragmatismus im Peirceschen Verständnis, beruht darauf, daß es nur eine bestimmte praktische Regel erhärtet, die »als ein konditionaler Satz auszudrücken ist, dessen Nachsatz in der Imperativform steht«. Mit anderen Worten, der Sinn jeglicher Aussage, die wir akzeptieren, ist in unseren praktischen Verhaltensweisen oder in unserer Bereitschaft zu diesen impliziert. Davon, daß eine beliebige Aussage uns etwas bedeutet, können wir uns überzeugen, indem wir fragen, ob ihre Anerkennung auf irgendeine Weise unsere Praxis und unsere Erwartungen beeinflußt; das, was sie namentlich bedeutet, erfahren wir hingegen, indem wir die praktischen Konsequenzen untersuchen, die aus ihrer Anerkennung resultieren. Peirce sagt sogar direkt, daß die ganze Bedeutung eines Urteils sich in der Summe seiner praktischen Folgen erschöpfe.

Die Hauptintention dieser Proposition war die Elimination von Pseudomeinungen und Pseudogedanken aus unserem geistigen Leben, sowie der Wunsch, über ein Kriterium zu verfügen, das es gestatten würde, in unseren kognitiven Interessen nur entscheidbare Fragen aufrechtzuerhalten. Dieser Umstand war, nach Peirces Meinung, eminent wichtig, denn viele Leute vergeuden ihr Leben mit unnützen Recherchen, oder ziehen es vor, was nachgerade an geistige Unzucht grenzt, mit Fragen zu spielen, von deren Unlösbarkeit sie überzeugt ist, und suchen tiefe Geheimnisse, wo fiktive Fragen aus einem Wortchaos geboren werden. Es gilt daher ein Kriterium zu formulieren, das reale Fragen von imaginären unterscheiden läßt. Die Möglichkeit der praktischen Anwendung ist für diesen Zweck das sicherste Instrument. Wenn zwei Thesen gegeben sind, die zu demselben praktischen Verhalten führen, besteht kein Zweifel, daß sie eine identische Bedeutung haben; wenn eine These unsere Erwartung bezüglich der empirischen Welt um nichts ändern kann, so haben wir den sichersten Beweis gegeben, daß sie überhaupt keine Bedeutung hat. Das, was in unseren Urteilen über die Welt nichts anderes bewirken kann, als beispielsweise gewisse emotionale Zustände erwecken, gehört ebenfalls nicht zum Denken, ähnlich wie die Unterschiede, die sich bei der Übersetzung eines Urteils in eine andere Sprache ergeben, nicht zum Denken gerechnet werden können. Es ist leicht einzusehen, daß die Mehrzahl der theologischen oder metaphysischen Kontroversen sich im Lichte dieses Kriteriums als sinnlos erweisen müssen und daß die meisten Standpunkte nicht einmal als falsch im positiven Sinne anerkannt zu werden verdienen, sondern semantisch wertlose Lautbündel darstellen. Da streiten sich die Katholiken mit den Protestanten um die Formel der Transsubstantiation: es genügte, wenn sie sich Gedanken darüber machen würden, welche praktischen Folgen die Anerkennung dessen hätte, daß Wein im wörtlichen oder nur im übertragenen, »geistigen« Sinne Blut sei, und sie würden sich rasch davon überzeugen, daß keiner dieser Standpunkte irgendwelche Erwartungen hinsichtlich dessen nach sich zieht, ob ein beliebiges empirisch zugängliches Ereignis eintritt oder nicht. Somit können wir getrost anerkennen, daß ihr Streit keineswegs unentscheidbar oder schwer entscheidbar ist oder daß er irgendwelche geheimnisvollen Probleme und Seinsgeheimnisse betrifft, sondern daß er ganz einfach gar kein Streit ist, sondern ein Scheinstreit, in dem es um nichts geht und nie um etwas gegangen ist. Der Begriff »Kraft« galt und gilt weiterhin, sagt Peirce, als Zeichen einer geheimnisvollen Realität, derer wir zwar in ihren Auswirkungen habhaft werden, nie jedoch in ihrem »Wesen« selbst. Wenn wir aber das pragmatische Sinnkriterium anwenden, so wird es sich sofort herausstellen, daß das Geheimnisvolle eine verbale Imagination der Philosophen ist, denn es gibt keinen Bedeutungsunterschied, vom Standpunkt der Physik, zwischen der Aussage, daß Kraft die Beschleunigung sei, und der Aussage, daß die Kraft die Beschleunigung *bewirke*. Die Welt hat keine nichtbeobachtbaren

Eigenschaften, die sich außerhalb der beobachtbaren »verbergen«, und nur die systembildnerischen Neigungen der Philosophen sind dafür verantwortlich zu machen, daß es sie weniger interessiert, wie die Dinge wirklich sind, als welche Hypothesen mit den von ihnen erfundenen Konstruktionen übereinstimmen und welche nicht. Das diesen Namen verdienende Denken beruht auf Fragestellungen, für die es Antworten gibt und zwar solche, auf die wir uns alle früher oder später werden einigen müssen. Eine Frage ist real, das heißt, sie ist nur dann überhaupt eine Frage, wenn eine Antwort auf sie gefunden werden kann, egal, wie groß der Aufwand für ihre Auffindung wäre, und auch dann, wenn wir keine Gewißheit hätten, daß die Menschheit die Antwort noch erleben wird.

Jedes Wort, das ein beliebiges Ding oder eine beliebige Qualität bedeutet, muß die pragmatische Probe durchmachen, bevor es sich in der Sprache legitimiert. Um zu wissen, welches sein Sinn ist, muß man praktische Verfahren nennen können, die festzustellen erlauben, ob der gegebene Gegenstand mit dem Wort koinzidiert, um das es sich handelt. Die Aussage, daß ein Körper schwer sei, bedeutet nichts anderes als die Aussagen, daß er fällt, wenn man ihn frei fallen läßt, nicht aber, daß er eine besondere Eigenschaft des »Schwerseins« besäße, die im Fallen lediglich »in Erscheinung« träte. Davon, daß der Diamant härter als Eisen ist, können wir uns überzeugen, indem wir Eisen mit einem Diamanten ritzen, einen solchen Versuch können wir jedoch nicht bezüglich der Hypothese durchführen, die besagt, daß ein Seraph in der Seinshierarchie über dem Cherub steht (das letzte Beispiel stammt nicht von Peirce, entspricht jedoch seinen Intentionen).

Peirces Kommentatoren sind im allgemeinen der Ansicht, daß ein wesentlicher Unterschied in der Orientierung der frühen, bislang bekanntesten Schaffensperiode des Autors und seinen Schriften nach 1890 besteht, in denen er das deterministische Weltverständnis kritisierte, das Prinzip der Freiheit und schöpferischen Neuheit im Sein verteidigte, sich anthropomorphischer Ausdrücke in der Naturbeschreibung bediente und den früheren nominalistischen Standpunkt in der Interpretation der wissenschaftlichen Gesetze aufgab.

Für die Geschichte des Positivismus sind gerade die frühen Schriften relevant. Peirce war sich bewußt, daß die Hauptrichtung seiner Überlegungen bereits seit langem von der Humeschen Tradition bestimmt worden war. Er meinte jedoch, daß die deutliche Formulierung des Sinnkriteriums, das sich auf die Praxis als die einzige Prüfungsinstanz beruft, den früheren Empirismus ergänzen oder auch seine Empfehlungen im wichtigsten Punkt präzisieren könnte. Pragmatismus, wie er ihn verstand – und dieser Umstand verdient Beachtung, denn er hat prinzipielle Bedeutung bei der Differenzierung zwischen Peirce und den späteren Pragmatisten –, suchte die Sinnkriterien der Aussagen zu nennen, ohne dabei auf den traditionellen Wahrheitsbegriff zu verzichten. Mit anderen Worten: Peirce forderte, daß man die Wirksamkeit der praktischen Maßnahmen als *Kriterium* der Wahrhaftigkeit behandeln sollte und die Möglichkeit der praktischen Überprüfung als Regel, mit deren Hilfe man die sinnvollen von den sinnlosen Urteilen unterscheiden könnte. Er behauptete jedoch keineswegs, daß die Anwendung des Kriteriums sozusagen eine Situation der Wahrhaftigkeit *schaffe*, d. h., er definierte die Wahrheit nicht durch effektive Anwendung des Kriteriums der praktischen Wirksamkeit. Wahrhaftigkeit war für ihn eine Relation der Äquivalenz zwischen Urteilen und Sachverhalten, genauso wie für Aristoteles, und die empirischen Kriterien dienten lediglich ihrer Entdeckung. Peirce war auch nicht der Auffassung, daß die praktische Nützlichkeit die Sinnhaftigkeit oder die Rationalität der Erkenntnis bestimme. Er betonte im Gegenteil die rein kognitiven Funktionen der Wissenschaft, in der Überzeugung, daß die technischen Anwendungen zwar das Resultat der kognitiven Leistung seien, aber den wissenschaftlichen Interessen keine Grenzen setzen noch ermächtigt sind, Verbote hinsichtlich des Denkgegenstandes auszusprechen. Unter diesem Aspekt war Peirce eher ein Beispiel eines, wie man sagt, »reinen« wissenschaftlichen Geistes, der von der Sache der kognitiven Vollkommenheit des Wissens erfüllt war, nicht aber des unmittelbaren Nutzens, den man aus ihr gewinnen könnte. Seine Schriften weisen neben der pedantischen Trockenheit des Stils die spezifisch positivistische Perspektive auf: das beharrliche Streben nach der Aufhebung der fiktiven Scheidungen zwischen der empirischen

Welt und ihren vermeintlichen verborgenen Qualitäten. Die Wirklichkeit ist nicht die »Erscheinung« einer anderen, »tieferen«, verborgenen, rätselhaften, »wahren« Wirklichkeit. Die Welt birgt keine Geheimnisse, sie stellt lediglich Probleme zur Lösung. Zwischen Erscheinung und Wesen, zwischen den empirischen Eigenschaften und der Natur des Dinges gibt es keinen Unterschied außer einem rein verbalen. Das Praxiskriterium dient dazu, die Phrasenhaftigkeit, die kognitive Trägheit oder auch das Chimärenhafte jener Unterscheidung zu entlarven, die, wenn man einmal daran glaubt, eine verheerende Wirkung auf das menschliche Denken, auf das Leben selbst, auf die gesamte Welt der Werte ausübt. In diesem Sinn kann man Peirce auch als einen vehementen Mitstreiter der szientistischen Ideologie ansehen, d. h. jener Überzeugung, dergemäß jede Frage unrechtmäßig ist, die sich nicht mit Methoden beantworten läßt, die in den exakten und deduktiven Wissenschaften zulässig sind, oder eher, daß jegliches Urteil sinnlos ist, das eine Antwort auf eine unrechtmäßige Frage enthält.

## 2. *Die pragmatistische Rehabilitierung der Metaphysik*

Ähnlich wie Peirce, hatte William James (1842–1910) Naturwissenschaften studiert, bevor er sich der Philosophie zuwandte. Doch die gedankliche Orientierung beider war überaus verschieden, was James allerdings kaum zu bemerken schien. Für Peirce war die Naturwissenschaft vor allem die Schule experimentellen Rigorismus' auf der Suche nach einer von uns unabhängig gegebenen wissenschaftlichen Wahrheit. Für James war sie eher die Rechtfertigung der biologischen Interpretation des Menschen, der nicht nur in seinem physischen Sein, sondern auch im intellektuellen Verhalten, in der wissenschaftlichen Produktion wie in den Werken der Logik unter dem unabweisbaren Zwang der biologischen Notwendigkeiten steht. Seine medizinische Ausbildung war vielleicht für diese Denkweise entscheidend, doch am wichtigsten scheint der Geist des Utilitarismus gewesen zu sein, der nicht nur zu radikalen Konsequenzen geführt und nicht allein auf die Welt der Werte, sondern auch auf die kognitiven Funktionen des Menschen ausgedehnt wurde.

Die Gegenüberstellung von unparteiisch *erklärendem* Wissen und *nützlichem* Wissen war sicherlich keine Neuheit. Wir können den Beginn dieser Idee bei den Nominalisten des 14. Jahrhunderts beobachten, die sich faktisch auf das Nützlichkeitskriterium sowohl dort beriefen, wo sie den Wert der aristotelischen Kategorien für das Weltverständnis anzweifelten als auch dort, wo sie der wissenschaftlichen Erkenntnis, besonders den Ergebnissen der Astronomie, einen rein praktischen, nicht aber strikt deskriptiven Sinn zuschrieben. Ebenso versuchte später Osiander die kopernikanische Theorie zu interpretieren, indem er ihre *Nützlichkeit*, nicht aber ihre Wahrhaftigkeit im tradierten Wortsinn verteidigte. Rein utilitaristischen Versuchen der Interpretation verschiedener religiöser oder metaphysischer Wahrheiten können wir übrigens in der Geschichte der neuzeitlichen Philosophie nicht selten begegnen: ebensogut bei Hobbes wie bei einigen Enzyklopädisten, wie schließlich, in einer gewissen Form, auch bei Kant. Unabhängig jedoch von der Verschiedenheit der Motive, die diese Vorstellungen evozierten, waren die Anhänger jener »pragmatischen« Interpretation bestimmter Wissensbereiche in der Regel davon überzeugt, daß sie nur auf einige Forschungsarbeiten sich beschränke, während es daneben einen Bereich dem Menschen zugänglicher Wahrheit gäbe, in dem wir uns nicht so verhalten, als ob die Welt so oder so beschaffen wäre, sondern davon überzeugt sein dürfen, daß sie in Wahrheit so beschaffen ist.

James' Doktrin zeichnet sich in eben dieser Frage durch die Unbegrenztheit der Anwendungsmöglichkeiten aus, über die das utilitaristische Weltverständnis verfügt. Unsere Theorien sind Instrumente wirksamen Reagierens auf die Welt, Manipulationsmittel, Arten des praktischen Verfügens über die Dinge. Es besteht daher kein Grund, ihnen noch einen anderen Sinn oder Wert zuzuschreiben. Jedes Urteil *bedeutet* seine praktischen Folgen, die aus seiner Anerkennung resultieren; wenn zwei verschiedene Aussagen im Resultat ein gleiches Verhalten bewirken, so ist ihre Bedeutung identisch; wenn eine Aussage keine praktischen Resultate zeitigt, bedeutet sie nichts. Bei einer bestimmten Lesart erinnern diese Regeln in der Tat an das bereits von Peirce Gesagte. Doch die

Jamessche Intention ist eine andere: es geht ihm nicht nur um die Bestimmung von Kriterien, die eine sinnvolle Aussage von einer sinnlosen unterscheiden; es geht darum, daß der Sinn selbst mit den praktischen Konsequenzen der Anerkennung des Urteils identisch ist, daß diese Konsequenzen den Sinn mithin konstituieren, nicht aber nur Mittel zu dessen Entdeckung sind. Daher auch die bei Peirce nicht vorhandene und für James fundamentale Unterscheidung von Wahrheit und Falschheit nach utilitaristischen Kriterien. Es gibt keine Wahrheit als abstrakte, von den menschlichen Verfahren unabhängige Äquivalenz zwischen Urteil und Sachverhalten, auf die sich das Urteil bezieht. Die Wahrhaftigkeit ist nichts anderes als die *Nützlichkeit* der Anerkennung des Urteils im Hinblick auf unsere Praxis. Es geht somit nicht einfach darum, daß die wahren Urteile ihre Wahrhaftigkeit dank der Wirksamkeit der auf der Voraussetzung gründenden Verfahren offenbaren, daß sie eben wahr seien (das war Peirces Gedanke), sondern darum, daß das wahr ist, dessen Anerkennung uns auf irgendeine Weise von Nutzen ist und daß jedes andere Wahrheitsverständnis sinnlos ist. Die Wahrhaftigkeit ist demnach keine Relation zwischen Urteil und Sachverhalt, sondern zwischen dem Urteil und den möglichen Satisfaktionen, die man infolge seiner Anerkennung erfahren kann. Dies ist eine rein biologische Interpretation der Erkenntnis: ähnlich wie der Patellarreflex weder »wahr« noch »falsch« ist, sondern allenfalls biologisch normal oder pathologisch, ähnlich wie die Aussonderung von Insulin »gut« oder »schlecht« sein kann, im Sinne von: vorteilhaft oder unvorteilhaft sich entwickelnd im Hinblick auf die Interessen des Organismus, so ist die Sekretion von Gedanken denselben und nur diesen Kriterien unterstellt. Das kognitive Verhalten des Menschen ist eine spezielle Art der Reaktion auf Situationen; es ist wahr, wenn die Reaktion biologisch vorteilhaft ist, es ist falsch, wenn das Gegenteil der Fall ist. Wahrheiten, wissenschaftliche Theorien und Überzeugungen werden nicht als Korrelate von Situationen festgestellt, die von uns abhängig sind, sondern sie werden als Mittel des praktischen Verhaltens gegenüber der Umgebung ausgewählt.

Ein radikaler Relativismus ist das natürliche Resultat dieses Standpunkts. Ein und dasselbe Urteil kann wahr oder falsch sein, gemäß der Situation, in der es anerkannt wird. Über die Wahrhaftigkeit eines Urteils kann man nicht ohne den Zusatz reden: wahr für jemanden oder wahr in einer bestimmten Situation. Über Wahrheit verfügen bedeutet mithin soviel wie gesund, praktisch leistungsfähig sein. Der Pragmatismus ist die Methode der Beurteilung jeglicher kognitiver Inhalte, sofern die Möglichkeit ihrer effektiven Anwendung auf beliebiges Lebenswichtiges gegeben ist. Die Wahrheit wird den Aussagen bezüglich der menschlichen Situationen zuteil. Man darf sagen, daß für James Erkenntnis gleichbedeutend ist mit Beurteilung der Welt überhaupt, wobei diese Beurteilung für ihn ein Teil der Technik des Lebenserfolges ist. Der Pragmatismus verzichtet insbesondere auf jegliche Verbote, die sich auf die Affirmationen irgendwelcher Überzeugungen beziehen, sofern diese Verbote durch logische Gründe, rein gedankliche oder metaphysische Doktrinen motiviert sind. Wir dürfen an alles glauben, was uns, wenn wir daran glauben, Nutzen bringt oder was uns, wenn wir es anerkennen, das Leben meistern hilft. Die einzige »Realität« ist der weit (auch subjektiv) gefaßte Erfolg im Leben. Die Nützlichkeit läßt sich nämlich auch mit Hilfe der Bedürfnisse charakterisieren, die Forderungen des Instinkts sind. Die Vernunft ist eine Verlängerung der Instinkte, und das Bewußtsein ihr Instrument. In uns sind verschiedene Instinkte wirksam, die in verschiedenen Lebensabschnitten sich bemerkbar machen: der Instinkt der Angst, der Konkurrenz, des Kampfgeistes, des Eigentums (der letztere kommt, nach James' Auffassung, in der zweiten Lebenshälfte zur Geltung). Man muß daher annehmen, daß es uns erlaubt ist, alles zu akzeptieren, dessen Anerkennung die instinktiven Bedürfnisse erfolgreich befriedigt, somit zur Vermehrung des Eigentums und zum Erfolg im Konkurrenzkampf führt. Die Verstandesfunktionen reduzieren sich auf reine Orientierungshilfen; es hat keinen Sinn zu fragen: »Wie verhält es sich wirklich?«, sondern nur: »Was erreiche ich, wenn ich an dies oder jenes glaube?« Wenn nun aber, was im übrigen selbstverständlich ist und worüber James sich im klaren war, der Glaube an ein und dasselbe Urteil für den einen vorteilhaft und für den anderen schädlich ist, so gibt es keinen Grund, mit der Annahme zu zögern, daß für mich genau das falsch sein kann, was für den anderen wahr ist, oder auch für mich heute das falsch sein kann, was gestern noch wahr war. Die Wissenschaft ist keine Ansammlung von Wahrheiten im gängigen, tradierten, metaphysischen oder transzendentalen Sinn, sondern eine Gruppe von praktischen Anweisungen, die dann sinnvoll sind, wenn sie ausführbar, und dann wahr sind, wenn sie das Leben effizient gestalten, die Energie steigern, Zufriedenheit gewähren. Anders: der kognitive Akt heißt soviel wie Billigung, Einverständnis, ist also eine Tätigkeit des emotional stimulierten Willens. Daß die Entscheidung, kraft derer wir uns einverstanden erklären, etwas als wahr anzuerkennen, kein automatisches Resultat des zwingenden Drucks der Welt auf den Verstand ist, sondern ein Akt der Dezision – das ist ein Cartesianischer Gedanke; doch nach Descartes gestattet dieser Umstand lediglich die Präsenz eines Irrtums in unseren Überzeugungen aufzuklären (der Wille ist frei in der Anerkennung oder Ablehnung von etwas, diesbezüglich die Vernunft, die nach korrekten Regeln arbeitet, ihre Entscheidung suspendieren oder ein anderes Urteil sprechen müßte). Nach James dagegen gibt es für die Vernunft überhaupt keine anderen Regeln als die, die den Willen zur Einwilligung bringen; der kognitive Akt unterliegt somit keiner weiteren Bewertung, die seinen Inhalt selbst, unabhängig von der billigenden Handlung des Menschen, mit einem ähnlich unabhängigen Sachverhalt konfrontieren würde, sondern ist selbst diese Billigung, die durch die Hoffnung auf Satisfaktion motiviert ist, welche dank des Glaubens erreichbar ist. Irgend etwas akzeptieren heißt gewissermaßen ein praktisches Engagement eingehen, dank dessen ein Fragment der Welt Befriedigung verspricht, wenn es in der und nur der Weise behandelt wird, wobei kein Unterschied besteht zwischen der Überzeugung, daß jenes Fragment der Welt »an sich« solche oder andere Qualitäten besitzt, und der Bewegung der Lebensinitiative selbst, die diese Überzeugung im Namen der Erfolgserwartung akzeptiert. In diesem Sinne darf gesagt werden, daß für den Pragmatisten der kognitive Kontakt mit der Welt deren permanente Schaffung ist.

Die paradoxen Folgen dieses Standpunktes lassen sich mühelos, wie dies bereits häufig geschah, aufdecken, besonders, wenn man auf den extremen Formulierungen insistiert, die jeder mühelos in James' Schriften finden kann. Wenn nämlich der Grund für die Anerkennung eines beliebigen Urteils mit dem psychologischen Motiv identisch ist, das dieses Urteil im Namen des erwarteten Vorteils akzeptieren heißt, genügt es, sich die Frage zu stellen: auf welcher Grundlage erkenne ich die Aussage an, daß Sokrates im Jahre 399 v. u. Z. an einem Gift starb? Wenn die Anerkennung dieses Urteils mir keinen Nutzen bringt, bedeutet es nichts. Nehmen wir aber an, ich bin ein Student, dem eine Prüfung in Geschichte der antiken Philosophie bevorsteht; das in diesem Urteil enthaltene Wissen ist nützlich, denn es kann zum positiven Prüfungsergebnis beitragen: nach der Prüfung wird es nutzlos, somit verwandelt sich auch jene Information über Sokrates augenblicklich in Unsinn. Oder was bedeutet (für mich) das Urteil: »Rom liegt am Tiber?« Momentan nichts, sofern es in keiner Weise auf mein Verhalten Einfluß nehmen kann. Anders für einen Einwohner von Rom, der täglich über die Brücken geht; wenn ich jedoch Soldat einer Armee bin, die Rom erobert, wird dieses geographische Wissen auch für mich einen Sinn gewinnen, das Urteil wird wahr »werden«.

James schwächte die Extremheit seiner Formeln tatsächlich gelegentlich ab, indem er von einem gewissen Überschuß an aktuell inaktiven Wahrheiten sprach, die dennoch verdienten, daß man sie in Erinnerung behalte, sofern sie zumindest potentielle Instrumente künftigen Verhaltens seien. Es wäre demnach eine gewisse Ungerechtigkeit (wenngleich man sich andrerseits an jene Extremformel »klammern« kann), ihm die Ansicht zu unterstellen, daß »Wahrheit« ausschließlich das sei, was im gegebenen Augenblick, strikt *hic et nunc*, einen Nutzen verspricht. Nichtsdestoweniger bleibt die fundamentale Vorstellung von der Erkenntnis als einer biologischen Funktion in Kraft, die nur unter dem Gesichtspunkt der biologischen Nützlichkeit zu bewerten ist, die also relativ und jeglichen transzendentalen Inhalts ledig ist. Die Grenzen jenes möglichen »Überschusses« sind nie genau bestimmt, so daß der Pragmatist stets berechtigt ist, sie nach Belieben zu ziehen.

Eine weitere paradoxe Konsequenz dieses Standpunktes, die besondere Beachtung verdient, ist die völlige Ungebundenheit im Hinblick auf den inhaltlichen Bereich der Wahrheiten, die wir akzeptieren dürfen, wenn sie nur in einer beliebigen Hinsicht als nützlich sich erweisen; insbesondere ist auch die Freiheit damit gemeint, beliebige religiöse oder metaphysische Doktrinen anzuerkennen, von denen wir irgendeinen Profit erwarten dürfen. Weshalb sollten wir auch auf religiöse Überzeugungen verzichten, wenn diese fähig sind, unsere Leistungsfähigkeit im Leben zu steigern, uns vor Resignation zu schützen, mit Optimismus zu speisen? James schreckte vor diesem Schluß tatsächlich nicht zurück, und jene Entschlossenheit in dieser Frage schreibt er der eigenen Antipathie gegenüber dem »Dogmatismus« zu, also auch der Ablehnung einer negativen Entscheidung in religiösen Fragen dem zweifellosen Nutzen zum Trotz, der aus dem Glauben fließt. Wenn die Existenz Gottes unsere Überzeugung von einer moralischen Weltordnung erhärtet, wenn der Glaube an die Willensfreiheit sich mit dem Versprechen einer Belohnung verbindet oder wir dieser Vorstellung in unserer schöpferischen Arbeit bedürfen, so haben wir durchaus das Recht, das eine wie das andere mit der gleichen Gewißheit zu akzeptieren, die die Überzeugungen begleitet, die wir aus evidenten Erfahrungen gewinnen.

Wir haben es mithin in der Philosophie des Pragmatismus mit einer Art epistemologischem Jesuitismus zu tun, mit der prinzipiellen Billigung von allem und einer uneingeschränkten Elastizität der deontologischen Regeln in den kognitiven Funktionen. Jeder andere Standpunkt setzt sich dem Vorwurf dogmatischer Verknöcherung aus, die die Werte des realen Lebens den abstrakten metaphysischen Chimären opfert. Das ist auch wirklich der Fall, sofern man davon ausgeht, daß die Wirklichkeit keinerlei Eigenschaften des vorgefundenen Materials besitzt, das sich in seinen herkömmlichen Qualitäten für Interpretationen eignen würde, sondern eine Ansammlung von Potenzen des individuellen Erfolges ist, und daß ihr möglicher Sinn sich darin erschöpft. Die Ausgangsintention des Pragmatismus bringt diese Philosophie in die Nähe des empiriokritischen Denkens, obwohl sie sich von diesem in der Unbekümmertheit krasser Formulierungen, der Ungezwungenheit lockerer Aphoristik, dem Fehlen an analytischer Sorgfalt unterscheidet. Sie ist nämlich ebenfalls ein Versuch, das Denken über die Welt auf den Begriff »Erfahrung« zu gründen, der in seiner Ursprünglichkeit jegliche »substantialistischen« Gebilde von der Art »Materie« oder »Geist« ersetzt und diese als auf dem eigenen Gebiet vollzogene sekundäre Distinktionen behandelt. Desgleichen intendiert sie die Eliminierung von Fragen aus unseren Interessen, für die kein Beantwortungsmodus existiert; während für die Empiriokritiker immerhin die Möglichkeit der effektiven Anwendung eines Urteils darin bestand, daß es uns zu gewissen Erwartungen in der Erfahrungswelt berechtigte und einfach auf dem Wege der Bestätigung oder Widerlegung dieser Erwartungen überprüfbar ist, so genügt es den Pragmatisten, daß wir mit dem gegebenen Urteil überhaupt »etwas anfangen können«, damit es als sinnvoll gelten kann. Eben deshalb kehrt die zur Tür hinausgeworfene Metaphysik durchs Fenster zurück, nicht mehr als »Wahrheit«, mit deren Hilfe man die Seinsgeheimnisse entdeckt, sondern als »Werkzeug zu etwas«, und sei es als Balsam der Seele oder als Einspritzung eines Analeptikums. Letzten Endes offenbarte die Interpretation des Pragmatismus jedoch die Konsequenzen der biologischen Erkenntnis, die die Empiriokritiker nicht bemerkten. Sie wußten nämlich, daß sowohl die metaphysischen Doktrinen wie die religiösen Überzeugungen als Instrumente der biologischen Erhaltung der Gattung verstanden werden können, und waren zugleich davon überzeugt, daß alle wissenschaftlichen Theorien denselben Charakter besitzen: sie hatten demnach ihre guten Gründe, um jenen dieselbe Legitimität zuzusprechen, die sie diesen zugestanden. In dieser Hinsicht erscheint die Rehabilitierung der Metaphysik seitens der pragmatischen Methode lediglich im Hinblick auf die Voraussetzungen des radikalen Biologismus konsequenter.

James' Philosophie macht faktisch die Operation unmöglich, um die es Peirce hauptsächlich ging: die Trennung von Unsinn und Wissenschaft, da die Toleranz gegenüber dem Glauben dort innerhalb der Nützlichkeitsregel unbegrenzt ist. Die Frage »was ist wahr?« kann im Grunde so aufgefaßt werden, daß sie eine bestimmte metaphysische Theorie voraussetzt; deshalb ersetzt James sie durch die Frage »was lohnt anerkannt zu werden?«, ohne jedoch die Restriktionen zu formulieren, die es uns verbieten würden, gerade die in der ersten Frage implizierte metaphysische Doktrin anzuerkennen, zwecks deren Vermeidung diese Frage eliminiert wurde. Es hat den Anschein, als ob James' Metaphysik im pejorativen Sinn gewisse inhaltlich bestimmte Doktrinen nennt (z.

B. die realistischen Erkenntnistheorien oder den Determinismus oder einen beliebigen Monismus), deren Negationen die Antworten auf dieselben Fragen geben, von diesem Makel lossprechend. James selbst verteidigte ein bestimmtes allgemeines Weltbild, das sich mühelos als »metaphysisches« verstehen läßt und das mit der pragmatischen Methode durch seine allgemeine Orientierung von Toleranz und Offenheit konzis verbunden ist. Es ist ein pluralistisches Weltbild, das Widersprüche zuläßt, das die Differenziertheit der Erfahrungen, ihre Variabilität und jeweilige Neuheit betont. Wir verfügen über keine Argumente zugunsten des Determinismus; wir kennen nur einen Bruchteil der Welt, und nichts rechtfertigt den Glauben, daß eine unabänderliche und universelle Ordnung die Totalität beherrscht. Entgegen den rationalistischen Konstruktionen Hegels oder Spencers ist die Welt stets offen und voller Möglichkeiten, und nur der Glaube, daß dem so ist, gibt dem Leben einen Wert. Würde die rigoristische Ordnung im vorhinein alles bestimmen, was irgendwann einmal eintreten wird, so würde es keine Überraschungen und nichts Unerwartetes mehr geben, so hätte das Leben keinen Sinn. Es besteht kein Grund, sich damit abzumühen, die Unregelmäßigkeiten, die wir in der Erfahrung beobachten, ständig in neue Regelmäßigkeiten zu zwingen, man darf jedes Faktum einzeln akzeptieren, ohne sich um Kohärenz zu kümmern und ohne zu beklagen, daß wir über keinen universellen Schlüssel verfügen, der die Widersprüche zwischen den Fakten scheinbar aufheben würde. Nur ein unverbesserlicher Metaphysiker setzt a priori voraus, daß die Welt einem Leitprinzip untergeordnet ist, auf das letzten Endes die Vielheit der Erfahrung als auf dessen diffenrenzierte Manifestationen zurückführbar ist. In Wirklichkeit gibt es nur den fließenden und differenzierten Strom der Erfahrungen, innerhalb dessen wir verschiedene Konzentrate für praktische Zwecke bilden, um die Welt gefügiger und verfügbarer zu machen; das Bewußtsein setzt sich aus denselben Daten zusammen wie die Dinge, und die Unterscheidung zwischen »Innenwelt« und »Außenwelt« ist eine sekundäre abstrakte Operation. Die Erfahrungsdaten erscheinen uns unmittelbar und nicht vermittelt durch Ideen oder zugängliche Repräsentationen, als Zeichen, die das eine oder andere voraussagen lassen, und unser praktisches

Engagement organisiert jene Zeichen in Ganzheiten, die wir zum Beispiel physische Körper oder Verstand nennen. In unserer Erfahrung selbst gibt es jedoch keine Elementarteilchen, die nach bestimmten Gesetzen, wie das die Assoziationspsychologie wollte, sich zu komplizierten Strukturen verbinden; im Gegenteil, das psychische Leben ist ein permanenter Strom, in dem nur die sekundäre Abstraktion Teile auszeichnet und sogar Gegenstände als »dieselben« in der Zeit identifiziert. Dieses ganze System von Auszeichnungen wird von keiner intellektuellen Regel gelenkt, sondern ist dem Willen und den Gefühlen unterstellt, die Dinge aus der Ganzheit der fließenden Erfahrung herausstellen, Wahrheiten unter den möglichen Urteilen sowie Werte und Glaubensinhalte auslesen.

Die außerordentliche Popularität der Jamesschen Ideen in den Vereinigten Staaten war gewiß ein Zeugnis für die Übereinstimmung zwischen der pragmatisch verstandenen Welt und den populären Lebenswerten, die in dieser Gesellschaft sich allgemeiner Anerkennung erfreuten. Die pragmatistische Wahrheitstheorie ist in der Tat eine Philosophie des individuellen Erfolges, und der radikale Empirismus sowie der Kampf mit der Unfruchtbarkeit der Metaphysik entsprechen sehr wohl der Orientierung des Menschen, für den überhaupt nur das »zählt«, was als möglicher Beitrag zum individuellen Erfolg in der Konkurrenz des Vermögens und Prestiges in Frage kommt. Es wäre jedoch ungerecht, sich mit einer Interpretation des Pragmatismus zu begnügen, die sein Image ganz einfach mit den sittlichen Verhältnissen und der sozialen Situation des Landes seiner Entstehung erklärt. Der Pragmatismus entwickelte nämlich eine gewisse philosophisch relevante Art des Weltverständnisses, die unter anderem auch wegen der unerwarteten Richtung interessant und beachtenswert ist, die man, wie sich zeigte, den empiristischen Parolen geben konnte. Außerdem wegen der Aussicht auf die Rehabilitierung der Metaphysik und Religion innerhalb der allgemeinen impiristischen Voraussetzungen, und schließlich wegen der Aufdeckung der unerwarteten Korrespondenz zwischen der positivistischen Orientierung und der sogenannten Lebensphilosophie.

Eine Konsequenz des Pragmatismus unter anderen war die Aufhebung des Dualismus von Wertungen und Urteilen. Vom pragmatistischen Standpunkt aus finden genau dieselben Kriterien, und zwar die Kriterien der Nützlichkeit, bei der Wahl der theoretisch akzeptablen Urteile wie bei der Wahl der affirmierten Werte, wie bei der Beurteilung der sozialen Institutionen Anwendung. Es besteht demnach kein Grund, unsere Überzeugungen in »deskriptive« und »wertende« zu gliedern und für die zweiten eine epistemologische Grundlage zu suchen, die von den Regeln des empirischen Wissens nicht geliefert werden kann. Die traditionelle Frage nach dem Unterschied zwischen »gut« und »wahr« oder danach, ob etwas »an sich« gut sei oder nur kraft unserer Entscheidung gut werde, diese Frage scheidet aus, sofern bekannt ist, daß die Wahrheit allenfalls eine Gattung innerhalb der Art »Güte« darstellt und daß das Gute utilitaristisch bestimmt wird. Das ist eine der Methoden, der heiklen Dichotomie auszuweichen, die man aus der Geschichte des Materialismus und des Positivismus kennt und die von der analytischen Schule neu aufgegriffen wurde.

### *3. Andere Versionen der pragmatistischen Methode. Ihr allgemeiner Sinn*

In der Philosophie von John Dewey (1859–1952) tritt eben diese Konsequenz der pragmatistischen Haltung ausdrücklich hervor. Wie James überzeugt, daß die praktische Anwendbarkeit den Maßstab für die Beurteilung und das Kriterium der Wahrheitswahl liefere, war Dewey der Auffassung, daß dieser Brauchbarkeits- oder auch instrumentale Gesichtspunkt auf die nämliche Weise unsere Vorstellungen von der Welt, die anerkannten Werte sowie die sozialen und politischen Einrichtungen umfaßt, daß, mit anderen Worten, die Fragen, die wir uns stellen, wenn wir ein Urteil anerkennen oder ablehnen sollen, genauso lauten wie wenn wir eine Art sozialer Tätigkeit akzeptieren sollen. Die Urteile gliedern sich somit in befriedigende und unbefriedigende bezüglich der angestrebten Werte, d. h., sie fördern oder hemmen Handlungen, die diese Werte festigen. Das ist die Bedeutung von wahr und falsch in der instrumentalistischen Version. Doch Dewey interessierte sich nicht so sehr für die Bedingungen des individuellen Erfolges als für die Verbesserung der sozialen Verhältnisse und die Perspektiven der politischen Demokratie, daher ist seine Epistemologie in einem wesentlichen Punkt von der Jamesschen verschieden. Er war nämlich der Auffassung, daß es Werte gibt und daß diese Werte vorherrschend sind, die nicht mit dem individuellen Erfolg verbunden sind, sondern in gleichem Maße für alle Menschen verbindlich sind, daß, mit anderen Worten, eine kollektive Nützlichkeit als ursprüngliche existiert, die die Kriterien für die Wahl der sozial relevanten Kriterien liefern kann. Daher droht die Relativität der Wahrheit nicht mit paradoxalen Konsequenzen, die zuvor erwähnt wurden. Die Aufgabe, die sich der Philosophie stellt, ist die Analyse der sozialen Auswirkungen, zu denen die Anerkennung gewisser Doktrinen, Ideen oder Ideale führt, ganz genauso, wie wir die Auswirkungen bestimmter politischer Institutionen untersuchen. Es besteht nämlich kein Unterschied zwischen Erkenntnis und Wertung, denn die Erkenntnis insgesamt ist eben ein Werten, ist der Versuch, die Wirklichkeit des »Guten« unter dem Aspekt unserer praktischen Verhaltensweise darin zu beschreiben. Da die Fragen nach dem »Nutzen« jedoch vor allem auf sozialen Nutzen gerichtet sind, hört auch die Wahrheit auf, das Instrument eines einmaligen Gebrauchs für einen einzigen Augenblick im Leben eines einzelnen menschlichen Individuums zu sein, und wird erneut zum Instrument der sozialen Wirkung, ist somit weiterhin relativiert, aber relativiert bezüglich des weitverstandenen »Gemeinwohls«, behält somit die Beständigkeit und den intersubjektiven Charakter, die die Jamessche Doktrin ihr bei konsequenter Anwendung nicht zuschreiben konnte. Die Philosophie nimmt teil an den sozialen Konflikten und ist nicht befreit von der Pflicht, sich dieser Teilnahme bewußt zu sein; sie kann konservativ sein oder den sozialen Fortschritt unterstützen und sollte dies wissen. Im Unterschied zu James war Dewey davon überzeugt, daß die religiösen Vorstellungen nicht die Werte realisieren können, die sozial relevant sind, daß sie der Entwicklung der menschlichen Initiative, der Fähigkeit zur selbständigen Lenkung des Lebens, zur Erwekkung der eigenen Intelligenz und Invention, zur freien schöpferischen Arbeit im Gegenteil hinderlich sind. In diesem Sinne entlarven sie sich als »falsch«, aber wir verfügen über keine anderen Kriterien der Beurteilung. Im Endeffekt stand Dewey Peirce vielleicht näher als James, indem er am unwilligen Ignorieren der metaphysischen Kontroversen festhielt, die er in seiner Jugend als Schüler amerikanischer Hegelianer kennengelernt hatte; er glaubte demnach an die Möglichkeit von konstant gültigen und intersubjektiv rechtmäßigen Kriterien der Wahl in der Erkenntnis, also an die Präsenz eines der gesamten Menschheit eignenden geistigen Fonds, den die flüchtige Laune oder das aktuelle Bedürfnis des einzelnen nicht annullieren können. Ähnlich wie die kognitiven Werte behalten auch die ethischen jenen sozial dauerhaften Charakter; es gibt zwar keine transzendenten noch transzendentalen Werte, die der Mensch als »gegebene« und unwiderrufliche Welt vorfinden würde, doch daraus resultiert nicht, daß die Welt ganz einfach vom Prinzip *de gustibus* beherrscht wäre, wie die Positivisten im allgemeinen glauben. Die Welt der Werte ist nämlich nicht von der aktuellen Befriedigung des einzelnen bestimmt, sondern wird von der dauerhaften sozialen Nützlichkeit konstituiert, und nur das kann als Wert anerkannt werden, dessen Wirkung für das soziale Leben öffentlich kontrollierbar ist und als nützlich beurteilt werden kann. In seinen Versuchen, den Begriff des sozialen Subjekts zu konstruieren, in der instrumentalen Interpretation des philosophischen Lebens, in der Hoffnung auf die praktischen Anwendungen der Philosophie, war Dewey dem Marxismus näher als James, obwohl er andrerseits dieser Tradition wegen seines politischen Liberalismus und seiner personalistischen Orientierung fern stand.

Um die Jahrhundertwende erfreute sich der Pragmatismus großer Beliebtheit und wurde in verschiedenen Richtungen auch in der europäischen Philosophie weitergeführt. Für die Kritik der transzendentalistischen Doktrinen benutzte ihn in England F. C. S. Schiller (1864–1937), der die Intentionen von James sogar noch radikalisierte, indem er alle kognitiven Fähigkeiten auf Akte persönlicher Expression reduzierte und den Fragen nach der mimetisch verstandenen »Wahrheit« jeglichen Sinn absprach, ja sogar eine voluntaristische Logik vorschlug, die sich lediglich mit der Ausdrucksrelation zwischen den Urteilen und der Intention des Urteilenden befaßt, programmatisch auf andere Aufgaben verzichtend.

Eine beachtliche Stärke erlangte die pragmatistische Bewegung in Italien, wo u. a. Giovanni Papini vorübergehend zu ihren Mitstreitern gehörte; ein Schüler Papinis war Mussolini, der diese Philosophie mit den pauschalen Losungen des Irrationalismus, Voluntarismus und faschistischen Aktivismus verknüpfte. Es wäre jedoch unsinnig, wenn man diesen Umstand bei der Interpretation der pragmatischen Philosophie mitberücksichtigen würde. In Polen gehörte W. M. Kozłowski zu den wenigen philosophischen Propagatoren des Pragmatismus. In Europa überhaupt wirkte diese Philosophie innerhalb des modernistischen Stils und war eine Spielart der »Lebensphilosophie«, die in der Erkenntnis jene »Unmittelbarkeit«, jenen »Kontakt mit der Sache selbst« suchte, die keine metaphysischen Schemata zu verschaffen vermochten. In dieser Hinsicht befinden sich auch die empiristische Wachsamkeit und der pedantische Nominalismus des Pragmatismus, seine Scherbengerichte über die metaphysischen Dogmen, mit einem Wort, alles, was diese Strömung mit der positivistischen Tradition verband, innerhalb der Grenzen des Modernismus, ähnlich wie im Falle des Empiriokritizismus. Wir beschäftigen uns mit der pragmatistischen Methode sowohl deshalb, weil ihre Begründer sich selbst auf ihre Beziehungen zur dominierenden Tradition des positivistischen Denkens beriefen, als auch deshalb, weil diese Rückbesinnung keineswegs auf Einbildung beruhte, sondern weil wesentliche Gründe dafür sprachen. Zugleich ist der Pragmatismus aber auch eine paradoxale Abzweigung des Positivismus, weil er den Empirismus zur Akzeptation der Metaphysik und des religiösen Glaubens befähigte sowie zur Annahme von Werturteilen auf der gleichen Grundlage, die die Wahl von Aussagen in der wissenschaftlichen Erkenntnis bestimmt. Diese Paradoxie gehört zu den zahllosen Beispielen, die ein Philosophiehistoriker anführen könnte, wenn er die schier unbegrenzte interpretatorische Biegsamkeit der philosophischen Grundsätze unter Beweis stellen wollte sowie die Unbegrenztheit der Verbindungen, die in diesem Denkbereich zwischen den einzelnen Ideen auftreten können.

Der Positivismus des ausgehenden 19. Jahrhunderts – die »modernistische« Phase – zeichnete sich durch die bewußte Verknotung von genetischen und methodologischen Problemen in der Erforschung der menschlichen Erkenntnis aus. Die *quaestio iuris* und die *quaestio facti* bezüglich der Frage nach dem Wert der Erkenntnis ließen sich fast nicht mehr auseinanderhalten. Wenn die Erkenntnis eines der spezifisch menschlichen Werkzeuge der biologischen Anpassung ist, so kann in der Tat der Anschein entstehen, als könnten sinnvolle Fragen nach der Legitimität der einen oder anderen Erkenntnisprozedur nicht den Wert jener Prozeduren für die Kenntnis der Welt »an sich« betreffen (ein derartiges Streben ist nämlich nicht in der animalischen Welt enthalten, der wir angehören und von der wir uns durch die Kommunikationsformeln innerhalb der Gattung unterscheiden, nicht jedoch durch unsere Verbindungen zu einer Welt der transzendentalen Wahrheit), sondern lediglich ihre Brauchbarkeit; der Pragmatismus wäre demnach der Versuch, die epistemologischen Resultate des Naturalismus »restlos auszusprechen«, und es wäre in der Tat unmöglich, die *quaestio iuris* vom Problem der Erkenntnisgenese unabhängig zu machen. Dadurch wird jedoch auch der szientistische Standpunkt unhaltbar, das Gebot also, sich der Aussagen zu enthalten, deren Rechtsgründe nicht die aktuell in den Naturwissenschaften akzeptierten Bedingungen erfüllen, oder anders, das Verbot, derartigen Aussagen Sinnhaftigkeit zuzugestehen.

Man kann somit versucht sein, eine genuine Logik in der Entstehung der nächsten Phase des positivistischen Denkens aufzudecken, die sich gerade dadurch auszeichnet, daß sie die Fragen nach den genetischen Problemen in der Erkenntnis strikt trennt von den Fragen nach der Rechtmäßigkeit und letztere erörtert unter gleichzeitiger Vernachlässigung der ersteren, das heißt die Rückkehr zum szientistischen Standpunkt. Der sogenannte logische Empirismus oder, wie er zuweilen genannt wird, Neopositivismus, könnte in dieser Sicht als Rückkehr zur positivistischen Enthaltsamkeit nach der Selbstauflösung des Positivismus in der Epoche der modernistischen Kultur gelten; er wäre die philosophische Manifestation des Endes des Modernismus mit seiner sozusagen epistemologischen Hemmungslosigkeit. Man könnte ihn aber auch im Hinblick auf die Geschichte der Weltanschauungen, als den Versuch einer Restriktion des Denkens verstehen, die der drohenden Gefahr des ideologischen Fanatismus in seinen mannigfaltigen

Formen und unverantwortlichen Denkkonstruktionen mit ihren unberechenbaren Folgen vorbeugen soll, als Versuch, die selbständige und durch Denkrigoren deutlich sich auszeichnende Position des Intellektuellen zu begründen, der um die geistige Gesundheit der Gesellschaft besorgt ist. Der Szientismus war ein wichtiger Bestandteil eines solchen Programms.

# VIII. Der logische Empirismus – die szientistische Verteidigung der Zivilisation in der Krise

## *1. Quellen des logischen Empirismus. Seine Selbstbestimmung*

Hinsichtlich der rein inhaltlichen Qualifikationen paßt der sogenannte logische Empirismus (oder logische Positivismus oder Neopositivismus) in die allgemeinere Tendenz, die für gewöhnlich analytische Philosophie genannt wird. Die letztgenannte Bezeichnung meint nicht nur die spezifische geistige Bewegung, die in Cambridge oder Oxford konzentriert ist und hauptsächlich von G. E. Moore ausging, sondern das Gesamt der sich von England aus über die ganze Welt ausbreitenden Bestrebungen, deren gemeinsames Merkmal die Überzeugung war, daß die eigentliche Berufung der Philosophie in der sprachanalytischen Arbeit bestehe, sowohl in der Analyse der Umgangs- wie der wissenschaftlichen Sprache, mit dem Ziel, den Sinn der vorgefundenen Begriffe, Thesen und Auseinandersetzungen genau zu erklären; so werde das Denken zu hinreichender Klarheit gelangen, um endlich tradierte Probleme entscheiden oder als sinnlos verwerfen zu können. In der Ausgangstendenz der analytischen Schule selbst war somit kein Entwurf von bestimmten epistemologischen oder metaphysischen Lösungen enthalten; sie präjudizierte auch nicht, welche philosophischen Fragen sinnvoll seien. Nur die methodologische Neigung zeichnete sie aus, der Glaube, daß es am adäquatesten sei, jegliches Philosophieren mit der genauen, mit logischen Mitteln operierende Analyse der Sprache zu beginnen, die man spricht und in der die philosophischen Fragen formuliert sind. Die Antipathie gegen alleserklärende metaphysische Systeme von gigantischem Zuschnitt war bei dieser Einstellung natürlich, doch die gedanklichen Bahnen selbst, die von dieser Schule eingeschlagen wurden, legten nicht im vorhinein bestimmte Grenzen der Sinnhaftigkeit von Fragen fest und ließen sowohl *de iure* als auch faktisch verschiedene Entscheidungen traditioneller philosophischer Probleme zu. Moore und seine zahlreichen Schüler wollten Philosophie in einer Weise betreiben, die dieser keinen bestimmten Gegenstand vorschreiben würde, dafür intensiv die Bedeutung der Wörter untersuchen, deren wir uns in allen Wissensdisziplinen, aber auch im Alltag bedienen. Die Resultate, zu denen derartige Analysen führen sollten, mögen mit einer beliebigen unter den bereits existierenden philosophischen Propositionen übereinstimmen oder auch nicht, wichtig allein ist, daß es tatsächlich Ergebnisse sind, daß die verschwommenen Intuitionen, die in unserer Sprache verborgen sind, erhellen, die Worthybriden oder nebulösen Assoziationen, die in unseren Urteilen über die Welt wirksam sind, entknoten und auf diese Weise dazu beitragen, daß alle wissenschaftlichen und philosophischen Fragen in einer allgemein verständlichen und akzeptablen Weise gestellt werden können.

Die Neigung wurzelte in der Tradition des englischen empirischen Denkens, und das Erbe des positivistischen Stils lebte darin weiter, deshalb war auch der Einfluß dieser Propositionen auf die neue Version des Positivismus erheblich. Man darf die analytische Philosophie jedoch nicht ganz einfach pauschal in die Geschichte des Positivismus integrieren, da viele ihrer bedeutendsten Vertreter Gesichtspunkte verteidigten, die sich entschieden außerhalb der Grenze des Positivismus befanden, wie wir sie in dieser Darlegung vorschlagen. Der positivistischen Tradition zum Trotz verteidigte beispielsweise Moore in seinen ethischen Explorationen die Objektivität der Wertprädikate (solcher wie »gut« oder »böse«), obwohl er darauf beharrte, daß sie originär und nicht auf empirische Qualitäten zurückführbar seien. Bertrand Russell, der zu den prominentesten Mitbegründern der analytischen Schule gehörte und einen bedeutenden Beitrag zur Herausbildung jenes logischen Apparats leistete, der für die Entwicklung des Positivismus unseres Jahrhunderts wichtig ist, kann selbst nicht als Positivist gelten, allein wegen der entschiedenen Negierung der nominalistischen Doktrin, einer Negierung, die er zeitlebens aufrechterhielt. Nicht anders verhält es sich mit Alfred Whitehead, der zusammen mit Russell das Werk *Principia Mathematica* (1910–1913) verfaßte, der ursprünglich Mathematiker war und zum Gründer einer Metaphysik und Kosmologie von deutlich religiöser Färbung wurde. Auch Jan Łukasiewicz, der Entdecker der mehrwertigen Logik, war kein Positivist, da er den nominalistischen Standpunkt ebenfalls verwarf und zudem seine religiösen Überzeugungen teilweise in seine philosophischen Gedankengänge integrierte. Wenngleich also auch gegenwärtig innerhalb der jüngeren Generationen die Unterscheidung zwischen den Anhängern der analytischen Philosophie und den Anhängern des logischen Positivismus schwer durchführbar wäre, so begnügen wir uns dennoch, was die Zeit zwischen den beiden Weltkriegen angeht, mit dem Bericht über die Philosophie, auf die sich die Bezeichnung »Positivismus« ohne größere Vorbehalte anwenden läßt, und lassen die gesamte analytische Philosophie, innerhalb derer das uns interessierende Problem auftritt, unberücksichtigt. Eine bestimmte Eigenschaft, die Russell als konstitutiv für die analytische Philosophie ansieht, tritt jedoch besonders deutlich in der positivistischen Version auf und kann bei der Präsentierung der empiristischen Wissensinterpretation nicht übergangen werden. Der Name allein macht das deutlich. Es ist die sich ihrer Neuheit bewußte Verknüpfung der empiristischen Wissensinterpretation mit der vielseitigen Anwendung mathematischer Methoden. Nach Russells Auffassung zeichnet diese Verknüpfung die gesamte Entwicklung der Naturwissenschaft seit Galilei aus, doch erstmalig stellt sie ihre Möglichkeiten bezüglich der tradierten philosophischen Fragen unter Beweis; eben das rechnet sich der logische Empirismus als sein besonderes Verdienst an.

Die Beweismethoden, die von den mathematischen Wissenschaften erarbeitet wurden sowie die experimentellen Methoden der Welterforschung, so erklären die Anhänger dieser Doktrin, figurierten in der philosophischen Reflexion als zwei miteinander konkurrierende Wege der Welterkenntnis und trugen, abhängig von der Rolle, die man der einen oder anderen in dieser Opposition zuschrieb, zur Entstehung von antagonistischen epistemologischen Positionen bei (»Empiristen« gegen »Rationalisten«). Der logische Empirismus sollte diese Dichotomie aufheben, indem er die Erfahrung als den einzigen Weg behandelt, auf dem wir etwas über die faktische Welt erfahren können, während er der Mathematik die Fähigkeit zur Weltbeschreibung abspricht, sie jedoch als unerläßliche Technik der Schlußfolgerung einsetzt. Der Entwicklung der formalen Logik ist die Beseitigung vieler Scheinprobleme aus der Mathematik zu verdanken und ihre Befreiung von der alleinigen Verantwortung für die Entscheidung ontologischer Fragen, indem sie nämlich diese Wissenschaft in ein mächtiges Instrument verwandelte, das die Möglichkeiten der empirisch orientierten Naturwissenschaft erweiterte. Weder die Logik noch die Mathematik, ganz gleich, ob die zweite in der Weise, wie einige meinten, auf die erste zurückführbar ist, dienen der Entdeckung der Struktur einer außersprachlichen Welt, sondern ermöglichen die korrekte Verwendung der sprachlichen Zeichen und den korrekten Übergang von den einen Sätzen zu anderen. Wenn demnach alle oder einige Sätze dieser Wissenschaft unabhängig von Erfahrung und Experiment gültig sind, so sind sie es nicht deshalb, weil sie irgendwelche imanente Stringenzen der Natur offenbaren würden, sondern deshalb, weil sie analytische, also inhaltlich leere Sätze sind, und ihre Gültigkeit linguistischen Konventionen verdanken, die mit der Bedeutung zusammenhängen, die man den in ihnen enthaltenen Ausdrücken zuschreibt. Es gibt hingegen keine, und das ist einer der Hauptgrundsätze des logischen Empirismus, sythetischen Urteile *a priori*, das heißt Urteile, die man unabhängig von jeglicher Erfahrung für rechtmäßig erklären könnte und die zugleich in irgendeiner Weise die reale, außersprachliche Welt beschrieben.

Die Aufgabe der Philosophie, sofern diese überhaupt neben den anderen Wissenschaften als eigenständige Reflexion existieren darf, kann somit nicht darin bestehen, die Wissenschaften in irgendwelchen Problemen, die die Struktur der Welt betreffen, zu ersetzen; sie ist vielmehr zu einer Arbeit besonderer Art berufen, die auf der logischen Analyse der syntaktischen und semantischen Eigenschaften der Sprache beruht, insbesondere der wissenschaftlichen Sprache. Die Philosophie in diesem Verständnis verwandelt sich somit in eine Wissenschaft von den Methoden wissenschaftlichen Verfahrens, von den Bedingungen der Testbarkeit der Hypothesen, von der Rechtmäßigkeit der Schlüsse und der Sinnhaftigkeit der in der Wissenschaft verwendeten Ausdrücke. Eine solche Arbeit wird gelegentlich auch Metawissenschaft genannt. Einen wichtigen Impuls für sie stellten die wissenschaftlichen Situationen dar, die zu Beginn dieses Jahrhunderts entstanden waren, vor allem die, die mit der Erforschung der Klassentheorie und der Relativitätstheorie zusammenhingen. In beiden Fällen stellte es sich heraus, daß bestimmte Arten des gängigen Denkens und Sprechens einer Revision bedürfen, die bis zu einer pedantischen Analyse unkritisch akzeptierter Ausdrücke gehen muß und die sachliche Konsequenzen hat. Wir können uns nicht in die Erörterung dieses Problems einlassen. Die ungemein raschen Fortschritte der symbolischen Logik förderten jedenfalls die Hoffnung, daß nunmehr die Zeit nah sei, in der man mit Hilfe ihrer Instrumente alle bisherigen philosophischen Fragen entweder endgültig lösen oder als falsch gestellte würde eliminieren können. Einige Forscher stellten sich geradezu vor, daß die neue Logik in die Rolle jener *characteristica universalis* würde berufen werden, von der Leibniz träumte und daß die Anwendung von unfehlbar wirksamen Beweisführungen die Lösung aller sinnvollen philosophischen Probleme ermöglichen würde.

Trotz der Veränderungen, Streitigkeiten, Präzisierungen und Mäßigungen, die man in der Geschichte des logischen Empirismus verfolgen kann, halten sich in dieser philosophischen Strömung bestimmte dauerhafte Tendenzen. Erstens, der Rationalismus, verstanden als Gegensatz zum Irrationalismus, also die Überzeugung, daß den Namen Wissen oder Erkenntniswert nur solche Aussagen über die Welt beanspruchen dürfen, deren Inhalt sich mit öffentlich zugänglichen Mitteln nachprüfen läßt; daß es keine legitimen Instrumente der kognitiven Erschließung der Welt gibt außer denen, deren sich die Natur- und mathematischen Wissenschaften bedienen; zweitens: der Nominalismus, der sich als dauerhaft erweist, sowohl im Hinblick auf die allgemeine Erkenntnistheorie, als auch insbesondere auf die Theorie der Bedeutung, die Theorie der mathematischen Gegenstände und auf axiologische Überlegungen. Zum dritten: die antimetaphysische Orientierung, die der Überzeugung entspringt, daß die sogenannten metaphysischen Urteile nicht die Bedingungen der Überprüfung an der Erfahrung erfüllen, sondern etwas über die »Welt als Ganzes« aussagen, und infolgedessen nicht als Gegenstand beliebiger vorstellbarer Falsifikationsmaßnahmen geeignet sind. Viertens: der Szientismus, also der Glaube an die grundsätzliche methodische Einheit der Wissenschaft und die Überzeugung, daß die Unterschiede, die weiterhin zwischen den verschiedenen Wissensdisziplinen, vor allem zwischen Geistes- und Naturwissenschaften bestehen, die Folge der Zurückgebliebenheit der Geisteswissenschaft seien, die sich jedoch mit der Zeit unausweichlich dem naturwissenschaftlichen Modell angleichen werde.

Alles das sind spezifisch posisitivistische Eigenschaften. Die Vitalität des logischen Empirismus in der ersten Phase seiner Entwicklung kam nicht nur, wie man meinen sollte, daher, daß seine Anhänger Probleme stellten, die tatsächlich im Lichte der Veränderungen infolge der Entstehung der symbolischen Logik, der Relativitätstheorie und der Quantentheorie wissenschaftlich relevant waren. Diese Philosophie sollte auch, in der Überzeugung ihrer Anhänger, gewichtige Funktionen im weltanschaulichen Bereich erfüllen, und zwar eine wissenschaftliche Einstellung zu den eigenen Überzeugungen bei allen Menschen verbreiten und solcherweise zur Ausmerzung der irrationalen Vorurteile, ideologischen Fanatismen und Gewaltanwendung in den sozialen Verhältnissen, die mit diesen Fanatismen zusammenhingen, beitragen. Sie sollte nicht nur eine Wissenschaft sein, sondern eine pädagogische Praxis mit bedeutsamen Funktionen im Kampf gegen die Irrationalismen, die das kollektive Leben vergiften und die Versuche fördern, die eigenen irrationalen Vorstellungen mit Gewalt aufzuzwingen. Der Unwille gegenüber den nationalistischen Ideologien nach den Enttäuschungen des Ersten Weltkriegs trug sicherlich zu jener Orientierung bei, die viele Intellektuelle als der eigenen verwandt empfanden: zur Einführung der wissenschaftlichen Überprüfung als Maß für die Gültigkeit beliebiger ideologischer Anmaßungen. Die Positivisten dieser Epoche wiederholten gern die Lockesche Losung: beliebige Überzeugungen dürfen wir nur mit dem Grad an Gewißheit akzeptieren, der dem Grad ihrer Begründung entspricht. Diese Losung, die die fundamentale Regel des praktischen Rationalismus zusammenfaßt, sollte eine Verteidigungsmaßnahme gegen alle ideologischen Zwänge im öffentlichen Leben sein und zur Verbreitung des Geistes der Toleranz im kollektiven Leben beitragen.

Die Positivisten waren somit Befürworter der wissenschaftlichen Einstellung zur Welt als einer sozialen Losung, die der Verteidigung von Demokratie, Toleranz und Kooperation dienen sollte.

Sie glaubten an eine Art Utopie, die auf die Annahme gründete, daß die Haltung des Intellektuellen, dessen eigene Überzeugungen annähernd eindeutig von den Rigoren des wissenschaftlichen Denkens determiniert sind, sich als die sozial dominierende Denkweise würde verbreiten lassen, daß man also die besondere unabhängige Position des Intellektuellen gewisserweise zum mustergültigen Modell erheben könnte, zu dem eine gut organisierte Edukation die gesamte Gesellschaft würde hinleiten können.

Wenngleich die breite Anwendung der logischen Instrumente und syntaktisch-semantischen Analysen den logischen Positivismus von Machs Doktrin unterscheidet, so bewirken dennoch bestimmte gemeinsame Intentionen und sogar die reale Kontinuität von Personen und Einrichtungen, daß man diese Bewegung als eine modifizierte Kontinuation des Empiriokritizismus ansehen kann. Der logische Empirismus trug von Anfang an den deutlichen Charakter einer Schule, die sich der Selbständigkeit bewußt war, die über gemeinsam anerkannte Grundsätze verfügte; zu den Kennzeichen dieser Richtung als einer »Schule« gehören eben auch ihre aggressive und heftige Sprache, ihr ein wenig sektiererischer und apodiktischer Stil, die unerschütterliche Überzeugtheit von der Radikalität des Umschwungs, der sich durch sie in der Geschichte des Denkens vollziehe, die absolute Selbstsicherheit hinsichtlich der eigenen Argumente und die tiefe Überzeugung von ihrer gewaltigen Mission in der Kultur, die Intoleranz gegenüber andersartigen Überzeugungen.

Das aktivste Zentrum des logischen Positivismus war zuerst Wien, wo am Anfang der zwanziger Jahre ein Kreis von philosophierenden Naturwissenschaftlern und Mathematikern, die sich besonders um das Seminar von Moritz Schlick (1882–1936) konzentrierten, gemeinsam arbeitete und diskutierte. Die bedeutendsten Figuren dieses Kreises, der unter dem Namen »Wiener Kreis« bekannt wurde, waren Rudolf Carnap (geb. 1891, gegenwärtig in den USA), Karl Popper (geb. 1902, gegenwärtig in England). In Berlin arbeiteten Philosophen ähnlicher Orientierung (Hans Reichenbach, Richard von Mises, W. Dubislav), und in anderen Ländern (Dänemark, Schweden, England), arbeiteten Gruppen oder einzelne Personen zum Teil unabhängig vom Wiener Zentrum in ähnlicher Richtung weiter. Ein starkes Zentrum des logischen Empirismus war Polen, wo eine Gruppe von Schülern von Kazimierz Twardowski, deren philosophische Neigungen im übrigen ziemlich unterschiedlich waren, die Arbeit an der logischen Analyse vieler philosophischen Fragen in Angriff nahm, in einem Geist, der in mancher Hinsicht dem des Wiener Kreises ähnelte.

## 2. *Ludwig Wittgenstein*

Eine unerhörte Bedeutung für die philosophische Artikulation des logischen Empirismus hatte Ludwig Wittgensteins *Tractatus logico-philosophicus*, der als zweisprachige Ausgabe (englisch und deutsch) im Jahre 1922 erschien. Wittgenstein (1889–1951), der Herkunft nach österreichischer Jude, war ein ausgebildeter Ingenieur und wechselte von seinen technischen Interessen zur Mathematik über und von dort zur Arbeit über die Grundlagen der Mathematik und Logik, schließlich zur Philosophie. Die letzten Jahre vor dem Ersten Weltkrieg verbrachte er in Cambridge mit Studien unter Russells Leitung, und sein erstes Buch (das einzige übrigens, das er zu Lebzeiten veröffentliche) erwächst in bedeutendem Maße aus Impulsen, die ihm Frege und Russell lieferten. Die bereits postum veröffentlichten *Philosophischen Untersuchungen* (1953) haben anderen Charakter, und viele Gedanken des *Tractatus* hat Wittgenstein offensichtlich aufgegeben. Der gewaltige Einfluß, die diese beiden Werke ausübten, das erste vorwiegend in der Entwicklung des logischen Empirismus, das zweite in der sogenannten linguistischen Philosophie, berechtigen jedoch nicht dazu, Wittgensteins Gedanken in einer dieser beiden Strömungen anzusiedeln, um so weniger, als er selber eine Interpretation seines eigenen Philosophierens im Geist des logischen Empirismus ablehnte. Wir werden von der Erörterung dieser vieldeutigen und kontroversen Philosophie absehen, die sich entschieden, betrachtet man sie als Ganzes, vom positivistischen Weltbild abhebt, und wollen die Aufmerksamkeit lediglich auf einige Punkte lenken, die die Begründer des logischen Empirismus als den eigenen Neigungen verwandt ansahen.

Für den Wittgenstein aus der Zeit des *Tractatus* setzt sich die unserer Perzeption gegebene Wirklichkeit aus singulären Tatsachen zusammen, und der Sinn jeglichen Wissens ist zurückführbar auf die Beschreibung der singulären Tatsachen, wobei diese Beschreibungen strukturelle Entsprechungen (»Bilder«) der Tatsachen sind; jeder allgemeine Satz ist bezüglich seiner Wahrhaftigkeit und seines Sinnes gänzlich von dem Komplex der Elementarsätze (»Satzverband«) bestimmt, mit deren Summe er gleichbedeutend ist. Es gibt kein apriorisches Wissen von Tatsachen und Dingen, deshalb besteht die Logik, als Wissenschaft, die nicht auf empirische Begründungen zurückgreift, aus inhaltlich leeren Tautologien. Diese Scheidung jeglichen möglichen Wissens in zwei Klassen: Tautologien und Sätze über Tatsachen, eine Scheidung, die die Möglichkeit synthetischer Urteile *a priori* ausschließt, wurde in ihrem grundsätzlichen Schema vom logischen Positivismus übernommen. Die elementaren, »atomaren« Tatsachen stellen das einzige Material der Sprache und der Gedanken dar. Wir verstehen nur das, was wir sagen können, es gibt demnach keinen Gedanken, der nicht ausgesprochen werden könnte und keine grundsätzlich unentscheidbaren Fragen, denn die grundsätzlich unentscheidbaren Probleme lassen sich nicht sinnvoll formulieren. In diesem Sinn »bedeuten die Grenzen meiner Sprache die Grenzen meiner Welt«, wie der berühmte Aphorismus des *Tractatus* sagt. Da nun des weiteren die atomaren Tatsachen stets zufällig sind, d. h. ihre Beschreibungen keine Eigenschaften aufweisen, die ihre Anerkennung aufgrund der logischen Regeln stringent fordern würden, enthält das Gesamt unseres Wissens über die Welt ebenfalls nichts Stringentes. Die Konsequenzen dieser Restriktionen bezüglich der Fragen der Metaphysik sind evident. Wir können nach der Zugehörigkeit einer bestimmten Tatsache zu unserer Erfahrungswelt fragen, wir können jedoch keine sinnvollen Fragen nach den Eigenschaften der Welt als Ganzes stellen, d. h. uns dafür interessieren, welchen Charakter »alles zusammen« hat. So ist beispielsweise die Überlegung, ob die Wirklichkeit materieller Natur ist, ein unsinniges Unterfangen; die Frage kann nicht gestellt werden, denn nur bezüglich der spezifischen Erfahrungen der »Materialität« im Gegensatz zur »Nichtmaterialität« ließe sich darauf eine Antwort finden. Wenn die Erfahrungen dieser Art aufs evidenteste unmöglich sind, läßt sich das Problem des Realismus nicht rational ausdrücken. Die radikale Aberkennung der Sinnhaftigkeit von Fragen nach der »Welt als Ganzem« führte Wittgenstein zu der Überzeugung, daß sogar Aussagen von der Art wie »die Welt enthält mindestens drei Gegenstände« für unsinnig erklärt werden müssen. Vom Gesichtspunkt der Daten, die die Erfahrung liefern kann, kann der Unterschied zwischen der realistischen und der solipsistischen Interpretation nicht nur nicht gelöst werden, er läßt sich auch sprachlich nicht fassen. Wittgenstein ist übrigens der Auffassung, was äußerst selten der Fall ist, daß das, worum es in der solipsistischen Lehre gehe, richtig sei, daß es sich jedoch unmöglich sagen lasse, das wäre zudem ein Solipsismus, der einer solchen Kategorie wie »Ich« ledig wäre, denn unter den atomaren Tatsachen läßt sich ein »Ich« nicht finden, und bei näherer Untersuchung »schrumpft es zum ausdehnungslosen Punkt zusammen«. Das sogenannte Subjekt ist nicht nur als vermeintliches »Inneres« ungreifbar im Gegensatz zu den Dingen, sondern selbst als »innerweltlicher« Gegenstand; in den Grenzen der Erfahrung kann ich von »mir« als von den singulären Tatsachen sprechen, wenn ich jedoch deren Inhalt zu übersteigen versuche und nach irgendeinem nicht zerlegbaren »Kern« oder dauerhaften Substrat der Subjektivität fragen wollte, das jene Daten zu einem Selbstidentischen verbindet, nehmen meine Fragen sofort genau denselben unsinnigen Charakter an wie alle metaphysischen Probleme.

Die Sprache, die in ihren Satzgebilden den Aufbau der Erfahrungstatsachen reproduziert, zeigt darüber hinaus (sagt es jedoch nicht) auf etwas, was grundsätzlich nicht beschrieben werden kann. »Wovon man nicht sprechen kann, darüber muß man schweigen«, sagt der letzte Aphorismus des *Traktats*; die Sprache kann eine Hilfe sein, wenn sie das Selbstverständnis der eigenen Grenzen zu artikulieren vermag; in dieser Hinsicht entspricht der Status der sprachlichen Mittel annähernd der Position, die die »Vernunft« in der geistigen Welt Pascals hatte, aber dieses Selbstverständnis ist gewisserweise automatisch ein Berühren der Grenze dessen, was nicht aussagbar ist und was sich nie in einen Erkenntnisgegenstand verwandeln kann, auch wenn es für das Leben bedeutsam wäre.

Die Philosophie selbst, sofern sie legitim existieren soll, kann nicht die Rolle des theoretischen Erklärens beanspruchen, sie ist »keine Lehre, sondern eine Tätigkeit ... Das Resultat der Philosophie sind nicht philosophische Sätze, sondern das Klarwerden von Sätzen«. (Diesen letzten Hinweis übernahm Schlick, in dem er sagte, daß die Philosophie zur Erhellung der Bedeutungen berufen sei, doch könnten die endgültigen Bedeutungen der Wörter nur gezeigt, nicht aber ausgesagt werden, die Inhalte seien unausdrückbar, daher sei die Philosophie nicht eine Summe von Thesen, und erst recht kein »System«, sondern eine Tätigkeit, durch welche der Sinn aller zur Erkenntnis nötigen Begriffe erklärt wird.)

In den *Philosophischen Untersuchungen* reduzierte Wittgenstein deutlich die Bedingungen, die eine sinnvolle Aussage zu erfüllen habe, und erklärte sich faktisch bereit, diejenigen Ausdrücke als sinnvolle gelten zu lassen, die beliebige Wörter enthalten, deren Anwendungsweise überhaupt bestimmten Regeln gehorcht, und die in Definitionsverfahren fixierte Eindeutigkeit betrachtete er als ein grundsätzlich utopisches Ideal. Die Auflockerung der Sinnkriterien, die in diesem Werk erfolgte, hatte die Konsequenz, daß es Tendenzen als Stütze diente, die eher das tatsächliche Funktionieren der Sprache beschreiben wollten als deren Bestandteile für wissenschaftliche Zwecke präzisieren und die im vorhinein den Bemühungen Wert absprachen, die Wörtern der Umgangssprache Eindeutigkeit verleihen wollten; auch einigen Theologen kam diese freimütige Beziehung zum Sinnkriterium in der Arbeit an der Legitimierung ihres eigenen Fragenbereiches zupaß. Doch diese Phase im Wittgensteinschen Denken kann nur in einem bedeutend geringerem Maße als die erste als Teil der Evolution des positivistischen Doktrin gelten.

Das erste Werk hingegen trug in einigen wichtigen Punkten zur Radikalisierung des positivistischen Programms der neuen Positivisten bei. Diese Punkte waren, erstens: die entschiedene Reduktion aller sinnvollen, nichtanalytischen Hypothesen auf Notationen einer elementaren Tatsache. Zweitens: die daraus resultierende nominalistische Interpretation der wissenschaftlichen Erkenntnis (jede beliebige wissenschaftliche Theorie ist alles in allem eine

Funktion von Elementarsätzen, die Tatsachen beschreiben, auf denen die Theorie errichtet wurde). Drittens: (ebenfalls ein aus dem ersten resultierender Grundsatz) die Negation der Sinnhaftigkeit der Metaphysik, die als grundsätzlich unmöglich desavouiert wurde, nicht nur in Form von Hypothesen, sondern auch von Fragen; schließlich, die mit dieser Regel verknüpfte Neutralisierung des Erfahrungsbegriffs im nämlichen Geist, wie wir ihm bei Avenarius begegnet sind. Viertens: die Reduktion einer möglichen Philosophie auf die logische Analyse der wissenschaftlichen Sprache.

### *3. Wissenschaftliche Sätze und Metaphysik*

Der eigentliche logische Empirismus war nicht immer so radikal in der Frage der Sinnhaftigkeit, besonders wenn es sich um die Sinnhaftigkeit von Aussagen handelte, die die Sprache selbst betrafen. Carnap, der von der logischen Typentheorie Gebrauch machte und ihre Hinweise generalisierte, unterschied verschiedene sprachliche Ebenen und empfahl der Philosophie, die er als eine Art Sprache betrachtete, in der über die Sprache selbst gesprochen wird, Untersuchungen über die Bedingungen der syntaktischen Korrektheit der wissenschaftlichen Sprache und ihrer Sinnhaftigkeit im semantischen Verständnis. In der ersten Periode war unter den Anhängern des logischen Empirismus die Überzeugung verbreitet, daß man den Sinn ganz einfach mit der Verifizierbarkeit gleichsetzen könne, daß also nur diejenigen Sätze das Sinnkriterium erfüllen, für die man Operationen nennen könne, mit denen man seine Triftigkeit intersubjektiv feststellen kann. Die bekannte Formel »Die Bedeutung eines Satzes ist die Methode seiner Verifikation« erfaßt kurz und prägnant diesen Standpunkt, der sich intentional gegen die metaphysischen Systeme richtet, fast gegen die gesamte herkömmliche Philosophie. Die nähere Explikation dieser Anweisung bereitete jedoch Schwierigkeiten. Es ging selbstverständlich nicht um die effektive Verifizierbarkeit, d. h. darum, daß ein Satz erst dann sinnvoll wird, wenn wir faktisch die Überprüfungen durchführen können, die seinen logischen Wert feststellen, in diesem Fall würde nämlich ein und dieselbe Aussage von einem Tag auf den anderen aus einem Unsinn in einen sinnvollen Satz sich verwandeln, gemäß den Fortschritten der experimentellen Technik. Man lenkte daher ein, daß es sich hier nicht um faktisch durchführbare Verifikationsmaßnahmen handele, sondern um die »grundsätzliche«, nicht aber »technische« Verifizierbarkeit. Doch auch die genauere Erklärung jener »grundsätzlichen« Verifizierbarkeit bereitete Schwierigkeiten. Es galt vor allem zu erklären, wann der Verifikationsprozeß als abgeschlossen betrachtet werden kann oder welche kognitiven Operationen keinerlei weiteren Fragen oder Begründungen mehr erforderten und somit als endgültig angesehen werden können. Die Neopositivisten begaben sich daher auf die Suche nach einem absoluten epistemologischen Ausgangspunkt, beluden sich somit mit einem Problem, mit dessen Lösung die Philosophen seit Jahrhunderten sich herumschlugen, und versuchten es auf ihre Weise zu lösen. Es entstand das Problem der sogenannten »primären Sätze«, der absolut ursprünglichen Erkenntnisakte, bereits auf dem Niveau sprachlicher Artikulation. Es sollten »Protokollsätze« sein, d. h. solche, die »ohne Zusätze« die faktisch vollzogenen Sinneswahrnehmungen beschreiben. Über den eigentlichen Sinn dieser Sätze, ihren Wert und ihre Möglichkeiten, fand eine lange Diskussion statt, über die wir hier nicht im einzelnen berichten können. In einer bestimmten Phase der Diskussion konnten sich einige Beteiligte (Neurath, Carnap) der Konklusion nicht verschließen, dergemäß die Protokollsätze die unmittelbare Beschreibung der eigenen Empfindungen des Perzipierenden sind, somit introspektiven Charakter besitzen, so daß man ihnen streng genommen keinen sachlichen Sinn zuschreiben könne; wenn die Sinnhaftigkeit jedoch durch die logische Zurückführbarkeit, mehr oder weniger locker verstanden, der Sätze auf eben solche Beobachtungsnotationen bestimmt wäre, gäbe es keinen Ausweg aus dem rein psychologischen Wissensverständnis. Diese Interpretation hielt sich jedoch nicht lange. Andere Diskussionsteilnehmer versuchten zu demonstrieren, daß man die Primärsätze als Protokolle von Beobachtungen physikalischer Art verstehen könne, als Sätze, die direkt vom wahrnehmbaren Verhalten physischer Objekte sprechen (ohne Vorgriff auf ihren ontologischen Status). Popper versuchte sogar, die Annahme zu verteidigen, daß die Primärsätze im Aufbau der Wissenschaft konventionell angenommen werden, d. h., indem man die Kette der Begründungen an einer beliebigen Stelle unterbricht, die man jedoch auch ins Unendliche weiterziehen könnte. Andere Forscher machten auf die Präsenz von absolut originären Sätzen in theoretischen Konstruktionen der Wissenschaft aufmerksam und griffen, ähnlich wie die Konventionalisten, das Thema der zyklischen Verifizierbarkeit der wissenschaftlichen Theorien auf; diese Doktrin war der faktische Verzicht auf den empiristischen Standpunkt, sie setzte nämlich voraus, daß in der Wissenschaft keine elementaren Tatsachen eintreten noch absolute Primärsätze auftreten können, und daß die Instanz, die über die Annahme einer bestimmten Theorie entscheidet oder über die Rechtmäßigkeit einer Hypothese, die logische Kohärenz des gegebenen Satzsystems sei.

Die wesentliche Auseinandersetzung betraf auch die logische Beziehung, die zwischen den faktisch in der Wissenschaft vorhandenen Sätzen und den elementaren Ausgangssätzen gegeben sein müsse, damit die ersten Anspruch auf Überprüfbarkeit, also auf Sinnhaftigkeit, erheben dürfen. Worin besteht also die Verifizierbarkeit? Die Regel, die die Prüfbarkeit eines Satzes mit der Möglichkeit seiner logischen Zurückführung auf eine endliche Klasse von Beobachtungssätzen gleichsetzte, wurde bald verworfen, da es sich herausstellte, daß in dieser Auffassung die überwältigende Mehrheit der wissenschaftliche Sätze nicht zurückführbar, folglich also sinnlos ist. Der zweite Vorschlag war folgender: verifizierbar sind auch diejenigen Sätze, die als logische Prämissen für Protokollsätze dienen können, d. h., aus denen man Voraussagen hinsichtlich eines unmittelbar beobachtbaren Verhaltens physischer Objekte ableiten konnte. Hier erweist es sich wiederum, daß man ein und denselben Protokollsatz von einem bestimmten wissenschaftlichen Satz ableiten kann, aber auch, zum Beispiel, von einer Konjunktion, in der neben dem wissenschaftlichen Satz ein beliebiger metaphysischer auftritt, und sei es einer, der dem Sinnkriterium aufs krasseste widerspricht; diese Version der Verifizierbarkeit würde es also zulassen, beliebigen Sätzen Verifizierbarkeit zuzubilligen, erfüllte somit nicht die Aufgabe, um die es gerade ging. In der Folge dieser Überlegung entstanden verschiedene Versuche, auch den Begriff der unvollständigen Verifizierbarkeit einzuschränken, wodurch unerwünschte Konsequenzen verhütet werden sollten.

Im Verlauf eben dieser Diskussionen formulierte Popper einen Gedanken, der in der Geschichte der Wissenschaft zwar keine absolute Neuheit darstellte, der jedoch erstmalig in so allgemeiner und klarer Form artikuliert wurde. Poppers Vorschlag bestand darin, als Kriterium des Empirismus der Sätze (also auch als Sinnkriterium) ihre »Widerlegbarkeit« (Falsifizierbarkeit) zu setzen, d. h., daß nur die Sätze als empirische Sätze angesehen werden dürfen, für die man Methoden nennen könne, durch die ihre Falschheit empirisch feststellbar würde. Mit anderen Worten: wenn wir nicht sagen können, wodurch sich empirisch die aktuelle Welt von der Welt unterscheiden würde, in der der von uns ausgesprochene Satz falsch wäre, sprechen wir überhaupt keinen sinnvollen Satz aus. Wenn eine gegebene Theorie von allen vorstellbaren Sätzen überhaupt bestätigt wird, ist diese Theorie ganz offensichtlich nicht empirisch. Man sieht ohne weiteres, daß unter diesem Aspekt alle metaphysischen Doktrinen oder religiösen Glaubensinhalte als sinnlos desavouiert werden; wenn wir fragen, auf welche Weise man die Behauptung widerlegen könnte, derzufolge Gott barmherzig ist, wird es sich sofort erweisen, daß eine solche Prozedur unvorstellbar ist: jede beliebige Tatsache kann mühelos mit der Barmherzigkeit Gottes in Einklang gebracht werden, und keine einzige kann ihr entschieden widersprechen. Nach Poppers Auffassung ist die Falsifikationsregel vom eminenter Bedeutung für das wissenschaftliche Denken und verändert, sozusagen, die ethischen Bedingungen der wissenschaftlichen Tätigkeit: sie veranlaßt den Wissenschaftler zu Reflexionen über die möglichen Gegenproben hinsichtlich der eigenen Hypothesen, anstatt daß er ausschließlich nach Tatsachen sucht, die eine angenommene Hypothese bestätigen würden; sie trägt auch dazu bei, daß man generelle Hypothesen meidet, die durch alles bestätigt werden und von denen es, in der Auffassung der Positivisten, im modernen zeitgenössischen Leben wimmelt (einige warfen zum Beispiel Freuds Lehre jene universelle Bestätigungsfähigkeit vor, die Fähigkeit zur Assimilation jeder neuen Tatsache, also die völlige Immunität gegenüber negativen Fakten, also eben ihren nicht empirischen Charakter im hier explizierten Wortsinn). Poppers Prinzip, und man wurde sofort darauf aufmerksam, bringt eine neue Schwierigkeit mit sich: die Existenzbehauptungen, d. h. Sätze, die Aussagen über die Existenz eines beliebigen Gegenstandes treffen, sind in seinem Verständnis ganz offensichtlich nicht widerlegbar, also auch nicht empirisch (man kann in der Tat keinen Beobachtungssatz nennen, der zum Beispiel den Satz »Die Sonne existiert« oder »Es gibt Heinzelmännchen« widerlegen könnte; andrerseits verhindern bestimmte logische Regeln das Aussprechen solcher Hypothesen). Es wurden daher weitere Anstrengungen gemacht, um eine Präzisierung der Regel des Empirismus zu erreichen, und die Diskussion dieser Fragen ist keineswegs abgeschlossen. Reichenbach machte auf die Notwendigkeit des Begriffes des Wahrscheinlichkeitsgrades für die Charakterisierung der Verifizierbarkeit aufmerksam. Seiner Auffassung nach habe bereits Hume gezeigt, daß ein radikaler Empirist sich nicht, ohne inkonsequent zu werden, des Induktionsschlusses bedienen könne, denn wie könnte man allein die These von der Gültigkeit der Induktion rechtfertigen? Wenn eine solche These induktiv begründet ist, »drehen wir uns im Kreise«, da wir uns bei der Rechtfertigung dieses Grundsatzes auf eben diesen als auf einen bereits gültigen berufen müssen. Wenn der Grundsatz von der Rechtmäßigkeit der Induktion ein synthetisches Urteil a priori ist, wäre ein radikaler Empirismus unhaltbar. Wenn die Verwendung des Induktionsschlusses dagegen unrechtmäßig ist, so erscheint jegliches Wissen unmöglich. Man muß daher annehmen, daß wir das Recht haben, Ereignisse, die noch nicht eingetreten sind, aufgrund von bereits eingetretenen vorauszusehen, daß jedoch Aussagen über die Zukunft nicht denselben Grad an Zuverlässigkeit haben wie Sätze über vergangene Tatsachen. Dieser Vorschlag wirft jedoch neue Probleme auf, und der ganze Fragenkomplex ist weiterhin Gegenstand von Diskussionen.

Unabhängig von verschiedenen Lösungen des Verifizierbarkeitsproblems und unabhängig vom aktuellen Stand der Diskussion in dieser Frage ist sicher, daß der logische Empirismus nach Mitteln suchte, die es gestatten würden, metaphysische Urteile aus dem menschlichen Denken auszumerzen. Im Lichte der empirischen Kritik sind Urteile von der Art wie »Gott ist in der Dreieinigkeit der Eine« oder »Die Welt ist materiell« oder »Der Wille ist der Grund des Seins« u. ä. nicht falsch, sondern überhaupt keine Sätze, sie beeinhalten keinerlei Sinn, der Fragen nach ihrer Wahrheit oder Falschheit rechtfertigen würde. In Übereinstimmung mit Wittgensteins Idee erkannten die logischen Empiristen an – und diese These gehört zu den fundamentalen Grundsätzen der Doktrin –, daß jegliche Sätze, die etwas über die Beschaffenheit der Welt als Ganzes aussagen, jegliche epistemologische oder ontologische Theorien, seien sie nun realistisch, materialistisch oder subjektivistisch, jegliche Doktrinen, die generelle Aussagen beispielsweise über den allgemeinen Determinismus oder die grundsätzliche Objekt-Subjekt-Relation treffen, demselben Vorwurf der Sinnlosigkeit sich aussetzen, und daß folglich keine »wahrer« sind als ihre Negation.

Diese Konsequenz sollte vor allem die philosophische oder antiphilosophische Wende begründen, die die logischen Empiristen der eigenen Meinung nach erreicht haben.[1] Die Liquidierung der Scheinprobleme, Scheinfragen, Reflexionen über gar nichts sollte das bedeutsamste Ergebnis jener Kritik sein, deren Resultate unter anderem auch zeigten, daß fast die gesamte bisherige Philosophie aus Scheinproblemen und unsinnigen Antworten bestehe. Carnap versuchte Heidegger einer Kritik zu unterziehen, dessen Satz »Das Nichts nich-tet« er allseitig analysierte, um seinen rein verbalen Charakter und das Fehlen jeglichen empirischen Sinns zu beweisen (dieser Satz ist übrigens der einzige, den die Mehrheit der modernen Positivisten aus der Existenzphilosophie kennen). Der Ausbildungstypus, der für diese Schule kennzeichnend ist, zeichnet sich durch eine hohe logische Kultur und eine überaus niedrige historische aus, was mit dem grundsätzlichen Ignorieren der bisherigen Ergebnisse der philosophischen Arbeit und mit der Überzeugung zusammenhängt, daß nur dasjenige in der Philosophie Relevanz besitzt, was in dem Sinne der Kumulation unterliegt, in dem sich die Ergebnisse der Naturwissenschaft kumulieren. Wenn die Gesamtheit der Erkenntniserträge aus empirischen Sätzen und aus Tautologien der Deduktionswissenschaften besteht, so besitzt die Philosophie, von der logischen Analyse der wissenschaftlichen

Sprache abgesehen, keine eigenen Aufgaben. Die Logik, das sind keine »Denkgesetze« im psychologischen Sinne, sondern Sprachregeln, wahr (oder vielmehr verbindlich) kraft der sprachlichen Konventionen, doch inhaltlich leer; sie geben die Gebrauchsregeln von Symbolen an und haben keinen eigenen Gegenstand; die logischen Empiristen richteten ihre Kritik sowohl gegen die platonisierenden Interpretationen der mathematischen Wissenschaften wie gegen die psychologistischen oder assoziationistischen Theorien; in der Mehrzahl standen sie den formalistischen Theorien der Mathematik nahe. Wenn sie, wie Reichenbach, einigen Teilen der Mathematik gegenständlichen Charakter zugestanden, so nur in dem Sinn, in dem Mach dies früher annahm: die Geometrie als eigentlicher Teil der Mathematik bestehe aus analytischen Urteilen, doch gibt es außerdem eine Geometrie, die als Teil des physikalischen Wissens gelten kann; sie besteht aus Urteilen, für deren Begründung auch empirische und Meßverfahren nötig sind; keine dieser Geometrien enthält jedoch synthetische Urteile a priori, weder die »theoretische« noch die »praktische« Geometrie.

Im Endeffekt läßt sich die gesamte Leistung der Philosophie, nach den Neopositivisten, in rein verbale und sinnlose Probleme und solche einteilen, die man mit Hilfe der strikten Analyse der zu ihrem Ausdruck verwendeten sprachlichen Mittel entscheiden kann. Daher wurden Untersuchungen der Syntax, und mit der Zeit auch Untersuchungen der semantischen Seite der philosophischen Sprache unternommen. Es fehlte nicht an Enthusiasten des logisch-empiristischen Programms, die sich vorstellten, daß die semantische Therapeutik nicht nur die gesamte Geisteskultur der Menschheit würde auskurieren, sondern überhaupt die wichtigsten Schwierigkeiten des menschlichen Lebens würde lösen können, und zwar durch die Ausschaltung von Streitigkeiten und Antagonismen zwischen den einzelnen Doktrinen, deren einzige Quelle lediglich der fehlerhafte Sprachgebrauch sei, und die dennoch Unmengen an menschlicher Energie verbrauchen. Ein Teil der Philosophen dieser Schule war der Auffassung, daß die metaphysischen Aussagen zwar sinnlos seien, aber expressive Funktionen erfüllen, Erlebnissen besonderer Art Ausdruck verleihen könnten; sie dürfen daher toleriert werden, sofern sie keinen Anspruch auf einen anderen Status erheben, sofern also diejenigen, die sie äußern, sich nicht einbilden, mit Hilfe dieser Aussagen irgend etwas über die Welt zu sagen oder sich über die Triftigkeit des eigenen Standpunkts im Gegensatz zu anderen Standpunkten streiten zu dürfen.

### *4. Das physikalistische Programm der Wissenschaft*

Die Regel, die die Sinnhaftigkeit der Sätze durch ihre Reduzierbarkeit auf Inhalte bestimmt, die über das physikalische Verhalten von Körpern sprechen, führt mit natürlicher Konsequenz zur Überzeugung, daß alle Urteile sämtlicher Wissenschaften, unter der Gefahr ihrer Ablehnung, in die Sprache der Physik übersetzbar sein müssen. Dieser Standpunkt, der unter dem Namen Physikalismus bekannt ist, fand auch tatsächlich unter den Initiatoren des logischen Positivismus Verbreitung. Die Sprache der Physik wurde als Universalsprache anerkannt, und als sinnvoll durften nur solche Urteile gelten, die entweder in dieser Sprache formuliert worden sind oder solche, für die man Äquivalente in der Sprache der Physik nennen konnte. Dieser Standpunkt führte jedoch in der wissenschaftlichen Praxis zu ungemeinen Schwierigkeiten, sofern man konsequent auf ihm beharren wollte. Im Bereich der Psychologie mündete der Physikalismus ganz einfach in den behavioristischen Standpunkt; dieser war es dann auch, der der neuen Schule als die Erfüllung des Wissenschaftlichkeitsdesiderats in jener Disziplin erschien, die zuvor unverantwortlichen Phantasien der Anhänger der Introspektion oder den Anhängern der einen oder anderen Theorie von der Seele oder geistigen Kräften ausgeliefert gewesen war. Der Behaviorismus sprach den psychologischen Sätzen jeden anderen Sinn ab, der über den Sinn von Urteilen über das beobachtbare menschliche Verhalten ging; insbesondere Aussagen über »Erlebnisse« sind bar jeglichen wissenschaftlichen Sinns, sofern sie über etwas sprechen sollten, das nicht Verhalten (oder, nach der gängigen Ansicht, Ausdruck von Erlebnissen) wäre. Übereinstimmend mit der beharrlichen Tradition des Phänomenalismus erkannte der Positivismus die behavioristische Psychologie, die ohne die rätselhafte und der Beobachtung verborgene Kategorie des »Bewußtseins« oder der »Subjektivität« auskam, als natürlichen Verbündeten an. Die gängige Vorstellung nimmt beispielsweise an, daß die Intelligenz eine Art »Eigentum« der Individuen sei, die vermittels Testuntersuchungen *ausgedrückt* oder identifizierbar wird. Vom Gesichtspunkt des logischen Empirismus sowie der behavioristischen Psychologie kann man die Intelligenz nicht als »verborgene Qualität« charakterisieren, die im Testverhalten lediglich »in Erscheinung tritt«; die Intelligenz ist eben das, was man mit Hilfe der Tests untersucht, bzw. der Grad der erreichten Fertigkeit in solchen Verfahren. Eine andere Annahme setzt stillschweigend die unwissenschaftliche Unterscheidung zwischen Wesen und Erscheinung voraus, in der das Wesen angeblich manifest wird. Doch die Wissenschaft kann nicht sinnvoll mit Sätzen operieren, die etwas über eine Wirklichkeit aussagen, die sich ontisch von den Erfahrungsqualitäten unterscheidet, die sie uns zugänglich machen.

Die Kritiker bemerkten, daß die behavioristische Interpretation in Wirklichkeit das physikalistische Programm nicht wahrhaft erfüllt; sie übersetzt die psychologischen Sätze in die Umgangssprache, nicht aber in die Sprache der Physik; die Anerkennung der Positivisten für diese Methode erweckt somit den Verdacht, daß die Verständlichkeit, um die es ihnen geht und die sie den Wissenschaften verleihen möchten, die noch im metaphysischen Aberglauben versinken, ganz einfach die unmittelbare Verständlichkeit der Umgangssprache sei und daß diese Philosophen mithin faktisch diese intuitive Scheinevidenz der Umgangssprache akzeptieren, als ob sie es wäre, die den Aussagen wissenschaftlichen Wert gewährleisten könnte.

## *5. Die Geisteswissenschaften und die Welt der Werte*

Die These des Physikalismus ist leicht zu formulieren, doch ihre Anwendung erwies sich als schwer durchführbar, besonders in den Geisteswissenschaften. Die einfachsten in der Geisteswissenschaft verwendeten Termini erweisen sich, will man sie in die physikalische Sprache übersetzen, in der Regel bezüglich ihres Sinnes als von den anerkannten Bedeutungen weit entfernt; für die Positivisten ist das ein Beweis, daß der vorherige Gebrauch dieser Wörter fehlerhaft und mit irgendwelchen metaphysischen Vorstellungen verbunden war; es gibt jedoch, sagten sie dem Geisteswissenschaftler, keinen Beweis dafür, daß jener geisteswissenschaftliche Sinn wirklich »unverständlicher« ist als der der vermuteten physikalischen Übersetzung. Solche Termini wie »Eigentum«, »Macht«, »Geltung des Gesetzes« und ähnliche allgemein von den Geisteswissenschaftlern verwendete Termini lassen sich nicht ohne Sinnveränderung »physikalisieren«. In der Tat verblieb die nach den Vorschlägen der Positivisten betriebene Geisteswissenschaft auf dem Niveau allgemeiner Deklarationen und bestand niemals als faktisch praktizierte Wissenschaft.

Neurath unternahm zwar den Versuch, die Regeln der empirischen Soziologie zu bestimmen, die die von den logischen Positivisten gestellten Bedingungen erfüllen würde. Dieser Vorschlag ging davon aus, daß es keinen Unterschied gebe in bezug auf die Methoden der Welterkenntnis zwischen der Naturwissenschaft und der Geisteswissenschaft, insbesondere keine Unterschiede der Art, von denen die Diltheysche Schule gesprochen hatte. Gegenstand der Sozialwissenschaften sind nicht die Intentionen der Menschen, nicht die Erlebnisse, Bestrebungen oder »Persönlichkeiten«, sondern ausschließlich das Verhalten der menschlichen Organismen. Die Geisteswissenschaft kann und muß sich von solchen Begriffen befreien wie »Bewußtsein« und seinen verschiedenen Derivaten, und sich mit der Erforschung von Gesetzlichkeiten des Verhaltens beschäftigen, meßbare Abhängigkeiten zwischen den verschiedenen Größen festsetzen, die das menschliche Verhalten bestimmen. Wenn wir gelernt haben werden, die Invarianten der menschlichen Verhaltensweisen zu registrieren, die Bedingungen ihrer Entstehung, Entwicklung und ihres Verschwindens zu entdecken, werden wir fähig sein, die Ereignisse ebenso gut vorauszusagen, wie wir es in den Naturwissenschaften vermögen. Die Kritik der Geisteswissenschaftler machte jedoch auf die Fiktivität dieses Programms und auf den Umstand aufmerksam, daß wir es in der humanistischen Forschung häufig mit Ganzheiten zu tun haben, deren Verhalten sich auf keine Weise aus den Gesetzen der Physik deduzieren läßt. Die soziologischen Techniken, die es erlauben, die Abhängigkeiten zwischen den menschlichen Verhaltensweisen und den Bedingungen ihres Eintretens zu bestimmen, entwickelten sich zwar äußerst kräftig, und die positivistisch orientierten Soziologen trugen viel zu ihrer Herausbildung bei, doch sie ersetzten nicht die theoretische Reflexion über das soziale Leben, die die Positivisten weiterhin als unwissenschaftlich verurteilen, ohne die jedoch nicht einmal die nachprüfbaren Fragen der Soziologie gestellt werden könnten. Die Geringfügigkeit des Bereichs, in dem sie soziologischen Analysen zur Voraussage der Ereignisse befähigen, schuf jedenfalls keine ermutigenden Perspektiven für die Unterordnung der Soziologie unter die positivistischen Regeln.

Im positivistischen Geist unternahm Popper seinerseits die Kritik der historiosophischen Theorien. In seinen beiden aufeinander folgenden Werken *The Open Society and Its Enemies* (1945) und *The Poverty of Historicism* (1957) beschloß er, mit dem Historismus abzurechnen, das heißt in seiner Terminologie: mit einer solchen Behandlung der sozialen Phänomene, die die Hauptaufgabe der Wissenschaft in den historischen Voraussagen sehen, die auf der Entdeckung von Gesetzen, Strukturen und eines historischen Rhythmus basieren. Nach Poppers Auffassung ist die historische Voraussage zumindest in dem Maße unmöglich, in dem der Verlauf der Geschichte von den Fortschritten des Wissens abhängt (wenn die wissenschaftlichen Entdeckungen voraussehbar wären, so müßten sie in dem Augenblick, in dem sie vorausgesehen werden, bereits bezüglich ihres Inhalts bekannt sein). Insbesondere kritisierte Popper die »holistischen«, ganzheitlichen Interpretationen der sozialen Phänomene als Symptome globaler Strukturen, die kognitiv nicht reduzierbar sind auf ihre Bestandteile; solche Auffassungen, wie sie für Hegel, aber auch für Marx typisch sind, stehen nämlich mit den Techniken einer Sozialpraxis in Zusammenhang, die auf revolutionäre Globalumwälzungen gerichtet sind (holistische oder utopische Technologie) anstatt auf reale Fortschritte, die auf dem Weg sukzessiver und partieller Reformen erreichbar sind. Doch sei ein authentisches holistisches Engineering unmöglich, denn die »Totalität« als Gesamt der sozialen Eigenschaften Relationen entziehe sich der wissenschaftlichen Forschung; die Wissenschaft müsse selektiv vorgehen und sei außerstande, eine »holistische« Historiographie zu erarbeiten. Die auf eine totale Geschichtsmorphologie eingestellten Historiosophien sind, nach Popper, sowohl kognitiv unfruchtbar (da sie mit Gegenständen operieren, die wissenschaftlich nicht erforscht werden können) als auch sozial schädlich (da sie totalitäre Utopien rechtfertigen).

Wie man sieht, hat sich von Neuraths *Empirische Soziologie* zu Poppers *Elend des Historismus* eine wesentliche Veränderung im Verhältnis des logischen Empirismus zur Geisteswissenschaft vollzogen. Die Hoffnungen auf eine vollendet wirksame Technik der Voraussage sozialer Phänomene wichen dem Pessimismus und der Furcht vor den Folgen der Scheinvoraussagen, bei gleichzeitiger Übereinstimmung, daß reale Voraussagen unmöglich seien. Die allgemeine empirische Behandlung der sozialen Phänomene blieb zwar auch weiterhin bestimmend, doch die positivistische Geisteswissenschaft blieb auf dem Niveau eines attraktiven Programms stecken, wenn man von den zahlreichen und wertvollen Beiträgen absieht, die mit der Untersuchung der Sprache der Geisteswissenschaften zusammenhängen, die wichtig sein können bei der Produktion des wissenschaftlichen Instrumentariums, doch nicht in dem Sinn zur Geisteswissenschaft gehören, als sie keine effektive Anwendung dieser Instrumente darstellen.

Die Konsequenzen der empiristischen Voraussetzungen in bezug auf die Erforschung des axiologischen Bereichs, insbesondere auf dem Gebiet der Ethik, sind evident und wurden von den Vertretern des logischen Empirismus auch oftmals ausgesprochen. Die Erfahrung verschafft uns keinen Zugang zu einer Wertsphäre, zu keinen Wertqualitäten, die empirisch begründete Werturteile legitimieren würden. Da die Werturteile solcherweise weder Erfahrungssätze noch logische Tautologien sind, sind sie überhaupt keine sinnvollen Aussagen. Moores Überzeugung, derzufolge die moralischen Prädikate, die das menschliche Verhalten qualifizieren, sich zwar von den deskriptiven unterscheiden, aber einer gesonderten, nicht minder glaubwürdigen Intuition zugänglich sind als die sinnliche, wurde von der neopositivistischen Schule allgemein abgelehnt. Diese Schule akzeptierte die Unterscheidung selbst, bezweifelte jedoch die Präsenz irgendeiner gesonderten kognitiven Kraft, die spezifisch auf die Wertsphäre bezogen wäre. Die Urteile unterstehen nicht der Dichotomie von Wahrheit und Falschheit, sie können höchstens als Ausdruck bestimmter psychologischer Zustände angesehen werden oder sich überhaupt als sinnleere Ausrufezeichen erweisen. Entgegen der sokratischen Tradition ist die Axiologie keine wissenschaftliche Disziplin, eignet sich folglich auch nicht als Gegenstand sachlicher und rational entscheidbarer Kontroversen. Man kann in der Ethik rational darüber streiten, ob aus beiderseitig anerkannten Prämissen gewisse Schlüsse sich ergeben (nichts hindert einen in der Anerkennung, daß z. B. zwischen normativen Aussagen eine Folgebeziehung bestehe, daß also daraus, daß man nicht lügen solle, resultiert, auch nicht das schlechte Poem eines befreundeten Autors gegen seine Überzeugung zu loben); man kann auch nach empirischen Voraussetzungen greifen, um zu begründen, daß die in einer bestimmten normativen Aussage beschriebene Situation in dem geschilderten Fall eintritt oder nicht (man kann sich z. B. darüber Gedanken machen, ob das Schlagen von Kindern aus Erziehungsgründen ein unnützes Zufügen von Leiden ist oder auch wohltätige Folgen zeitigt); es läßt sich jedoch nicht vernünftig darüber diskutieren, ob etwas ein Wert sei oder nicht, sofern es sich um einen nicht instrumentalen, also autonomen Wert handelt und nicht nur um einen Hilfswert in bezug auf andere Werte. Die endgültigen axiologischen Voraussetzungen müssen arbiträr sein. Es kann selbstverständlich eine wissenschaftlich betriebene Soziologie der Sitten existieren, eine Geschichte der ethischen Doktrinen oder eine Moralpsychologie, nicht aber eine normative Ethik als Wissenschaft. Keine wissenschaftliche Erkenntnis ist befähigt, außertechnische Verhaltensregeln zu geben, sie kann lehren, welche Mittel wirkungsvoll zu intendierten Ergebnissen führen, sie kann jedoch nicht Verhaltensziele setzen oder irgend etwas als »gut« rechtfertigen oder als »böse« verurteilen. Die Wissenschaft ist neutral gegenüber der Wertsphäre, wobei diese Neutralität prinzipiell und nicht auf eine Phase der wissenschaftlichen Entwicklung beschränkt ist; ähnlich wie die metaphysischen Fragen, können auch die Probleme, die sich auf Werte beziehen, nicht als unlösbar oder als ungelöst gelten, sondern nur als Scheinprobleme, als Pseudofragen.

### *6. Der logische Empirismus in Polen*

Wie bereits erwähnt, spielten die Ideen des logischen Empirismus und ihnen verwandte eine bedeutende Rolle in der polnischen Philosophie in der Zeit zwischen den Weltkriegen. Der polnische logische Positivismus, oder, wie Kazimierz Ajdukiewicz ihn zu bezeichnen pflegte, der »logistische Anti-Irrationalismus« entstand größtenteils unabhängig vom Wiener Kreis, wenngleich er zahlreiche Kontakte mit der dortigen Bewegung angeknüpft hatte. Die positivistischen Tendenzen in der polnischen Kultur, deren Anfänge wir bei den Antikantianern der späten Aufklärung finden können und die sich in den letzten Dezennien des 19. Jahrhunderts zu einer mächtigen geistigen Bewegung entwickelten, waren nicht besonders maßgeblich für die Entstehung der polnischen Version des logischen Empirismus. Die erste Generation der modernen Logiker bestand größtenteils aus Schülern von Kazimierz Twardowski (1866–1938), der selbst als Positivist angesehen werden kann, der in seinen Schülern jedoch die Neigung zu detaillierten Analysen der philosophischen Sprache weckte und sie zu einer Arbeitsweise ermunterte, die alle Wissenschaftler der positivistischen Schule mit Vorliebe praktizierten. Das Schaffen von Jan Łukasiewicz trug seinerseits dazu bei, das Interesse für die symbolische Logik zu erwekken; sehr früh wurde Polen dann auch zu einem der aktivsten Forschungszentren auf dem Gebiet der modernen Logik in der Welt und hält diese Position auch heute noch.

Aus der ersten Generation der Twardowski-Schüler und Mitbegründer der sogenannten Lemberger-Warschauer-Schule stand Kazimierz Ajdukiewicz den Wiener Tendenzen vielleicht am nächsten. Seine Absicht war es, verschiedene epistemologische Probleme in semantischer Version zu formulieren, die sich zur Erörterung mit Hilfe logischer Mittel eigneten. Sein eigener Standpunkt, den er als radikalen Konventionalismus bezeichnete, beruhte auf der Überzeugung, daß die Sätze, aus denen unser

Weltbild sich zusammensetzt, von der Begriffsapparatur bestimmt werden, die für ihre Formulierung verwendet wurde. Der Begriffsapparat seinerseits ist die Sprache, die außer vom lexikalischen Bestand und den Regeln der Syntax von deduktiven, axiomatischen und empirischen Bedeutungsregeln bestimmt ist und sich darüber hinaus dadurch auszeichnet, daß sie geschlossen ist, sich also nicht ohne Bedeutungsveränderung aller existierenden Ausdrücke bereichern lasse, sowie kohärent, d. h. keine isolierten Teile besitzt, sondern daß alle ihre Ausdrücke sich untereinander zu sinnvollen Ganzheiten verbinden können. Zwei geschlossene und kohärente Sprachen verfügen nur dann über reziprok übersetzbare Ausdrükke, wenn sie in jeder Hinsicht exakte Kopien sind, wenn dagegen mindestens eine Wendung der einen Sprache keine Übersetzung in der anderen aufweist, ist diese Sprache vollkommen unübersetzbar. Da die Wahl der Begriffsapparatur arbiträr ist, kann jedes Urteil, auch ein empirisches, zu dessen Anerkennung wir aufgrund der bestimmten Apparatur gezwungen sind, verworfen, d. h. als unsinnig erklärt werden, auf der Basis einer andersgearteten Apparatur. Mit anderen Worten, keine »Tatsachen« besitzen stringenten kognitiven Charakter in dem Sinne, daß sie zur Annahme oder Ablehnung beliebiger Urteile zwingen würden, da das Weltbild immer im Hinblick auf den Sprachcharakter selektiert ist, in dem es artikuliert wurde. Operiert man in einer anderen Sprache, so kann man die in einer anderen Sprache gesagten Sätze unmöglich weder anerkennen noch negieren. Mit der Zeit gab K. Ajdukiewicz diese Interpretation auf, nachdem er sich davon überzeugt hatte, daß die Bedingungen, die den geschlossenen und kohärenten Sprachen gestellt wurden, faktisch sogar von den Kunstsprachen der deduktiven Wissenschaft nicht erfüllt werden können; er bestand jedoch auf der für den logischen Empirismus kennzeichnenden Überzeugung, daß die richtige Methode der Lösung von philosophischen Problemen darin bestehe, daß man diesen die Form semantischer Fragen gebe, die es gestattet, aus ihnen einen sinnvollen Gehalt zu gewinnen.

Tadeusz Kotarbiński (geb. 1886) kann nur mit Vorbehalten der hier behandelten Richtung zugerechnet werden. Ihn verbindet mit dem logischem Empirismus der radikal nominalistische Standpunkt in allen Denkbereichen sowie die Annahme, daß auch die Geisteswissenschaft »sich ohne Hypostasen« betreiben lasse, d. h. in einer Weise, daß alle ihre Aussagen auf Aussagen über Dinge reduzierbar werden, die einzigen Seinsweisen, auf die das Wort »sein« korrekt anwendbar ist. Kotarbinski steht den Positivisten auch in seiner Überzeugung vom Wert der modernen logischen Werkzeuge für die Lösung epistemologischer Fragen nahe; ähnlich auch in seiner allgemeinen empiristischen Orientierung. Doch geht sein reistischer Standpunkt, d. h. eben die Ansicht, nach der jede sinnvolle Aussage eine Aussage über physische Körper sei, wie mir scheint über den kennzeichnenden ontologischen Neutralismus der Positivisten hinaus.

Die Lemberger-Warschauer Schule spielt eine bedeutende Rolle in der Geschichte des modernen Positivismus, u. a. dank den Arbeiten von Jan Łukasiewicz (1878–1956), dem Begründer der mehrwertigen Logik, und Alfred Tarski (geb. 1901), der gewisserweise den semantischen Wahrheitsbegriff legitimierte und den Anhängern dieser Philosophie ermöglichte, über die rein syntaktische Sprachanalyse hinauszugehen. Für die Mehrheit der Philosophen aus diesem Milieu ist die wesentlich geringere Extremheit in der Formulierung des positivistischen Standpunkts im Vergleich mit den Autoren des Wiener Kreises charakteristisch. Die auf diese Schule folgende Generation befaßte sich im allgemeinen wenig mit der Formulierung von Grundsatzprogrammen, sondern betrieb spezielle Forschungen auf dem Gebiet der Wissenschaftsmethodologie und der Logik, nur teilweise vom positivistischen Standpunkt abhängig, aber größtenteils diesem Bruch durch den generellen Geist der Askese, der Skepsis gegenüber metaphysischen Entscheidungen, der Überzeugung von der besonderen Rolle, die die Untersuchung der Sprache, in der beliebige philosophische Probleme formuliert wurden, für deren Lösung spielt, verbunden.

## 7. *Die operationalistische Methodologie*

In den USA, wohin ein Teil der Gründer des Wiener Kreises in der Nazizeit emigriert war, verbanden sich die Einflüsse dieses philosophischen Stils mit den Traditionen des pragmatischen Denkens, das nun in seinen paradoxesten Konsequenzen gemildert war.

Noch früher kann man die Verknüpfung dieser beiden Tendenzen in der sogenannten operationalistischen Methodologie der Wissenschaften beobachten. P. W. Bridgman, der Initiator dieser Interpretation (*The Logic of Modern Physics*, 1927), war im Grunde bemüht, die Formel der Neopositivisten: Die Bedeutung des Satzes ist die Methode seiner Verifikation, weiterzuentwickeln und auf die Methodologie der physikalischen Wissenschaften anzuwenden. Gemäß dieser Interpretation ist der Sinn des Wortes durch eine Menge von Operationen bestimmt, die darauf abzielen, festzustellen, ob das untersuchte Wort sich auf das gegebene Ding beziehe; die Satzbedeutung ist reduzierbar auf das Gesamt der durchführbaren Prüfungsverfahren. (Das betrifft nicht die »formalen« Sätze, d. h. die Tautologien der deduktiven Wissenschaften, die lediglich syntaktische Regeln nennen.) Die Konsequenz dieser Proposition ist die Weigerung im Geiste der pragmatistischen Philosophie, die Wahrhaftigkeit als eine Situation anzuerkennen, die von den Operationen, die die Feststellung der Wahrheit intendieren, unabhängig wäre. Kein Urteil besitzt die »Eigenschaft« der Wahrhaftigkeit, die ihm ohne Rücksicht auf die Verifikationsverfahren zustehen würde. Die physikalische Größe wird durch die Gesamtheit der Meßoperationen definiert, die physikalische Zahl durch die Tätigkeit des Zählens. Da die Verifikationsverfahren unabhängig vom Wissensstand zu verschiedenen Ergebnissen führen können, muß man anerkennen, daß ein und derselbe Satz wahr oder falsch sein kann, wenn man ihn auf die Erkenntnissituation relativiert und auf den Charakter der Verifikationsoperationen. Der operationalistische Standpunkt war u. a. im Hinblick auf die Unbequemlichkeit seiner Konsequenzen kritisiert worden: er heißt nämlich annehmen, daß z. B. dieselbe Größe oder dieselbe untersuchte Eigenschaft mit Hilfe verschiedener Meßinstrumente oder verschiedener empirischer Methoden streng genommen nicht als identisch behandelt werden können (sofern sie ausschließlich durch diese Operationen definiert werden können), daß wir folglich, wenn wir z. B. die Intelligenz mit zwei verschiedenen Testmethoden untersuchen, nicht sagen dürfen, wirklich ein und dieselbe Eigenschaft zu untersuchen, ja nicht einmal, ob wir mit ein und derselben Größe zu tun haben, wenn wir beispielsweise verschiedene Meßmethoden bei der Berechnung astronomischer Entfernungen anwenden. Außerdem resultiert aus dieser Interpretation, daß die wissenschaftlichen Hypothesen sich im eigentlichen Sinne auf die experimentellen Verfahren beziehen – und nicht auf die Dinge selbst, die Gegenstand des Experimentes sein sollen.

Die operationalistische Interpretation warf jedoch ein wesentliches methodologisches Problem auf, das in verschiedenen Wissenschaften relevant ist: welche Bedingungen müssen erfüllt werden, um Gewißheit zu haben, daß die Anwendung unterschiedlicher Forschungsmethoden für die Beantwortung ein und derselben Frage nicht den Forschungsgegenstand verändert, oder, auf welcher Grundlage erkennen wir an, daß wir es bei unterschiedlichen Methoden mit ein und demselben Forschungsobjekt zu tun haben? In allen Geisteswissenschaften, aber auch in der experimentellen Psychologie, stellt sich diese Frage oftmals penetrant und läßt sich nicht immer leicht beantworten. Die operationalistische Kritik nahm außerdem noch andere Probleme in Angriff, die mit der Abhängigkeit zusammenhängen, in der sich der Gegenstand empirischer Forschung zu den verwendeten Instrumenten befindet; die Operationalisten machten dabei von den früheren Analysen der Konventionalisten Gebrauch, die das Nichtvorhandensein von »Primärsätzen« in der Wissenschaft sowie die logische Einbahn-Hierarchie im Aufbau der wissenschaftlichen Theorien zeigten; diese Kritik strebt den Beweis an, daß die Wahrheit wissenschaftlicher Sätze sich nicht von der Kohärenz des wissenschaftlichen Systems unabhängig machen läßt, zu dem sie gehören, mehr noch, daß divergierende, aber gleichgute Interpretationssysteme möglich sind, die die Ganzheit der Erfahrungsdaten erklären und grundsätzlich nicht für eine endgültige Konfrontation unter Verwendung irgendeiner Verschränkungsinstanz geeignet sind.

Einen Versuch der synthetischen Ausnutzung der Kritik des logischen Empirismus und der pragmatistischen Orientierung stellt auch die Semiotik von Morris dar. Charles W. Morris versucht nämlich, in einem einheitlichen System der Zeicheninterpretation den empiristischen Standpunkt, der mit dem Instrumentarium der symbolischen Logik ausgestattet ist, mit der Anerkennung der epistemologischen Konsequenzen zu verbinden, die aus dem praktischen und pragmatischen Charakter des Zeichens in der menschlichen Kommunikation resultieren. Außer der syntaktischen und semantischen müsse man auch die pragmatische Seite der Sprache, die in ihren expressiven und instrumentalen Funktionen besteht, zum Gegenstand der philosophischen Analyse auf dem Gebiet der sogenannten Metawissenschaft machen. Es geht in diesen Untersuchungen um die Berücksichtigung spezieller außer-intellektueller Situationen, in denen wissenschaftliche Symbole verwendet werden, auch institutioneller, die im sozialen Leben der Wissenschaft von Bedeutung sind. Allein die Analyse der logischen Legitimität der wissenschaftlichen Verfahren und der fertigen theoretischen Strukturen könne nicht genügend Rechenschaft über die kognitive Situation geben, in der das wissenschaftliche Denken sich vollziehe. Morris unternahm somit den Versuch, genetische Gesichtspunkte erneut in die Erkenntnistheorie hineinzubringen, die von den Positivisten programmatisch verworfen wurden.

## *8. Der ideologische Sinn des logischen Empirismus*

Der logische Empirismus spielte eine gewaltige Rolle in der Geisteskultur unserer Zeit, verzeichnete jedoch nicht den Erfolg, an dem ihm am meisten gelegen war. In derselben Zeit, in der die Positivisten das endgültige Ende der unverifizierbaren metaphysischen Systeme und der spekulativen Philosophie verkündeten, schossen unaufhörlich neue Doktrinen hervor, die den positivistischen Idealen spotteten. Für die Positivisten war dieser Umstand nur ein Zeugnis der menschlichen Dummheit, und er tat ihrer Selbstzufriedenheit natürlich keinen Abbruch. Die Positivisten interessierten sich nicht ernsthaft für die Gründe, die dazu führten, daß die Resultate ihrer Arbeit auf sozialer Ebene letztlich ziemlich gering sind, daß also auch weiterhin das Bedürfnis besteht, wissenschaftlich unentscheidbare Fragen zu stellen und sie zu beantworten. Es ist immerhin zweifelhaft, im Lichte der bisherigen Erfahrungen, ob die Menschheit tatsächlich auf dem Wege der Verbreitung der Affirmation desjenigen Rationalismus sich befindet, den die Positivisten propagieren.

Dennoch blieb die positivistische Kritik an der Metaphysik nicht ohne Resultate. Unter dem Einfluß dieser Kritik verbreitete sich die Überzeugung, daß die Bemühungen, einen beliebigen epistemologischen oder ontologischen Standpunkt in wissenschaftliche Thesen zu verwandeln, tatsächlich aussichtslos sind, zumindest in dem Sinne, in dem man den Sätzen der experimentellen und deduktiven Wissenschaften wissenschaftlichen Sinn zubilligt. Der Positivismus trug wesentlich zur Veränderung des Selbstverständnisses der Philosophie bezüglich des eigenen kognitiven Status' bei.

Unter den Leuten, die philosophische Relexion im Bereich der Ontologie, Erkenntnistheorie, Historiosophie oder Anthropologie betreiben, wird die Überzeugung immer allgemeiner, daß diese Reflexion sich nicht von bestimmten Interpretationsregeln lösen könne, die unter dem Druck wertender Meinungen und Haltungen entstehen. Mit anderen Worten, es wächst das Bewußtsein der veränderten epistemologischen Situation der Philosophie, die nicht mehr auf wissenschaftliche, technisch anwendbare und empirisch verifizierbare Erkenntnis Anspruch erheben darf, die jedoch die Sinnvermehrung des Weltbildes anstrebt, im humanistischen, nicht im semantischen Verständnis des Begriffes »Sinn«. Diese Andersartigkeit bezieht sich jedoch nicht nur auf die allgemeinen ontologischen oder epistemologischen Überlegungen, sondern in großem Maße auf das gesamte humanistische Wissen, und zwar auf die sogenannten verstehenden Geisteswissenschaften, die die Positivisten pauschal dem streng verurteilten Bereich der Metaphysik zurechnen und die gleichviel das Zentrum des humanistischen Denkens bildeten und weiterhin bilden.

Der logische Empirismus hört in unseren Augen auf, als eine deutlich erkennbare »Schule« innerhalb der philosophischen Kontroversen zu existieren. Seine Anhänger richten ihre Interessen zumeist programmäßig auf spezielle Wissensdisziplinen, vorwiegend auf die Logik und Wissenschaftsmethodologie sowie auf Probleme, die in philosophischer Hinsicht größtenteils neutralisiert sind. Der ganze Problembereich, der mit der Testbarkeit von Hypothesen, der Rechtmäßigkeit der Induktion, dem empirischen Sinn der wissenschaftlichen Termini usw. zusammenhängt, ist selbstverständlich Gegenstand der Überlegungen und Kontroversen geblieben, doch stellen diese Reflexionen keine gesonderte philosophische oder antiphilosophische »Schule« dar, sie wurden vielmehr zum allgemein anerkannten und von niemandem mehr angezweifelten Wissensgebiet, das sich bis zu einem gewissen Grad unabhängig von philosophischen Präferenzen betreiben läßt. Nicht nur die symbolische Logik konnte sich fast völlig vom neopositivistischen Erkenntnisprogramm befreien und wird auch von Wissenschaftlern mit verschiedenen metaphysischen Überzeugungen betrieben; auch die Auseinandersetzung zwischen der psychologischen und formalen Theorie der Bedeutung zum Beispiel muß keineswegs doktrinäre Standpunkte in Fragen engagieren, die für den logischen Empirismus kennzeichnend sind. Der Einfluß der philosophischen Haltungen auf die wissenschaftliche Arbeit unterscheidet sich im Falle der Logik oder der Semantik nicht wesentlich von demselben Einfluß in anderen Wissensbereichen, die eine längere Geschichte aufzuweisen haben. Auf dem Gebiet der empirischen Soziologie ist allein das Arbeiten nach Regeln, die verifizierbare Resultate gewährleisten, noch kein Ausdruck des positivistischen Standpunkts – ebensowenig wie dies in einer beliebigen anderen Wissensdisziplin der Fall ist; es gibt jedoch eine von diesen Untersuchungen logisch unabhängige positivistische Betrachtungsweise der Soziologie, die sich durch eine programmatische Negierung jeglichen theoretischen Denkens auszeichnet, welches die Rigoren der experimentellen Wissenschaft grundsätzlich nicht erfüllen kann und automatisch unter das Anathema fällt, das den metaphysischen Spekulationen vorbehalten ist. Wir sind außerstande, die Frage zu beantworten, ob und in welchem Maße die methodologische Reflexion über die Naturwissenschaften, die der logische Empirismus [illegible] einen faktischen Einfluß auf die konkrete Entwicklung dieser Wissenschaften gehabt hat; unabhängig jedoch davon, provozierte diese Reflexion und tut es auch weiterhin niemandes Widerspruch, solange sie nicht versucht war, ein Monopol auf dem Gebiet der Philosophie zu gewinnen und sich zur einzigen beachtenswerten Art von Philosophie erklärte.

Die Grundsätze des logischen Positivismus waren oftmals Gegenstand einer von unterschiedlichen Positionen aus unternommenen Kritik. Wir wollen davon absehen, diese Kritik zu klassifizieren und verzeichnen nur ein paar der wichtigsten Punkte.

Die Kritik galt dem Kriterium der »grundsätzlichen« im Gegensatz zur »technischen« Verifizierbarkeit. Dies ist ein fundamentaler Punkt in der Doktrin des logischen Positivismus, er entscheidet nämlich darüber, ob sich überhaupt ein anwendbares Sinnkriterium für wissenschaftliche Sätze formulieren lassen wird. Die Kritiker wiesen darauf hin, daß die Positivisten die »grundsätzliche« Verifizierbarkeit als Koinzidenz mit bestimmten Regeln der logischen Syntax gekennzeichnet haben, während sie diese Regeln setzten, indem sie sich auf die Verifizierbarkeit der Ausdrücke beriefen, wodurch sie in einen Zirkelschluß gerieten.

Besondere Schwierigkeiten bereitete den Positivisten jedoch die Verteidigung des grundsätzlichen Verifizierbarkeitsprinzips als Sinnkriteriums überhaupt. Was bedeutet, so fragten die Kritiker, die Regel der Verifizierbarkeit? Wenn sie weder ein empirischer Satz noch eine analytische Theorie ist, muß sie zu den metaphysischen Aussagen in dem Verständnis des Wortes gehören, in dem die Positivisten es gebrauchten. Somit liegt der Doktrin des logischen Empirismus ein metaphysisches Prinzip zugrunde, das es nicht zuläßt, diese Philosophie von anderen Doktrinen bezüglich der Ansprüche auf vollkommene Wissenschaftlichkeit zu unterscheiden. Die Verteidiger der positivistischen Philosophie antworteten darauf: der angezweifelte Grundsatz ist keine These, er besitzt vielmehr den Charakter einer Definition, muß also gar nicht die Bedingungen erfüllen, die man wissenschaftlichen Hypothesen stellt. Dennoch ist dieses ganze Problem solcherweise – und wir machen auf diese Frage aufmerksam, da sie von zentraler Bedeutung für das immanente Verständnis der Doktrin ist – nicht geklärt, sondern nur verschoben. Man darf nämlich stets fragen, welche Argumente uns dazu bringen sollen, eine solche Definition der Sinnhaftigkeit anzuerkennen. In der Geschichte des logischen Empirismus selbst war der Begriff der Verifizierbarkeit in unterschiedlichster Weise formuliert worden, es gab aufgelockertere oder rigorosere Versionen; abhängig von der jeweiligen Formel, mußten sich auch die Grenzen der zulässigen wissenschaftlichen Arbeit nach der einen oder anderen Seite verschieben, und man mußte das eine oder andere als Wissenschaft anerkennen, was diesen Namen unter dem Aspekt einer anderen Formel keineswegs verdiente. Welches sind die Gründe für diese Bestimmungen, wenn nicht arbiträre Entscheidungen, die willkürlich verkünden, daß wir von nun an eben das Wissenschaft oder Erkennen nennen werden und nicht etwas anderes? Und wenn es arbiträre Entscheidungen sein sollen, so fragt es sich: durch welche praktischen Rücksichten können sie legitimiert werden?

Auch auf diese Fragen gibt es eine Antwort. Man kann nämlich eine in diesen Überlegungen stillschweigend akzeptierte Direktive formulieren, kraft derer man nur diejenigen Hypothesen über die Welt dem Bereich der Wissenschaft oder Erkenntnis zurechnen werde, die Chancen besitzen oder besitzen können, daß sie im technischen, praktischen Einwirken des Menschen auf die Welt wirksam werden können, und dies nicht gemäß eines x-beliebigen Einflusses (denn die simpelste Metaphysik kann das menschliche Verhalten beeinflussen), sondern in einer Weise, daß sie die Prämissen für Sätze abgeben, die sich auf die effektive Wirksamkeit bestimmter Verhaltensweisen beziehen. Eine derartige Direktive ist ungemein heikel, wollte man sie in einer praktischen Weise formulieren, d. h. in einer, die faktisch für jeden Einzelfall zu entscheiden erlaubte, ob wir es mit einer »operativen« oder unergiebigen Hypothese zu tun haben. Wenn es jedoch gelänge, sie tatsächlich in der gewünschten Weise zu formulieren, wäre das Problem des wertenden und arbiträren Charakters der endgültigen Dezision nicht eliminiert. Es ist leicht feststellbar, daß die Betrachtung der Wirksamkeit, oder eben der technischen »Operativität« der Sätze als Kriterium ihrer Sinnhaftigkeit oder ihrer Zulässigkeit oder auch ihres kognitiven Wertes selbst eine wertende [illegible]stellt, die spezifisch an eine bestimmte Kulturformation gebunden ist, welche man als die gegenwärtig vorherrschende anerkennen muß, die jedoch keinen Anspruch darauf erheben kann, über absolute und transzendentale Werte zu verfügen, im Gegensatz zu anderen Kulturen. Man kann anerkennen, daß dasjenige, was den energetischen Bestand vermehrt, von dem die Menschheit zu ihrem Nutzen Gebrauch machen kann, ein »Wert« ist, man darf jedoch nicht darauf bestehen, daß eine derartige Regel keine Dezision im Hinblick auf die Wertskala sei. Die ganze antimetaphysische Doktrin und die ganze Theorie vom Sinnkriterium der Sätze erweist sich somit als auf ein bestimmtes Wertungssystem gegründet, das ebenso relativ und ebenso an eine bestimmte Kulturformation gebunden ist wie jedes andere. Es ist selbstverständlich, daß beispielsweise Berichte über mystische Zustände, die ein Individuum erlebt, welches überzeugt ist, daß es empirisch mit einem Gott verkehrt, nicht zur »Wissenschaft« im akzeptierten Wortsinn gehören. Hinsichtlich dessen aber, ob sie sinnvoll sind oder Erkenntniswert besitzen, kann man keine Entscheidung treffen, ohne zuvor den Bereich der Sinnhaftigkeit bestimmt zu haben; sofern wir beschließen, daß die mehr oder weniger frei bestimmten Regeln, die in den Naturwissenschaften gelten, oder die grundsätzliche Direktive der Operationalität oder technischen Verfügbarkeit den Bereich dessen, was sinnvoll ist, bestimmen werden, so ist es nicht minder evident, daß die Aufzeichnung jener mystischen Erlebnisse zu einem Unsinn wird. Doch diese Direktive ist nichts anderes als eine der möglichen Ausdrucksformen der traditionellen positivistischen Position, die sich damit einverstanden erklärt, jede menschliche Anstrengung zu akzeptieren, die sich durch den utilitaristischen Gewinn messen läßt, und die ganz einfach verlangt, nur demjenigen die Würde des Wissens zuzugestehen, »womit man etwas anfangen kann«.

Im Lichte dieser Haltung sind die metaphysischen Urteile natürlich unfruchtbar, denn aus der Hypothese »Gott ist in der Dreieinigkeit der Eine« oder »Die Materie ist die Grundlage des Seins« ergibt sich nichts, was zur Vermehrung irgendwelcher technischen Effizienz beitragen könnte. Man darf diese Einstellung vertreten, man darf jedoch nicht behaupten, daß sie etwas mehr sei als eben nur eine Einstellung, das heißt eine bestimmte wertgebundene Perspektive, in die wir unsere Umgebung rücken; man darf insbesondere nicht behaupten, was den fundamentalen Grundsätzen des positivistischen Programms im übrigen widersprechen würde, daß in dieser Position nicht relative Werte verborgen seien, etwas, das von der menschlichen Geschichte, dem Stand der Bedürfnisse, der psychologischen Einstellungen, der (im logischen Sinn des Wortes) arbiträren Entscheidung unabhängig wäre. Das, was wir als kognitiv wertvoll anerkennen wollen oder wesbezüglich wir das Wort »Wissen« anzuwenden bereit sind, ist in logischer Hinsicht arbiträr und in historischer relativ in bezug auf die Kultur, in der solche Dezisionen getroffen werden.

Der logische Empirismus ist somit das Produkt einer bestimmten Kultur, in der die technologischen Fertigkeiten als dominierende Werte angesehen werden, derjenigen Kultur also, die wir als technokratische zu bezeichnen pflegen. Er ist die Ideologie der Technokratie, mystifiziert als antiideologischer Standpunkt einer von Wertungen freien Wissenschaft. Mag sein, daß es nicht besonders erheblich ist, daß der moderne Positivismus außerstande ist, die eigene Relativität und die eigene Zugehörigkeit zu einem bestimmten Kreis von Werten einzusehen, die in der Kultur wirksam sind, in der er entstanden ist; dies hat nämlich universelle Gültigkeit im ideologischen Leben, in dem die anerkannten Wertstandpunkte voraussetzen, daß es richtig ist, die eigenen Werte im Gegensatz zu allen übrigen als absolute Werte zu behandeln und damit alles, was mit ihrer Anerkennung zusammenhängt, als Resultat einer Arbeit darzustellen, die von ideologischen Fremdkörpern frei wäre und auf bloße intellektuelle Fertigkeiten reduzierbar ist. Im übrigen kann dies aus einem anderen Grund kein Vorwurf sein. Ein gewisser Grad an Verblendung bezüglich des absoluten Charakters der eigenen Werte ist vielleicht notwendig, um aus der Welt mit Erfolg die wertvollen Qualitäten hervorzuholen, deren Valenz eben als ausschließliche behandelt wurde. Die wirksame Energie, mit der auf die Welt eingewirkt wird, verlangt vielleicht den Glauben an das Monopol der eigenen Werte, deren Realisation man anstrebt. Der radikale skeptische Historismus ist ein für die Praxis [illegible]mutigender Standpunkt. Der zeitgenössische Positivismus ist im [illegible] Versuch der vollkommenen Überwindung des Historismus; und zwar befreit er alle epistemologischen Probleme von genetischen Fragen und versucht die Regeln des Wortgebrauchs unabhängig von den Bedingungen ihrer Entstehung zu formulieren. Deshalb ist die Auseinanderhaltung von genetischer und epistemologischer Problematik und die völlige Konzentration auf die logische Legitimität des Denkens, ein Merkmal, das den logischen Empirismus vom Empiriokritizismus unterscheidet, für dieses Programm überaus wesentlich. Die Positivisten glauben im allgemeinen, daß die Wissenschaft, und im übrigen das gesamte menschliche Denken, sich in philosophischer Hinsicht völlig neutralisieren lasse, und innerhalb des neutralisierten Erfahrungsbereiches, dem man keine ontischen Determinationen zuschreibt, sei die »Wissenschaftlichkeit« ein Gesichtspunkt, der dieselben Bedingungen erfüllt, wie das transzendentale *ego* Husserls, d. h., der die Triftigkeitskriterien unseres Wissens völlig von den kulturellen, psychologischen und biologischen Verhältnissen unabhängig macht, unter denen sie entstehen. Nach der ontologischen Neutralisierung verfügen wir in den gedanklichen Grenzen über eine absolute Beobachtungsposition. Dem hat der logische Empirismus auch seinen Optimismus zu verdanken, denn er verwirft definitionsgemäß die Möglichkeit von entscheidbaren Fragen und schließt die agnostische Haltung aus (das, wesbezüglich wir *ignorabimus* sagen könnten, läßt sich nicht in Form einer legitimen Frage formulieren). Er ist der Akt der Emanzipation von den leidigen Philosophiegeschichten, die er im vorhinein für imaginär erklärt; er befreit auch von der Notwendigkeit des Studiums der Geschichte, die, sofern die Legitimität verdienende Philosophie kumulativen Charakter besitzen soll, sich dem Anhänger dieser Doktrin als ein Panorama erfolgloser und vergeblicher Anstrengungen präsentieren muß, im übrigen grundsätzlich unverständlich hinsichtlich der Ergebnisse, die nur gelegentlich von einem kleinen Funken gesunden Menschenverstandes unterbrochen sind. Die Urteile über die Philosophien vergangener Zeiten, aber auch über die zeitgenössische metaphysische Spekulation besitzen im übrigen vorwiegend den Charakter pauschaler Verdammungen und stützen sich bei den Positivisten nicht auf in ihrer Sicht wertlose Studien der inkriminierten Lehren, sondern auf die Verhöhnung einzelner, zufällig herausgegriffener Sätze. Wir können uns davon überzeugen, wenn wir die Werke von Chwistek, Reichenbach, Carnap, Ayer und anderen lesen.

In einer bestimmten Hinsicht gaben die Positivisten jedoch Intentionen ideologischer Natur Ausdruck, die ihr Programm verfolgte, obwohl sie den eigenen philosophischen Standpunkt inhaltlich nicht von diesen Intentionen abhängig machten. Sie alle waren nämlich davon überzeugt, daß sich ihr Programm durch außergewöhnliche pädagogische Qualitäten auszeichne; es sollte auch ein Appell an die Toleranz, Gemäßigtkeit, Zurückhaltung und Verantwortlichkeit für das Wort sein. In politischer Hinsicht stand die Mehrheit der Anhänger des logischen Positivismus der Sozialdemokratie nahe und gehörte zu den Befürwortern der parlamentarischen Demokratie, die den faschistischen oder rassistischen Doktrinen, aber auch dem Kommunismus gegenüber entschieden feindlich gesonnen waren. Es waren im übrigen in der Regel keine Liberalen im herkömmlichen historischen Wortverständnis, d. h. keine Anhänger des Sozialdarwinismus oder der Spencerschen Sozialphilosophie. Sie repräsentierten den humanitären Protest gegen eine Welt, die von blutigen Auseinandersetzungen erschüttert war, in der Überzeugung, daß die Verbreitung der sogenannten wissenschaftlichen Haltung ein wirksames Mittel gegen die Wahnsinnstaten der Ideologen sein könnte. »Der Begriff der ›Wahrheit‹, und zwar jener Wahrheit, die auf weitgehend außerhalb des menschlichen Herrschaftsbereichs liegenden Fakten beruht«, gehörte »zu den Mitteln der Philosophie, der Menschheit das Element der Demut einzuprägen«. »Wenn dem Stolz nicht mehr auf diese Weise Einhalt geboten wird, dann ist ein weiterer Schritt getan auf dem Wege zu einer bestimmten Form von Wahnsinn – zum Machtrausch, der mit Fichte in die Philosophie eindrang und zu dem moderne Menschen neigen, Philosophen wie Nicht-Philosophen. Nach meiner Überzeugung liegt in diesem Rausch die größte Gefahr unserer Zeit, und jede Philosophie, die – wenn auch unabsichtlich – dazu beiträgt, verstärkt die drohende Gefahr einer ungeheuren sozialen Katastrophe.« (Bertrand Russell)

Diese Erklärung ist nichts Außergewöhnliches. Die Positivisten haben, zumindest bis zu einem gewissen Grade, das Bewußtsein von Funktionen, die der Erkenntnis äußerlich sind und die ihre Philosophie erfüllt und die sie befürworten. Diese Funktionen sollen, in Übereinstimmung mit der zitierten Auffassung Russells, vor allem darin bestehen, die Geister daran zu gewöhnen, sich gewissermaßen dem Zwang öffentlich kontrollierbarer Umstände im Bereich gleichwelcher Überzeugungen zu beugen. Wenn es gelänge, eine solche Haltung zu verbreiten, würden die wohltätigen Wirkungen des Szientismus spontan in Erscheinung treten in Form des Verschwindens jeglicher Streitigkeiten, denen man unmöglich wissenschaftlichen Sinn zubilligen kann, und folglich auch aller Kämpfe, Verfolgungen und intoleranter Akte, die mit diesen Auseinandersetzungen genetisch verbunden sind. Doch der Glaube an die therapeutische Kraft der positivistischen Ideologie verlangt gewisse Voraussetzungen. Es kann die Voraussetzung sein, derzufolge die Unterwerfung unter bestimmte ideologische Zwänge oder Fanatismen ganz einfach eine Art von Irrtum oder Unwissenheit bedeutet, daß sie die Folge dessen sind, daß man Fragen leichtfertig einen sachlichen Inhalt zubilligt, die in Wirklichkeit nur hinsichtlich der grammatikalischen Struktur Fragen gleichkommen und von denen man grundsätzlich keine sinnvolle Antwort erwarten kann. Eine solche Annahme, die stillschweigend auf das Modell einer durch und durch rationalen »menschlichen Natur« rekurriert, d. h. einer Natur, die nur aufgrund von Denkirrtümern zum Bösen befähigt ist, diese Annahme ist, wir wiederholen, jedoch zu naiv, als daß man glauben könnte, sie sei tatsächlich, und sei es implizite, im positivistischen Programm verborgen. Man könnte sich auch eine andere weniger extreme Prämisse für die Rechtfertigung der positivistischen Hoffnungen vorstellen. Sie würde besagen, daß der Druck des Rationalismus (d. h. des Rationalismus im Sinne einer Regel, die den Triftigkeitsgrad der Urteile als Maß der zulässigen Überzeugungskraft empfiehlt, mit der man es anerkennt, gemäß dem zitierten Hinweis von Locke) stark genug sein könnte, um zumindest die Chancen auf ein Erlöschen der fanatischen und intoleranten Haltungen zu vergrößern, und dies durch die Verbreitung des bewußten Unsicherheitsfaktors, der jeglicher menschlichen Überzeugung verliehen werden sollte. Ganz allgemein gesprochen, müßte eine solche Haltung nicht vom Glauben an die völlige Abhängigkeit des menschlichen Verhaltens vom Wissensstand ausgehen, sondern lediglich von der Überzeugung, daß in der menschlichen Natur Eigenschaften präsent sind, die die Veränderung im Geiste der steigenden Rationalisierung fördern. Diese Überzeugung wäre nicht so kraß naiv, im Gegensatz zur vorangegangenen, es hat jedoch den Anschein, als sei es schwer, darauf jemandes Hoffnung auf die Wirksamkeit des positivistischen Programms zu gründen, solange man keine Meinung über die tatsächlichen Quellen besitzt, aus denen unaufhörlich die gewaltsamen ideologischen Auseinandersetzungen fließen, sowie die sie begleitende, akzeptierte oder praktizierte Überzeugung vom Recht auf Intoleranz, das das erreichte Wahrheitsmodell gewährt. Wenn die ideologischen Konflikte, wie man annehmen darf, die geistige Form sind, in der sich die Zusammenstöße nicht nur ideologischer Interessen organisieren, ist es um die Hoffnung auf die Wirksamkeit der szientistischen therapeutischen Methoden schlecht bestellt. Man muß eher annehmen, daß die Ideologien mit ideologischen Mitteln bekämpft werden müssen, nicht aber mit Appellen, in Überzeugungen maßzuhalten oder zu Fragen zu schweigen, welche nicht die Sinnkriterien erfüllen, die die logische Syntax der Sprache erarbeitet hat.

In einer bestimmten Hinsicht besitzt das positivistische Programm jedoch einen schwerlich anzuzweifelnden Wert. Wenn die Erwartungen auch utopisch scheinen, daß dieses Programm imstande sein könnte, den sozialen Fährnissen erfolgreich entgegenzuwirken, die den verschiedenen ideologischen Konflikten entspringen, so sind wir doch nunmehr dank der präziseren Charakterisierung der wissenschaftlichen Haltung und der wissenschaftlichen Legitimität von Hypothesen in eine Lage versetzt worden, die uns besser denn je dazu befähigt, gegen den Mißbrauch uns zu wehren, der im Bereich rein ideologischer Auseinandersetzungen im Namen der Wissenschaft getrieben wird. Mit anderen Worten, die Fähigkeit zur relativ guten Bestimmung der Grenzen der wissenschaftlichen Legalität, eine Fähigkeit, die im hohen Maße den Anstrengungen der Positivisten zu danken ist, ist für die Kritik der unrechtmäßigen Anmaßungen der Doktrinäre wichtig, die die Autorität der Wissenschaft zur Unterstützung ihrer Parolen ausnutzen wollen. Das simpelste Beispiel eines solchen Versuches waren die Bemühungen, die anthropologischen Studien für die Begründung der rassistischen Doktrin zu verwenden. Die Möglichkeit, immer wieder auf die Vergeblichkeit solcher Unterfangen hinzuweisen, ist nicht ohne Bedeutung, obwohl sie das Schicksal der sozialen Konflikte selbstverständlich nicht entscheidend beeinflussen kann. Die positivistischen Grundsätze trugen jedoch zur Erweiterung des Selbstverständnisses der Intellektuellen bezüglich des Umfangs der eigenen wissenschaftlichen Pflichten bei und pflegten, nach meiner Überzeugung, bei der Bekämpfung der Versuche die Grenzen zwischen der Position eines Wissenschaftlers und den Verpflichtungen eines Gläubigen zu verwischen, erfolgreich zu sein. Sie in Erinnerung zu rufen, eben als eine Art spezifischer Deontologien der wissenschaftlichen Welt, wird nie anachronistisch sein.

# Schlußkapitel

Die Absicht, die wir in dieser Darlegung verfolgten, bestand darin, einige der wichtigsten Punkte in der Geschichte des positivistischen Denkens als jeweilige Teile der Kulturformationen zu zeigen, in denen sie entstanden sind. In jeder dieser Phasen ist das positivistische Denken eine spezifische Variante des vorherrschenden Denkstils. Zugleich läßt sich aber eine unbestreitbare diachronische Kontinuität in der Konfrontation der einzelnen, aufeinander folgenden Versionen des Positivismus entdecken. Diese macht den Gedanken, sich die Geschichte des Positivismus als einer gesonderten Ganzheit vor Augen zu führen, überhaupt erst sinnvoll.

Wir haben am Anfang, mit einer bestimmten Dosis unvermeidbarer Arbiträrität, versucht, die inhaltlichen Bestandteile zu bestimmen, die als Kriterium einer solchen Auszeichnung dienen können. Es erhebt sich die Frage, ob die positivistische »Reihe« in der Philosophiegeschichte auch unter dem Gesichtspunkt des kulturellen Sinns von irgendeiner gemeinsamen Charakteristik legitimiert wird oder ob wir es vielmehr mit dem Überliefern von philosophischen Inhalten zu tun haben, die jeweils adaptiert und dann unterschiedlich, den Neigungen der jeweiligen Epoche entsprechend angewandt werden, die also lediglich einen in bezug auf die eigene Zeit relativen Sinn haben.

Ich würde mit der entschiedenen Antwort auf diese Frage zögern, die bestimmte nicht unbedenkliche historiosophische Entscheidungen impliziert. Die Frage ist um so heikler, als der rein sachliche Sinn, den die Positivisten selbst ihren antimetaphysischen Warnungen zuschrieben, keineswegs jeweils derselbe ist, wovon wir uns überzeugen konnten. Das einfachste Schema dieser Differenz können wir skizzieren, indem wir an die entsprechenden Empfehlungen Wittgensteins und Carnaps erinnern. Schließlich bedeutet das Diktum »Wovon man nicht sprechen kann, darüber muß man schweigen« etwas anderes als die Regel, die besagt, man habe die Metaphysik so zu behandeln wie Dichtung. Dichtung jedoch ist kein Schweigen, wenngleich man die Kategorien »wahr« und »falsch« im semantischen Sinn nicht auf sie anwenden kann.

Wittgensteins Devise empfiehlt, aus unserem Weltbild und überhaupt aus den intellektuellen Inhalten alles auszumerzen, was nicht als Satz im logischen Sinn ausgesagt werden kann; Carnaps Warnung heißt nur die sinnvollen Aussagen von den nicht verifizierbaren, den rein expressiven oder lyrischen Berichten auseinanderhalten, und verlangt, daß, was nur *ausdrückt* nicht mit dem zu verwechseln, was auch *bedeutet*, daß man also die emotionalen Gesten, um die es sich im Fall der metaphysischen, religiösen oder wertenden Verbalisierungen handelt, nicht als authentische Überzeugung ausgibt, über deren Triftigkeit man streiten dürfte. Wenn wir das antimetaphysische Interdikt auf eine solche Definition der Wissenschaft begrenzen, die den philosophischen Behauptungen automatisch einen außerwissenschaftlichen Status verleiht, und auf weitere Forderungen verzichtet, wird das Betreiben von Metaphysik gewisserweise vom positivistischen Standpunkt aus legalisiert, unter der Bedingung, daß man den Ergebnissen seiner Reflexion keinen sogenannten Erkenntniswert zuschreibt. Somit kann der positivistische Standpunkt, exakt genommen, nicht mehr die ideologischen Aufgaben erfüllen, über die wir am Ende des vorangegangenen Kapitels gesprochen haben. Er kann, sofern er konsistent bleiben will, die ideologischen Haltungen nicht mehr unter einen vernichtenden Druck setzen, sondern spricht ihnen lediglich das Recht zur Suche nach wissenschaftlichen Begründungen und auf »Wahrheit« und »Falschheit« im wissenschaftlichen Sinne ab.

Die Intention der Mehrheit der Positivisten steht der radikalen Wittgensteinschen Maxime gewiß näher, verwirft somit nicht nur die Erkenntnisansprüche der Metaphysik, sondern überhaupt jegliche Werte derselben. Nichtsdestoweniger ist auch die zweite mildere Version präsent, und von ihrem Standpunkt aus ist eine von wissenschaftlichen Ansprüchen freie Metaphysik legitim. Philosophen, die, wie beispielsweise Jaspers, die Philosophie nicht für eine Art positiver Erkenntnis halten, vielmehr für eine »existenzerhellende« Anstrengung und eher sogar für einen Appell an andere Existenzen, eine solche Anstrengung auf eigene Rechnung zu unternehmen, gehen nicht über den positivistischen Kodex hinaus. Eine solche Haltung ist in der Existenzialphänomenologie nahezu allgemein. Das Bewußtsein vom fundamentalen Unterschied zwischen »Forschung« und »Reflexion«, zwischen wissenschaftlicher »Exaktheit« und philosophischer »Strengheit«, zwischen »Problem« und »Fragestellung« oder »Problem« und »Geheimnis« tritt bei allen Philosophen dieser Orientierung klar hervor, ebensogut bei Heidegger wie bei Jaspers oder Marcel. Mehr noch: die neueren theologischen Richtungen, besonders die protestantischen, nehmen die positivistische Kritik ebenfalls zur Kenntnis und betreiben eine religiöse Interpretation der Welt in Übereinstimmung mit den Forderungen des positivistischen Kodexes, zumindest mit dessen gemilderter Version. Sie (Paul Tillich, John Hick) bemühen sich nicht um den Beweis, daß das theologische Weltverständnis eine Faktenbeschreibung oder rechtmäßige Deduktion oder Konstruktion von Hypothesen sei; sie erkennen an, daß es auf Interpretationsverfahren beruht, dank deren die Fakten einen besonderen Sinn als Bestandteile einer durch die Absicht der Vorsehung organisierten zweckmäßigen Ordnung erhalten und daß diese Art von Sinnhaftigkeit in ihrem nicht empirischen Charakter an andere Interpretationen im Sinne des gesunden Menschenverstandes erinnert, z. B. an das realistische Verständnis der physikalischen Welt unabhängig von der Theologie. Andere bedienen sich der gelockerten Regel der Sinnhaftigkeit, der man beim späten Wittgenstein begegnet, und führen aus, daß die Gebrauchsregeln theologischer Termini jedenfalls soweit bestimmt sind, daß sie die Sinnkriterien nicht schlechter erfüllen als die empirischen Termini. Diese letzte Art und Weise von Apologetik ist eher eine Rückkehr zu den Bemühungen, die Wissenschaft in bezug auf die Erkenntnis der Metaphysik gleichzustellen, und überschreitet somit die positivistischen Gebote auch in ihrer abgeschwächten Form. Die erste kann jedoch als wesentlicher Positionswechsel angesehen werden, der aus der partiellen Billigung der Ergebnisse positivistischer Kritik entsteht; man könnte diese Haltung mit dem Versuch Pascals vergleichen, der die christliche Religion verteidigte, indem er die gesamte rationalistische Kritik der Scholastik zur Kenntnis nahm und ihre Resultate als irreversibel anerkannte; er rettete sich demnach mit praktischen Gründen, indem er andere von der Notwendigkeit überzeugte, etwas zu akzeptieren, wesbezüglich er zugab, daß es nicht bewiesen werden könne.

Wollte man die Gemeinsamkeit der positivistischen Losungen, die im Verlauf von mehreren Jahrhunderten wiederholt wurden, auf jene gemilderte Version des antimetaphysischen Programms reduzieren, so wäre der Positivismus nur der immer wieder aufgenommene Versuch der Selbstkonstituierung der Wissenschaft in ihren jeweiligen Abgrenzungen von Theologie, Religion, Politik, Kunst; er wäre somit eine natürliche Sekretion des wissenschaftlichen Lebens, sein sich vertiefendes Selbstverständnis der eigenen irreduziblen Position im sozialen Leben. Die radikale Variante hingegen hat einen gänzlich anderen kulturellen Sinn. Sie ist der Versuch, die Autarkie der Wissenschaft als einer Tätigkeit zu erhärten, in der sich jegliche mögliche Aneignung der Welt erschöpft. Die Realitäten der Welt, die sich natürlich auf naturwissenschaftliche Weise interpretieren lassen, die aber darüber hinaus für den Menschen Gegenstand der »existentiellen Neugier«, Quelle von Angst und Unruhe, Ort des Engagements oder der Weigerung sind, alle reduzieren sich, wenn sie reflexiv erfaßt, wörtlich getroffen werden sollen, in positivistischer Sicht auf ihre empirischen Eigenschaften. Leiden, Tod, Ideenkämpfe, soziale Konflikte, Wertgegensätze, alles das wird aufgrund des Schweigeprinzips von einer ablehnenden Geste umfaßt, die sich im Verifizierbarkeitsgrundsatz artikuliert. Ein so gesehener Positivismus ist ein Akt der Flucht von engagierenden Fragen, und diese Flucht soll durch einen Wissenschaftsbegriff getarnt werden, der diese Fragen pauschal als Scheinfragen, als Fragen aus geistiger Trägheit für null und nichtig erklärt. Dieser Positivismus ist eine Art freiwillig beschnittenes Lebensprogramm, das vor der Teilnahme an allem flieht, was nicht ordentlich beschrieben werden kann. Er versucht eine Sprache zu oktroyieren, die von der Pflicht entbindet, in den wichtigsten Konflikten des menschlichen Lebens Stellung zu beziehen und schafft eine Art Panzer, der gegen die *ineffabilia mundi* immunisiert, gegen die unbeschreiblichen, weil qualitativen Erfahrungsgegebenheiten.

Mir ist jedoch besonders an der Aufdeckung einer gewissen interpretatorischen Zweideutigkeit gelegen oder, vielleicht, einer schwer zu markierenden Grenze, welche die beiden möglichen Interpretationen der positivistischen Prinzipien trennt. Ich habe gerade von der szientistischen Ideologie gesprochen, die eine Art intellektuelle Disziplin zu applizieren versucht, die der Beliebigkeit im Denken vorbeugen würde, die, nach dem zitierten Worten Russells, dem Verstand Demut auferlegen und ihn dem unabweisbaren Zwang der Fakten unterstellen würde. Ob man diese ideologische Formel aufrechterhalten kann, hängt jedoch davon ab, ob wir dem positivistischen Kodex vom Risiko der pragmatistischen Interpretation der Wahrheit zu befreien vermögen oder nicht; ob wir somit irreversibel auf die Metaphysik verzichten können, oder ihr einen Platz für ihre erneute Legitimierung reservieren, diesmal nicht mehr im Bereich der »Wahrheit«, sondern des »Nutzens«. Hier ein einfaches Beispiel: in seinem Werk *Idee* (1910) stellte Stanisław Brzozowski die Philosophie von Avenarius als die Ideologie der Verzweiflung dar, als dramatisches Geständnis, in dem der Philosoph gezwungen sei, zuzugeben, daß »Wahrheit«, »Güte« und »Schönheit« nicht zu den »Elementen« der Erfahrung gehören, sondern »Charaktere« seien, die mit der Erfahrung in keinem einhelligen Abhängigkeitsverhältnis stehen; sie entstehen durch sozial bedingte Modifikationen der Erfahrung und sind stets »jemandes«; darüber, was wahr oder falsch, gut oder böse sei, entscheiden somit verschiedene Umstände, die mit der ökologischen Situation des Organismus verbunden sind; die Wahrheit sei genauso ein Standpunkt wie die Anerkennung eines bestimmten Erfahrungskomplexes als eines angenehmen oder unangenehmen. Brzozowski ist der Auffassung, daß sich in dieser Epistemologie ein geheimer wenngleich nicht unmittelbar ausgedrückter, weil im asketischen Stil Avenarius' unzulässiger, tragischer Verzicht auf den menschlichen Stolz verberge; irgendwelche äußeren unvernünftigen Umstände entscheiden darüber, was wir als wahr, falsch oder gut anerkennen sollen; die kognitiven Werte wurden auf das Niveau der flüchtigen, variablen, nicht als Gegenstand von Auseinandersetzungen sich eignender Lust- und Unlustempfindungen reduziert. Die Welt der kognitiven Werte fällt zusammen mit der angenommenen Ewigkeit, »Objektivität« oder Autonomie der ästhetischen Werte und wird auf eine biologische Reaktion reduziert. Unter diesem Gesichtspunkt koinzidiert die resignatorische Traurigkeit der Avenariusschen Philosophie mit dem Nihilismus Nietzsches, mit dem

Unterschied, daß Avenarius nie versucht habe, angesichts des Ruins der herkömmlichen und anerkannten Werte, eine eigene Skala von Wertungen zu schaffen und sich mit der Aufdeckung der Krisensituation begnügte, in die das menschliche Selbstverständnis geraten sei.

Man könnte sagen, daß dies keine Interpretation des Positivismus, sondern eine des Naturalismus oder Pragmatismus und überhaupt jeglicher Doktrin sei, die die Beschreibung der kognitiven Tätigkeiten programmäßig auf die Beschreibung des biologischen Verhaltens reduziert, wodurch die Frage nach der »Wahrheit« im gängigen Sinn gegenstandslos wird. So verstand schließlich Husserl den Positivismus des 19. Jahrhunderts und so vermutete er darin ein Symptom der krisenhaften Resignation, die Reduktion des menschlichen Seins auf die animalischen Formen der Weltaneignung, den Verlust des Glaubens an die mögliche Begegnung mit der Wahrheit. Deshalb begab er sich auch auf die Suche nach der verlorenen Quelle der Gewißheit, zu diesem Zweck erarbeitete er den Entwurf der transzendentalen Reduktion, um den von den Positivisten und Evolutionisten verlorenen originären Bereich der Phänomene zu finden, wo Zweifel unmöglich wäre, wo die Inhalte unserer Erfahrung nicht mehr von unserer spezifischen, menschlichen, biologischen und historischen Situation abhängen können. Die Interpretation des evolutionistischen, biologisierenden Positivismus war demnach, im Sinne Husserls, dieselbe wie die Brzozowskis, mit dem Unterschied, daß Husserl, weniger empfänglich für die außerphilosophischen Quellen der Krise, an deren Überwindung mit philosophischen Mitteln glaubte und dieser Aufgabe sein arbeitsreiches Leben widmete.

Nun erhebt sich die Frage: ist diese ganze Strömung des evolutionistischen Positivismus, die durch die Schockwirkung der Darwinschen Theorie ins Leben gerufen worden war, aber in Humes Kritik wurzelte, die gesamte Reduktion der Erkenntnis auf ein biologisches Anpassungswerkzeug, lediglich eine Variante des positivistischen Denkens, eine Modifikation, Aberration, Deviation, eine zufällige Spielart, oder ist es so, daß jeder konstitutive und unentbehrliche Gehalt jeglichen Positivismus etwas in sich birgt, das unvermeidlich zu einer solchen biologischen Relativierung führt, ganz gleich, ob der eine oder andere Positivist diese risikoreiche Konsequenz ausgesprochen hat oder nicht? Man weiß selbstverständlich, daß einige Varianten des Positivismus, insbesondere der logische Empirismus, kein Interesse für die genetischen Bedingungen der Erkenntnis zeigen, die ganze Anstrengung auf die Analyse ihrer Resultate und Verfahren konzentrierend. Dieser Positivismus fragt demnach auch nicht danach, woher die metaphysischen Glaubensinhalte kommen und wozu sie dienen, sondern begnügt sich damit, die Eigenschaften des kognitiv Wertvollen auf eine Weise zu bestimmen, die metaphysische Explorationen ausschließt. Er kennzeichnet auch die Bedingungen rechtmäßiger Erfahrung, die Frage nach deren ontologischen Rang verwerfend oder beiseite schiebend. Die von Tarski durchgeführte Legalisierung des semantischen Wahrheitsbegriffs, wenngleich bedeutsam für die Geschichte des logischen Empirismus, ändert nichts an dieser Situation, da sie sich auf das Verhältnis zwischen dem sprachlichen Zeichen und den Erfahrungselementen bezieht, wobei die Frage nach dem metaphysischen Sinn der Erfahrung selbst weder entschieden noch überhaupt gestellt wird. Indessen resultiert aus der philosophischen Neutralisierung der Erfahrung nicht, daß die Frage nach ihrer Genese auf der Basis der positivistischen Restriktion unsinnig würde; daraus folgt lediglich, daß Behauptungen sinnlos sind, die die kognitiven Inhalte von der Eigenschaft eines Seins »an sich« oder einer »geistigen Substanz« kausal abhängig machten. Wenn sich diese Frage demnach stellt, scheint keine andere positivistische Antwort möglich zu sein als eben jene naturalistische: Erkenntnis ist biologisches Verhalten. Diese Antwort entscheidet das Problem einer transzendental verstandenen Wahrheit im vorhinein negativ, lähmt den möglichen Glauben an Erfahrung oder Vernunft in dem Sinn, daß sie uns etwas über die »Qualitäten der Welt« offenbaren könnten. Alle modernen Positivisten sind überzeugt, daß die wertenden Prädikate keine Entsprechungen im Erfahrungsmaterial besitzen; was die logischen Prädikate angeht (»wahr« oder »falsch«), so sollen sie sich nicht auf die Dinge beziehen, sondern auf die Sätze, scheinbar ist ihre Situation demnach überhaupt eine andere als jener und verhindert analoge Fragen (man kann nicht fragen: sind die Dinge wahrhaftig wahr?).

Doch dies ist ein verbales Problem: die traditionelle philosophische Frage nach der Authentizität oder nach den Grenzen der Authentizität der Erkenntnis wird durch die beschränkte Anwendbarkeit des Prädikats »wahr« nicht inhibiert. Für die Positivisten erfordert diese Frage natürlich gewisse Distinktionen. Es gibt Möglichkeiten, wenn auch nicht absolut vollkommene, so doch recht wirksame, Wissen vom Irrtum in den Grenzen zwingender Erfahrung zu unterscheiden, wenngleich die Frage, die pauschal die Ganzheit der Erfahrung umfaßt, sinnlos ist. Anders: die epistemologische Frage im engeren Sinn kann nicht entschieden werden, ist somit (oder auch: ist nämlich) keine Frage. Sie betrifft das Erkenntnisobjekt als Ganzes, d. h. die »Totalität« und ist solcherweise eine im positivistischen Wortsinn metaphysische Frage.

Das ist der Grund, weshalb die genetischen Probleme, die die Erkenntnis betreffen, nach den Kanons dieser Philosophie nur in Form von psychologischen Fragen gestellt werden können; in der Scheidung zwischen Täuschung und »korrekter« Wahrnehmung führen wir die »Korrektheit« stets auf die Übereinstimmung der multisubjektiven menschlichen Erfahrung zurück und können nicht über jenen ontologisch neutralen Bereich hinausgehen. Jede Antwort auf die Frage nach den interindividuellen Gründen der Erkenntniskoinzidenz (weshalb einigen wir uns bezüglich der großen Anzahl von Wahrnehmungen?) müssen sich letztlich auf die Gemeinsamkeit der menschlichen Gattungseigenschaften berufen. Von dem Augenblick an, da genetische Fragen aufkommen, verwandelt sich der positivistische Neutralismus in eine naturalistische, d. h. biologistische Interpretation des Wissens und kann eine solche Relativierung nicht vermeiden. Das erlaubt ihm, die strikten Regeln, die mit dem Gebrauch der Wörter »wahr« und »falsch« zusammenhängen, beizubehalten, doch heißt sie bezüglich der menschlichen Gattung relativieren, der »Wahrheit« also einen bedeutenden Konstanzgrad zuschreiben, transzendentale Werte jedoch aberkennen. Von vielen modernen Positivisten werden diese Konsequenzen nicht akzeptiert, und sie bedienen sich logischer Werte in einer Weise, als verknüpfte sich mit ihnen ein transzendentaler Sinn, aber die pragmatistische Interpretation droht denen, die sich im Befragen weniger Zurückhaltung auferlegen. Hier fällt die Enthaltsamkeit jedoch keineswegs mit dem positivistischen Radikalismus zusammen, ist vielmehr eine Halbheit des positivistischen Standpunkts. Der am wenigsten enthaltsame Avenarius ist der radikalste Positivist. Die Neutralisierung der Erfahrung ist zugleich die Liquidierung der illusorischen »Innenwelt«, in der die »Außenwelt« manifest werden, in Erscheinung treten, sich widerspiegeln oder subjektivieren sollte. Somit bleibt von der »Subjekt-Objekt«-Relation die natürliche Beziehung »Nervensystem-Umgebung« übrig, und das ganze epistemologische Problem wird zu einem Teil der Biologie, und der Wert »Wahrheit« tritt als biologisch erklärbarer Sonderfall der gattungsmäßigen Interpretation der eigenen Erfahrungen durch die Menschen auf.

Der Gedanke, den ich als Ergebnis dieser Überlegungen formulieren möchte, ist folgender: der Positivismus, sofern er radikal ist, verzichtet auf das transzendentale Wahrheitsverständnis und reduziert die logischen Werte auf bestimmte Verhaltenseigenschaften des Organismus. Die Weigerung, synthetische Urteile *a priori* gelten zu lassen, dieser fundamentale Akt, der den Positivismus als Doktrin konstituiert, kann als die Reduzierung jeglichen Wissens auf biologische Reaktionen identifiziert werden; die Induktion ist eine bestimmte Form des bedingten Reflexes, und die Frage nach den Bedingungen, unter denen Induktionsverfahren rechtmäßig seien, ist eine Frage nach den Bedingungen, unter denen die Aneignung eines bestimmten Reflexes biologisch nützlich sei.

Die sogenannten generalisierenden Handlungen oder Akte der Akzeptation wissenschaftlicher Hypothesen sind nichts anderes als eine soziale Reflexaneignung. Es gibt jedoch keine synthetischen »notwendigen« Wahrheiten, d. h. Wahrheiten, die, den Wünschen der früheren Metaphysiker entsprechend, nicht nur kognitiv stringent wären, sondern uns darüber Auskunft gäben, wie die Welt »sein muß«, nicht aber, wie sie ganz einfach tatsächlich ist (die Frage nach solchen »zwingenden« Eigenschaften der Welt ist vom positivistischen Standpunkt aus gesehen natürlich unsinnig). Die Wissenschaft ist gemäß der Machschen Theorie eine Fortsetzung der animalischen Erfahrung, sie hat keinen anderen Sinn als das Gesamt der Erfahrungen, auf denen sie sich aufbaut, nur operiert sie, im Gegensatz zur tierischen Empirie, mit einem System von abgekürzten Notationen, die die Kumulation und Überlieferung der erworbenen Zusammenhänge über viele Generationen hindurch gewährleistet, wodurch die menschliche Gattung sich auszeichnet und was es ihr erlaubt, den geistigen und technischen Leistungsbestand der Väter zu nutzen.

Es erhebt sich nunmehr eine Frage, die sich die Positivisten nur selten stellen und die sie auch real nicht interessieren kann. Wodurch erklärt sich jener besondere seit Jahrhunderten im Denken lebendige Anspruch auf Festsetzung von irreduziblen Werten der »Vernunft« als einer Instanz, die die »Notwendigkeiten« der Welt aufdeckt, wenn eben diese Notwendigkeiten illusorisch sind? Woher dieses Streben nach »metaphysischer Gewißheit«, das nur im imaginären und rein sentimentalen Gewißheitsempfinden seine fiktive Genugtuung findet? Wenn die Positivisten vor solchen Fragen stehen, begnügen sie sich mit einer Antwort im Rahmen der rein kognitiven Rangordnung: das ganze Problem der »notwendigen« Wahrheiten sei, ähnlich wie alle angeblichen metaphysischen Rätsel, das Ergebnis eines Mißbrauchs der Sprache, ein Resultat grammatikalischer Trägheiten (Hypostasierung abstrakter Begriffe, Substanzialisierung von Verben und Abjektiven, usw.; Hobbes' Kritik sei in dieser Hinsicht im übrigen erschöpfend). Mit einem Wort, wir haben es mit einem Irrtum oder Fehler zu tun. Wir werden jetzt nicht darüber urteilen, ob es sich wahrhaftig um einen Irrtum handele. Wir wollen nur, abschließend, folgende Beobachtung anstellen.

Wenn das Gesamt des nicht analytischen Wissens keinen anderen Sinn hat als das Gesamt der singulären Erfahrungen, auf die es sich gründet, wenn somit die kognitiven Fähigkeiten des Menschen sich nur durch die Fähigkeit zur Aufzeichnung von Erfahrungen auszeichnen, also durch die Fähigkeit zur Kumulation und Tradierung derselben, so ist das hartnäckige Streben nach »notwendigem« Wissen selbstverständlich eine leere Sehnsucht nach einem imaginären erkenntnistheoretischen Paradies. Die gewaltige Anstrengung, die in der Geschichte der menschlichen Kultur in die Suche nach diesem Paradies investiert worden ist, kann unter diesen Umständen nur mit der Suche nach der »blauen Blume« verglichen werden. Die erstaunliche Energiemenge, die für diese Explorationen verschwendet wurde, und die unerhörte Beharrlichkeit, mit der sie durchgeführt worden sind, bei sicherster Gewißheit bezüglich der technologischen Fruchtlosigkeit dieser Suche, sind immerhin bemerkenswert. Das, was die Gelehrten des 17. Jahrhunderts »moralische Gewißheit« nannten, d. h. die Bedingungen, unter denen man ohne Befürchtungen die Wahrheit eines bestimmten Urteils anerkennen konnte, obgleich unsere Begründungen nicht absolut sind, reicht im wissenschaftlichen Denken völlig aus. Das Streben nach einem epistemologischen Absolutum, d. h. eben nach metaphysischer Gewißheit, ist vom Standpunkt der praktischen Anwendungen des Wissens unfruchtbar, und die jene Gewißheit Suchenden waren sich darüber im klaren. Nichtsdestoweniger stellen der Versuch, die »Vernunft« in ihren autonomen, nicht technologischen Funktionen zu konstituieren, und der Glaube, daß sie sich als auf rein registrierende Operationen irreduzibel erweisen könnte, diese Probe stellt, wir wiederholen, die ständige Versuchung der Philosophie dar, und selbst wenn (was als phantastische Vermutung erscheint) sie allein als Mißbrauch der Sprache erklärbar wäre, müßten sie von irgendeiner intellektuellen Degeneration der menschlichen Gattung zeugen. Wie soll man denn die Unmenge an fruchtloser Anstrengung begreifen, die in diese Suche gelegt wurde? Woher sollte jene Hemmungslosigkeit oder sonstwie zu nennende geistige Obszönität kommen, die über Jahrhunderte betrieben und weiterhin praktiziert wird, wenn wir nicht den Verdacht hegen sollen, daß die »Vernunft«, die sich gegenüber der Empirie verselbständigen und einen Eigenbereich konstituieren will, eine Art bösartiges Gewebe darstellt, das seinen eigentlichen, d. h. biologisch nützlich, instrumentalen Berufungen gegenüber gleichgültig ist und nutzlos auf Kosten der authentischen Lebensbedürfnisse vor sich her wuchert? Was besagt eigentlich die Äußerung, daß es um einen »Fehler«, »Irrtum«, »Mißbrauch«, »falschen Sprachgebrauch« usw. gehe?

Wenn es wahr ist, daß die Suche nach »metaphysischer Gewißheit« epistemologisch grundsätzlich unfruchtbar ist (und sicherlich auch biologisch unergiebig, zumindest in dem Sinn, daß sie die technologischen Fertigkeiten der Gattung in keiner Weise vermehrt), sind wir zu der Vermutung angehalten, daß das intellektuelle Leben des Menschen ein Zeugnis seiner biologischen Dekadenz ist, gemäß dem Schema extremer Anhänger der sogenannten Lebensphilosophie.

Selbstverständlich ist auch eine andere Annahme denkbar. Man kann sich vorstellen, daß ein spezifisch »rationales« Leben des Menschen, ein solches also, das die Autonomie der »Vernunft« permanent zu festigen versucht, das Resultat der Teilnahme des Menschen an einer anderen Seinsordnung als der ist, an der sein Körper, seine animalischen Bedürfnisse teilhaben. Alles, was wissenschaftlich fruchtbar, also technologisch brauchbar ist, alles das, was sich so oder so auf den symbolisch artikulierten Bereich der bedingten Reflexe reduzieren läßt, müßte zu den biologischen Funktionen gehören, die lediglich durch das Kommunikationssystem modifiziert werden, gemäß den Überlegungen Humes und Machs. Alles das hingegen, was aus anderen Bemühungen und Interessen erwächst, jedes Streben nach »Transzendentalisierung« der Erkenntnis, müßte als Resultat der Teilnahme an einer nicht animalischen Welt angesehen werden, die zu jenen in einem chronischen Oppositionsverhältnis stünde; die wissenschaftliche und analytische Intelligenz wäre, gemäß der Bergsonschen Doktrin, in funktionaler Hinsicht die Verlängerung der organischen Leistungsstärke, die verselbständigte »Vernunft« (egal, ob als nichtdiskursive Intutition oder als Fähigkeit zur Adaptierung der metaphysischen Wahrheit) wäre weder deren Verlängerung noch übergeordneter Rahmen noch Werkzeug, sondern eine antagonistische Instanz. Man müßte mit anderen Worten sich vorstellen, daß unser biologisches Leben und unsere metaphysischen Aspirationen aus zwei aufeinander nicht zurückführbaren und antagonistischen Seinsquellen stammen, oder kürzer, daß die physische Welt eine Art boshafter Streich wäre, der Gott vom Dämon gespielt wurde, und daß wir, als Opfer dieses unpassenden Streichs, alle Folgen der gleichzeitigen und unvermeidlichen Zugehörigkeit zu beiden feindseligen Welten tragen, alle Folgen der doppelten Staatsbürgerschaft zweier verfeindeter Staaten, die untereinander einen permanenten Krieg führen. Das ist, in etwa, die Lehre des Manichäismus, die sich im übrigen auch ohne Inanspruchnahme spezifisch religiöser

Vorstellungen artikulieren läßt.

Eine solche Alternative ist nicht ermutigend. Zwischen dem Bild des Menschen, der das Resultat der evolutionären Dekadenz ist, und diesem zweiten Bild, in dem der Mensch als Flickwerk inkongruenter und zur Synthese unfähiger Hälften gelten muß, fällt die Wahl schwer. Diese Wahl wird selbstverständlich nicht von irgendwelchen wissenschaftlichen Umständen oktroyiert; vorerst bleibt sie auf dem Niveau rein philosophischer Reflexion, vom positivistischen Standpunkt aus kann man ihr somit ebensogut ausweichen wie allen anderen metaphysischen Dilemmata. Von einem anderen Standpunkt aus, dem der Positivismus selbst äußerlich ist und der diesem einen ideologischen Sinn durch den Rekurs auf die historische Situation verleiht, gewinnt die Frage an Realität. Die positivistische Kritik ist von diesem Standpunkt aus ein Akt der Weigerung gegenüber der so verstandenen »Vernunft«, ist somit eine unvermeidliche »Animalisierung« der kognitiven Anstrengung; niemals ist sie sich jedoch hinreichend des eigenen Gegensatzes bewußt, zu dem sie sich ausschließlich als zu einem »Irrtum« verhalten kann, der somit, als Irrtum oder Fehler anerkannt, kein anderes Verständnis erfordert.

Nun hat die jahrhundertlange Arbeit der positivistischen Denker, insbesondere die Kritik der synthetischen Urteile *a priori*, die Kritik der Rechtmäßigkeit der Induktion, der Kritik an den »essentialistischen« Metaphysiken sowie die Kritik an den Werturteilen, unter den Nichtpositivisten ein solches Selbstverständnis der Problemlage erweckt, das sich nicht mehr rückgängig machen noch verdrängen läßt.

Wir sind nicht dazu gezwungen, diese Kritik in dem Sinn zu akzeptieren, in dem sie jegliche metaphysische Suche und jegliche Suche nach Gewißheit ganz einfach auf einen Irrtum reduziert; wir sind jedoch gezwungen, ihre Ergebnisse zur Kenntnis zu nehmen, und zwar anzuerkennen, daß die Gesamtheit jener technologisch unbrauchbaren Geistesarbeit, die verspricht, zum Sein selbst vorzudringen, ein für allemal darauf verzichten muß, Anspruch auf einen »wissenschaftlichen« Status zu erheben. Dieses Resultat kann, wie bereits erwähnt, als nahezu allgemein anerkannt gelten. Wir müssen uns schließlich unter dieser Voraussetzung damit einverstanden erklären, daß wir, falls wir uns um eine Rechtfertigung oder zumindest Erklärung eigener Versuche in dieser Richtung bemühen, mit der bereits umrissenen Alternative konfrontiert werden: entweder ist die Vernunft ein krebsbefallenes Gewebe der kranken Gattung, oder sie ist in der physischen Welt, innerhalb der Imperative unserer Physis, ein Fremdkörper, der aus einer anderen Welt stammt.

Zwischen der Lebensphilosophie und der dramatischen Vision des Manichäismus bewegt sich – in hohem Maße unter dem Einfluß der positivistischen Kritik – die philosophische Arbeit unserer Zeit.

Leszek Kolakowski
wurde 1927 in Radom (Polen) geboren. Er studierte von 1945 bis 1949 Philosophie in Lódz, wobei er sich besonders mit Religionsphilosophie und -geschichte, speziell der Scholastik, beschäftigte. Ab 1953 war er Dozent an der Warschauer Universität. Kolakowski hatte sich bereits 1945 den polnischen Kommunisten angeschlossen; seine zahlreichen Veröffentlichungen machten ihn binnen kurzem zu einem der führenden Theoretiker der Bewegung. Er war maßgeblich beteiligt an dem mit dem »Polnischen Oktober« 1956 einsetzenden Prozeß der Entstalinisierung; über ein Jahr lang nahm er in fast jeder Nummer der großen studentischen Wochenschrift *Po prostu* Stellung zu allen wichtigen politischen Fragen. Ein Teil der Aufsätze aus dieser Zeit erschien 1960 in der Bundesrepublik unter dem Titel *Der Mensch ohne Alternative* und machte Kolakowskis Namen einem großen Kreis bekannt. Im Herbst 1957 wurde *Po prostu* verboten, und Kolakowski selbst sah sich heftiger Kritik von orthodox kommunistischer Seite ausgesetzt. Er verlor die Chefredaktion der Zeitschrift *Studia filozoficzne* und mußte die Mitredaktion der literarischen Zeitschrift *Nowa kultura* aufgeben. Für ein Jahr wurde er als Stipendiat des polnischen Staates in die Niederlande und nach Paris geschickt. In dieser Zeit vollendete er sein Buch über Spinoza (»Der Einzelne und die Unendlichkeit – Die Freiheit und die Antinomien der Freiheit in der Philosophie Spinozas«), das Ende 1958 in Warschau erschien und ihm die Leitung des Lehrstuhls für neuere Philosophiegeschichte einbrachte. Eine weitere Frucht seines Auslandsaufenthalts ist das große Werk über das konfessionslose Christentum des 17. Jahrhunderts »Das religiöse Bewußtsein und die Fesseln der Kirche«, das 1965 herauskam. Zuvor waren von ihm noch die erbaulichen Geschichten *Der Himmelsschlüssel* (1963; deutsch 1965) und die *Gespräche mit dem Teufel* (1963; deutsch 1968) sowie einige Stücke erschienen.

Während seiner Lehrtätigkeit an der Warschauer Universität übte Kolakowski wesentlichen Einfluß auf die Studentenschaft aus. Wegen seines Eintretens für die oppositionellen Studenten wurde er im Oktober 1966 aus der Kommunistischen Partei ausgeschlossen. Im März 1968 verlor er seinen Lehrstuhl an der Warschauer Universität. Er konnte Polen mit seiner Familie auf legalem Wege verlassen und für 1968/69 eine Professur an der Universität Montreal annehmen. 1969/70 hatte er eine Professur in Berkeley inne, seit Herbst 1970 lehrt er am All Souls College in Oxford.

Kolakowski gilt als einer der bedeutendsten marxistischen Denker der Gegenwart. Sein mutiges Eintreten für einen Kommunismus ohne Stalinismus haben ihm weit über Polens Grenzen hinaus großes Ansehen verschafft.

# KÖPFE DES XX. JAHRHUNDERTS

1 · Anton Henze
**Le Corbusier**

2 · Joachim G. Leithäuser
**Werner Heisenberg**

3 · Paul Borchsenius
**David Ben Gurion**

6 · Hermann Stresau
**Ernest Hemingway**

7 · Willy Haas
**Bert Brecht**

8 · Alfred Lückenhaus
**Mao Tse-tung**

10 · Franz Baumer
**Hermann Hesse**

12 · Anton Henze
**Pablo Picasso**

14 · Heinz Gartmann
**Wernher von Braun**

15 · Franz Niedermayer
**José Ortega y Gasset**

16 · Arnold Bauer
**Thomas Mann**

17 · Herbert Gottschalk
**C. G. Jung**

18 · Franz Baumer
**Franz Kafka**

19 · Werner Schmidt
**Carl J. Burckhardt**

20 · Helmut Uhlig
**Gottfried Benn**

21 · Arnold Bauer
**Stefan Zweig**

22 · Carol Petersen
**Albert Camus**

23 · Liselotte Richter
**Jean-Paul Sartre**

24 · Joachim Seyppel
**William Faulkner**

25 · Liselotte Richter
**Mahatma Gandhi**

26 · Herbert Gottschalk
**Bertrand Russell**

28 · Helmut Uhlig
**Wladimir Majakowski**

29 · Armin Arnold
**James Joyce**

30 · Hermann Stresau
**Thornton Wilder**

31 · Fritz Heinrich Ryssel
**Thomas Wolfe**

32 · Joachim Seyppel
**T. S. Eliot**

33 · Bodo Scheurig
**Stauffenberg**

34 · Willy Haas
**Hugo von Hofmannsthal**

35 · Hermann Stresau
**Heinrich Böll**

36 · Nicolas Nabokov
**Igor Strawinsky**

37 · Joachim G. Leithäuser
**Albert Einstein**

38 · Kurt Lothar Tank
**Günter Grass**

39 · Armin Arnold
**G. B. Shaw**

40 · Horst Frenz
**Eugene O'Neill**

41 · Paul Rom
**Sigmund Freud**

42 · Leopold Zahn
**Franz Werfel**

43 · Herbert Gottschalk
**Karl Jaspers**

44 · Carol Petersen
**Max Frisch**

45 · Helmut Gumtau
**Robert Musil**

46 · Arnold Bauer
**Käthe Kollwitz**

47 · Jan Meyerowitz
**Arnold Schönberg**

48 · Franz Baumer
**Ernst Jünger**

49 · Gerhard E. Habermann
**Maxim Gorki**

50 · Elke Frank
**John F. Kennedy**

51 · Jeannette Lander
**Ezra Pound**

52 · Werner Wilk
**Werner Bergengruen**

53 · Rolf Italiaander
**Martin Luther King**

54 · Klaus Petersen
**Rudolf Steiner**

55 · Helmut Gumtau
**Wolfgang Borchert**

56 · Josef Theisen
**Antoine de Saint-Exupéry**

57 · Armin Arnold
**Friedrich Dürrenmatt**

58 · Carol Petersen
**André Gide**

59 · Arnold Bauer
**Rainer Maria Rilke**

60 · Karl Lemke
**Heinrich Mann**

61 · Ehrhard Bahr
**Georg Lukács**

62 · Arnold Bauer
**Carl Zuckmayer**

63 · Helmut Uhlig
**Marcel Proust**

64 · Trudis Reber
**Samuel Beckett**

65 · Franz Baumer
**Theilhard de Chardin**

66 · Helmut Gumtau
**Christian Morgenstern**

Laminierte Pappbände
mit Bild DM 6.80

# COLLOQUIUM VERLAG BERLIN